UEBERREUTER
WIRTSCHAFT

Winfried Berner

# Bleiben oder Gehen?

Ihre persönliche
Erfolgsstrategie
bei Fusionen,
Übernahmen und
Umstrukturierungen

**Mit einem Vorwort von
Prof. Dr. Lutz von Rosenstiel**

UEBERREUTER
WIRTSCHAFT

Die Deutsche Bibliothek – CIP-Einheitsaufnahme

Berner, Winfried
Bleiben oder Gehen : Ihre persönliche Erfolgsstrategie bei Fusionen,
Übernahmen und Umstrukturierungen / Winfried Berner. --
Frankfurt/Wien : Wirtschaftsverlag Ueberreuter, 2001
    ISBN 3-7064-0813-9

**Unsere Web-Adressen:**
http://www.ueberreuter.at
http://www.ueberreuter.de

1   2   3   /   2003   2002   2001

Umschlag: INIT, Büro für Gestaltung, Bielefeld
unter Verwendung eines Bildes der Bildagentur *stone*, München
Copyright © 2001 by Wirtschaftsverlag Carl Ueberreuter, Frankfurt/Wien
Druck: Druckerei Theiss GmbH, A-9400 Wolfsberg
Printed in Austria

# Inhalt

# Vorwort von
# Prof. Dr. Dr. h. c. Lutz Rosenstiel

Tiefgreifende Veränderungen in Wirtschaft und Gesellschaft beinhalten fast stets Risiken und Chancen. Das Problem allerdings liegt vielfach darin, dass man zuvor nicht weiß, um welche Risiken, um welche Chancen es sich handelt. Die Diskussion um die Globalisierung, die Deregulierung, die Flexibilisierung etc. macht dies allzu deutlich.

Im Zuge der durch die genannten Schlagworte gekennzeichneten Veränderung kommt es – z.T. erwartet, z.T. völlig überraschend – zur Fusion von Unternehmen, die z.T. feindliche, z.T. freundliche Übernahmen sind, gelegentlich aber auch als Vereinigungen unter Gleichen ausgegeben werden. Auch derartige Unternehmenszusammenschlüsse bieten Chancen und sind mit Risiken verbunden. Die Erfolgs- bzw. Misserfolgsgeschichten, die man im Nachhinein darüber schreiben kann, sind deutliche Belege dafür.

Nun ist es allerdings nicht so, dass alle an derartigen Veränderungsprozessen beteiligte Gruppen unter Chancen und Risiken Gleiches verstehen. Vielfach sieht das Unternehmen aus der Perspektive der Eigner in der Fusion die Chance zum Personalabbau, was beschönigend unter dem Schlagwort der Synergie abgehandelt wird, während für die betroffenen Menschen gerade dies vielfach zum existenzbedrohenden Risiko werden kann. Wie sollen nun Betroffene mit diesem Risiko umgehen? Kann man etwas tun? Wenn ja, was sollte man tun? Eine Beantwortung derartiger Fragen ist das Ziel des hier vorliegenden Buches von Winfried Berner: *Bleiben oder Gehen?*

Selbstverständlich hat sich auch die Wissenschaft mit derartigen Fragen auseinandergesetzt. Doch wie immer, wenn sich wissenschaftliche Analysen mit Fragestellungen oder Problemen auseinandersetzten, in denen Menschen vorkommen, lautet die Aussage: „Nichts ist einfach", „Es kommt darauf an!" oder „Weitere Forschung ist nötig!" Derartige Statements zeugen meist von wissenschaftlicher Verantwortung. Sie sind berechtigt, vielfach gut begründet, doch helfen sie dem Menschen, der von der Wissenschaft Rat und Unterstützung erwartet, nicht weiter.

Winfried Berner kennt zentrale wissenschaftliche Befunde, aber er kennt auch die Praxis und weiß um die Not und den Zwang zum raschen Handeln bei jenen, die plötzlich erfahren, dass ihr Unternehmen Opfer oder Täter in einem Fusionsprozess geworden ist. Die Erfahrung lehrt, dass dieser Zusammenschluss nur selten dazu genutzt wird, die Wertschöpfung zu erhöhen und Wachstumsprozesse zu initiieren, sondern dieser eine Steigerung des Gewinns in der Regel über Kosteneinsparungen, konkret über Personalabbau zu realisieren. Viele Betroffene fragen sich verstört oder verängstigt in einer derartigen Situation: „Werde ich bleiben dürfen oder muss ich gehen?" Sie verharren passiv und schauen gebannt wie das Kaninchen auf die Schlange auf die Entscheidungsträger im Unternehmen. Winfried Berner gibt dieser Frage eine Wende von 180 Grad, in dem er – pointiert überspitzt – zu der Frage auffordert: „Will ich bleiben oder will ich gehen?" Er fordert also dazu auf, die bedrohliche Situation aktiv zu gestalten.

Selbstverständlich besteht diese Möglichkeit nicht für alle. Nicht für das Heer Tausender, wenig qualifizierter un- oder angelernter Mitarbeiter, die schließlich als Arbeitslose auf der Strecke bleiben. Diese freilich können und sollen von diesem Buch auch nicht angesprochen werden. Wohl aber jene, die als qualifizierte Fach- oder Führungskräfte gewohnt sind, ihre beruflichen Anforderungen selbstorganisiert zu bewältigen. Sie finden hier wirklich hilfreiche Hinweise, wie sich die so betroffen machende Situation bewältigen lässt.

Viele Fragen, die aus der Praxis kommen oder die sich dort stellen, werden aufgeworfen und kompetent beantwortet.

Neun straff konzipierte, gelegentlich holzschnittartig vereinfachend geschriebene Kapitel, die das Wesentliche erkennen lassen, geben Rat oder regen zur Reflexion an.

Worin besteht mein Problem? Wie gehe ich mit emotionaler Verunsicherung um? Wie vermeide ich es zu resignieren oder in Trotzreaktionen zu verfallen? Was eigentlich will ich, wie stelle ich mir mein weiteres Leben vor? Was muss ich tun, um in meinem bisherigen Unternehmen noch eine Chance zu haben? Wie kann ich meinen Marktwert erkennen? Wie mich auf dem Arbeitsmarkt durchsetzen? Diese Fragen und viele andere mehr finden eine sachkundige und prägnante Antwort.

Behandelt werden aber auch ganz konkrete Probleme, wie z.B.: Wie finde ich – bis hin zur Internet-Adresse – einen kompetenten Coach und was kosten mich dessen Dienste? Und wie sieht dies bei Head-Huntern oder bei Outplacement-Beratung aus? Soll man, wenn man bei einem anderen Unternehmen eine Chance sucht, lieber schreiben oder anrufen und wie soll man sich in diesem Falle verhalten? Was ist zu beachten, wenn ein Auflösungsvertrag ausgehandelt wird? Welche Rechte habe ich im Falle einer Kündigung durch das Unternehmen als Leitender Angestellter? Wie kann ich mich auf Vorstellungsgespräche oder auf eignungsdiagnostische Untersuchungen, z.B. ein Assessment Center, vorbereiten und nach welchen Kriterien werde ich dort beurteilt?

Die Ratschläge, die man im Buch von Winfried Berner findet, zeugen von Fachwissen, erheblicher praktischer Erfahrung, aber auch von Verantwortungsbewusstsein.

Die Wissenschaft zeigt, dass Menschen, die unerwartet und unvorbereitet in eine aversive Situation geraten, zur Resignation oder zur Panik, zum „Totstellreflex" oder zum „Bewegungssturm" neigen. Beides wäre bei Bedrohung der eigenen beruflichen Situation kontraproduktiv. Hier gilt es die Kontrolle über die eigene Situation zu behalten, Herr des Verfahrens zu bleiben. Dies ist leichter gesagt als getan. Winfried Berners Buch hilft, dass es etwas leichter getan werden kann.

Ich wünsche, dass nur wenige Fach- und Führungskräfte in die Situation geraten werden, dieses Buch zu benötigen. Ich wünsche aber allen, die dennoch mit dem genannten Problem konfrontiert werden, dass sie *Bleiben oder gehen?* zur Hand haben.

München im Juni 2002                    Lutz von Rosenstiel

# Eine Gebrauchsanweisung

Gehören Sie zu den Menschen, die keine Gebrauchsanweisungen lesen? Machen Sie in diesem Fall eine Ausnahme – es hilft Ihnen, Zeit zu sparen und schnell zu den für Sie wichtigsten Inhalten dieses Buchs vorzustoßen.

Je nachdem, in welcher Phase der Fusion Sie mit der Lektüre dieses Buchs begonnen haben, treffen wir uns in sehr unterschiedlichen Phasen Ihres Klärungs- und Entscheidungsprozesses:

1. **Typ A**: Möglicherweise haben Sie das größte Durcheinander einschließlich des Stellenbesetzungsverfahrens schon erfolgreich hinter sich gebracht, aber Sie fühlen sich in dem neuen Unternehmen so wenig wohl, dass Sie – vielleicht sogar entgegen Ihren ursprünglichen Absichten – begonnen haben, über Alternativen nachzudenken.

2. **Typ B**: Möglicherweise hat man Ihnen vor kurzem mitgeteilt, dass man in dem fusionierten Unternehmen keine Verwendung für Sie hat und dass Sie sich daher einen neuen Job suchen sollen.

3. **Typ C**: Möglicherweise befinden Sie sich kurz vor oder mitten im „Management Appointment Process" (oder wie das Verfahren in Ihrem Hause immer heißen mag), und Ihr dringlichstes Problem ist, wie Sie dieses Stellenbesetzungsverfahren erfolgreich überstehen.

4. **Typ D**: Möglicherweise stehen Sie (bzw. das Ihnen derzeit Arbeit gebende Unternehmen) auch erst ganz am Anfang des Integrations-

prozesses oder haben gerade erst von der beabsichtigten Fusion erfahren, und Sie überlegen, was da auf Sie zukommt und was Sie tun können, um Ihr Schicksal erfolgreich selbst zu steuern.

Je nachdem, in welcher Situation Sie sind, stehen Sie vor völlig unterschiedlichen Fragen, Problemen und Handlungsnotwendigkeiten. Es ist nicht nur möglich, sondern absolut sinnvoll, dieses Buch ganz gezielt so zu nutzen, dass es Ihnen rasch bei der Beantwortung Ihrer dringendsten Fragen nützt.

Für **Typ A** sind vor allem die Kapitel 4 („Was ist Ihnen wichtig im (Berufs-)leben?"), 5 („So managen Sie Ihren Marktwert") und 7 („Wie Sie die externe Option optimal verfolgen") wichtig.

**Typ B** sollte schleunigst mit Kapitel 9 („Die Konditionen Ihres Ausscheidens") beginnen und danach die gleichen Abschnitte wie Typ A durcharbeiten.

Für **Typ C** sind die dringendsten Themen in Kapitel 6 („Die interne Option: Wie beeinflussen Sie Ihre Chancen zu bleiben?") abgehandelt. Wir wollen nicht hoffen, dass Sie danach mit Kapitel 9 weiter machen müssen; in jedem Fall ist es aber sinnvoll, dass Sie danach die Kapitel lesen, die wir auch Typ A empfohlen haben.

Nur für **Typ D** ist es sinnvoll, tatsächlich mit Kapitel 1 anzufangen und dann Kapitel für Kapitel das ganze Buch durchzulesen. Denn für Sie geht es nicht darum, sich ganz gezielt auf eine schwierige Situation vorzubereiten – für Sie, der Sie den ganzen Prozess der Post-Merger-Integration noch vor sich haben, ist es wichtig, sich einen Überblick zu verschaffen und die Zusammenhänge zu verstehen.

Wobei Sie als professioneller Leser sicher wissen, dass es zweckmäßig ist, sich vor dem Lesen eines Fachbuchs erstens einen Überblick zu verschaffen, indem Sie nicht nur das Inhaltsverzeichnis studieren, sondern das Buch einmal insgesamt langsam durchblättern, und sich zweitens selbst fokussieren, indem Sie (am besten schriftlich) die Fragen formulieren, die Ihnen der Text beantworten soll.

# 1

# Eigene und fremde emotionale Turbulenzen – und wie Sie mit ihnen zurecht kommen

Von der Stunde an, wo erste Gerüchte über eine bevorstehende Fusion, Übernahme oder Umstrukturierung durch das Haus wehen, ist nichts mehr wie es war. Über allen Planungen, Entscheidungen und Aktivitäten schwebt ein großes Fragezeichen. **Nichts** Die Investition in die Entwicklung neuer Produkte liegt **geht mehr** ebenso auf Eis wie Nachfolgeplanungen und Karrierezusagen. Was gestern noch sicher war, ist heute völlig ungewiss; die mittelfristige Planungssicherheit geht gegen Null, sowohl im geschäftlichen Bereich als auch in Bezug auf die eigene Person.

Angesichts dieser plötzlichen Ungewissheit müssen Sie auf emotionale Turbulenzen gefasst sein, sowohl bei sich selbst als auch bei Ihren Mitarbeitern, Vorgesetzten (!) und Kollegen. Auch für Menschen, die normalerweise gute Nerven haben, ist schwer zu verkraften, dass auf einmal alles in Frage gestellt ist. Bis hinauf in den Vorstand ist den meisten Führungskräften nicht klar, wie es weitergeht und was aus ihnen selbst wird. Am ehesten wissen es noch diejenigen, die an der Vorbereitung des Deals beteiligt waren, doch selbst da kann es Überraschungen geben.

Vermutlich werden von oben eher beruhigende Signale **Beruhigende** kommen, etwa nach der Art: „Wir arbeiten erst einmal **Signale** ganz normal und im Rahmen der bestehenden Planungen weiter wie bisher! Denn durch nichts können wir besser überzeugen als durch eine gute Performance!" Obwohl das im Prinzip richtig ist,

**13**

gelten solche Aussagen nur „bis auf weiteres". Und sie lassen die für den Einzelnen wichtigste Frage, nämlich, was aus ihm persönlich wird, unbeantwortet – nicht aus Boshaftigkeit, sondern in Ermangelung besseren Wissens. (Wobei es die Oberen ohne Zweifel leichter haben, zur Gelassenheit aufzurufen, wird ihnen doch im Zweifelsfall ein „goldener Fallschirm" eine weiche Landung bescheren.)

## 1.1

# Der Sog der „allgemeinen Stimmung" – und weshalb Sie sich ihm entziehen sollten

Emotionen sind ansteckend. Es ist nicht leicht, mitten in einem aufgeregten bis panischen Umfeld einen klaren Kopf zu bewahren. Versuchen Sie es trotzdem. Bemühen Sie sich, nachdem Sie den ersten Schreck verdaut haben, innerlich einen Schritt zurückzutreten und die Situation nüchtern zu analysieren.

**Emotionen sind ansteckend**

Machen Sie sich dazu klar, dass allgemeine Aufregung durchaus kein Beweis dafür ist, dass etwas Furchtbares geschehen wird – ebenso wenig wie allgemeine Gelassenheit beweist, dass keine Gefahr besteht. Aufregung und Angst – gleich ob Ihre eigene oder die Ihrer Kollegen – sind eine Information darüber, ob sich Menschen Sorgen machen, aber kein Beweis dafür, dass diese Sorgen berechtigt sind. Es gibt unbegründete Sorgen ebenso wie unbegründete Sorglosigkeit, und beide bergen die Gefahr, Sie zu falschem Handeln zu veranlassen.

Trennen Sie deshalb scharf zwischen Stimmungen und Realität: Ob es tatsächlich Grund zur Beunruhigung – und damit zum Handeln – gibt, können Sie nicht aus der Stimmung im Haus erkennen, sondern nur durch eine genaue Analyse der Situation und der verfügbaren Fakten, wie wir sie im zweiten Kapitel vornehmen werden.

**Stimmung und Realität**

# Eine kleine Massenpsychologie der Fusion
# oder: Was kommt auf Sie zu?

Obwohl es Ihnen scheinen wird, als ob die emotionale Dynamik einer Fusion oder Übernahme völlig aus der aktuellen Situation entstanden und einmalig ist, folgt sie festen Regeln und Gesetzmäßigkeiten. Damit wird sie für erfahrene Beobachter in gewissen Grenzen vorhersehbar. Profitieren Sie von diesen Erkenntnissen. Zwar gilt die folgende Phasenfolge nicht mit der Strenge eines naturwissenschaftlichen Gesetzes; dennoch wird sie Ihnen helfen, sich ein Bild davon zu machen, was auf Sie zukommt, und sich dem Sog der allgemeinen Stimmung wenigstens ein Stück weit zu entziehen.

## Phase 1: Aufregung

Wie eingangs beschrieben, löst die Ankündigung bzw. das Durchsickern einer bevorstehenden Fusion große Beunruhigung aus. Das gilt auch in Unternehmen, die schon Erfahrung mit Fusionen **Unruhe** haben, einfach weil die persönliche und geschäftliche Ungewissheit von Neuem beginnt. Unter Umständen kommt hier ein Schuss Überdruss hinzu: „Bitte nicht schon wieder! Ist dem Vorstand denn nicht klar, dass das Unternehmen die letzte Fusion längst noch nicht verdaut hat?!"

Bei großen Fusionen fallen in diese Phase möglicherweise heftige Protestaktionen des Betriebsrats, der Gewerkschaften oder **Protest-** anderer Interessengruppen. Auch eine Abwehrschlacht im **aktionen** Falle einer drohenden feindlichen Übernahme kann die Situation extrem emotionalisieren. Unter Umständen so sehr, dass die folgende Phase übersprungen wird, weil ein Verdrängen oder Verleugnen dann kaum noch möglich ist.

## Phase 2: Verdrängung/Verleugnung

Die Unruhe hält eine Weile an, doch wenn nichts Entscheidendes geschieht, flaut sie allmählich ab. Da vor allem bei Großfusionen zwischen der Ankündigung und den ersten Umsetzungsschritten oftmals viel Zeit vergeht, weil die Zustimmung von Auf-      **Ruhephase** sichtsgremien und Kartellbehörden abgewartet werden muss, tritt nach einigen Wochen der Aufregung oftmals eine Ruhephase ein. Sie ist für das Management immer wieder erstaunlich und irritierend: „Man hört überhaupt nichts", wunderte sich eine Personalchefin, „Ich frage mich, ob das ein gutes oder ein schlechtes Zeichen ist!"

Für das Unternehmen ist es insofern eher eine gute Nachricht, als das Geschäft so noch für ein paar Wochen oder Monate ohne große Beeinträchtigungen weiterläuft. Zugleich ist es aber die Ruhe vor dem Sturm, der dann losbricht, wenn die ersten konkreten Umsetzungsschritte eingeleitet werden.

Die Mitarbeiter hingegen verlieren in dieser Phase, wo      **Keine Zeit** sie den Kopf entschlossen in den Sand stecken, wertvolle      **vertrödeln** Zeit. Ein guter Teil der Panik und der zuweilen überstürzten Entscheidungen der „kritischen Wochen" (Phase 3 und 4) kommt zustande, weil selbst obere Führungskräfte in dieser Phase wertvolle Vorbereitungs- und Orientierungszeit vertrödeln.

Lassen Sie sich deshalb von der trügerischen Ruhe nach der ersten Aufregung nicht einlullen, sondern nutzen Sie die Zeit für Recherchen, eine saubere Analyse der Situation und die Entwicklung Ihrer eigenen Strategie, wie sie in den Kapiteln 2 bis 5 beschrieben wird!

## Phase 3: Angst und Auseinandersetzung

Die trügerische Ruhe der Verdrängung wird jäh durchbrochen durch den Start der Umsetzung. Die perplexen Mitarbeiter werden in kurzer Folge mit Informationen und Fakten zum weiteren      **Beginn der** Vorgehen und den nächsten Umsetzungsschritten über-      **Umsetzung** rascht. Typischerweise beruft der Betriebsrat dann eilends eine Versammlung ein, in der er mit beißender Polemik und kühnen Forderungen seine eigene Ratlosigkeit und Angst zu verbergen sucht.

Jetzt wachen auch diejenigen Mitarbeiter und Führungskräfte auf, die sich noch an die Hoffnung geklammert hatten, dass alles nur ein böser Traum war. Vielen wird mit Entsetzen klar, dass sie auf die bevorstehenden Veränderungen sehr schlecht vorbereitet sind. Sie bemerken, dass sie trotz aller Warnsignale gehandelt haben, als sei ihr Gehalt langfristig gesichert, und dass sie weder nennenswerte Rücklagen aufgebaut haben noch Einkommensalternativen. Damit sind sie der Situation auf Gedeih und Verderb ausgeliefert. Nachvollziehbar, dass nun bei vielen die blanke Panik aufsteigt.

**Entsetzen**

Je nach Naturell reagieren die einen darauf mit hektischer Betriebsamkeit, als könnten sie in ein paar Wochen das jahrelang Vernachlässigte gut machen. Andere verfallen in völlige Lethargie und hoffen, dass das Schicksal sie vielleicht übersieht, wenn sie sich nur tief genug ducken.

## Phase 4: Entscheidungen

In diesem hektischen Klima fallen Entscheidungen, sowohl von Seiten des Unternehmens wie von Seiten der Mitarbeiter. Das Unternehmen trifft Schritt für Schritt seine Festlegungen; die Mitarbeiter entscheiden jeweils einzeln über ihr eigenes Leben. (Wobei auch Abwarten und Hoffen eine Entscheidung ist, wenn auch keine besonders dynamische.)

Von Unternehmensseite werden zunächst die oberen Führungspositionen besetzt, dann die nachgeordneten Ebenen. Je nach Größe des Unternehmens und festgelegter Fusionsstrategie (siehe Kapitel 2) kann das in ein paar Tagen erledigt sein, sich aber auch über mehrere Monate erstrecken. Sofern die Fusion mit Personalabbau verbunden ist, sind hier – wenigstens bei Fusionen, für die deutsches Recht gilt – der Abschluss eines Interessenausgleichs und eines Sozialplans mit dem Betriebsrat erforderlich. Was erheblichen Einfluss sowohl auf die Dauer des Verfahrens als auch auf dessen Ergebnisse hat. Denn dann entscheidet nicht das Unternehmen, welche Mitarbeiter entlassen wer-

**Stellen-besetzung**

**Sozialplan**

den, sondern dies richtet sich nach den festgelegten Kriterien der Sozialauswahl. Sie benachteiligt in aller Regel jüngere und alleinstehende Mitarbeiter mit relativ kurzer Unternehmenszugehörigkeit (siehe Abschnitt 9.1).

Während auf diese Weise Zeit verstreicht, sitzen die potenziell Betroffenen wie auf Kohlen. Das Gefühl, den Entscheidungen anderer ausgeliefert und nicht mehr Herr des eigenen Schicksals zu sein, ist schwer zu ertragen. Um wieder Kontrolle über das **Warten** eigene Leben zu erlangen, werden manche von sich aus aktiv; andere greifen kurz entschlossen zu, wenn sie Angebote von Headhuntern, privaten Arbeitsvermittlern, Zeitarbeitsfirmen oder sonst jemand erhalten – selbst wenn sie sich dabei unter Wert verkaufen oder nur ein Risiko gegen ein anderes tauschen.

Es liegt auf der Hand, dass individuelle und Unternehmensentscheidungen nicht immer zusammen passen. Manche Mitarbeiter und Führungskräfte würden gerne bleiben, fallen aber durch das Sieb der Sozialauswahl bzw. werden nicht für eine obe- **Mismatch** re Führungsposition nominiert. Andere entschließen sich zu gehen, obwohl das Unternehmen sie gerne gehalten hätte. Infolgedessen braucht es manchmal mehrere Runden, bis sich alles „zurecht geruckelt" hat.

Dabei kommt es immer wieder zu Situationen, bei denen die Betroffenen nicht wissen, ob sie lachen oder weinen sollen – etwa, wenn eine bereits ausgesprochene Kündigung wieder zurückgenommen wird, weil jemand den Platz eines Kollegen, der von sich aus gekündigt hat, übernehmen kann und soll. Solche Erfahrungen können ein tiefer Einschnitt für die Betroffenen sein, der ihre Einstellung zum Unternehmen dauerhaft prägt.

## Phase 5: Neue Normalität

Aber irgendwann sind dann doch alle Entscheidungen getroffen und (fast) alle Positionen besetzt. Nun könnte das neue Unternehmen also endlich zu arbeiten beginnen. Könnte – wenn nicht erstens den Mitarbeitern die frischen Erfahrungen noch in den Knochen stecken würden und wenn nicht zweitens zwei mehr oder weniger unterschiedliche Kulturen aufeinander träfen. In manchen Fällen gelingt dieses Zusammenwachsen – manchmal mit, manchmal **Kultur** ohne professionelle Unterstützung – erstaunlich reibungslos. In anderen Fällen sind noch Jahre nach der Fusion oder Übernahme tiefe Gräben zwischen den beiden Altunternehmen spürbar.

So im Falle eines Großunternehmens, wo einem noch fünf Jahre nach der Fusion jeder Gesprächspartner innerhalb der ersten Viertelstunde unaufgefordert mitteilte, aus welchem der beiden Ursprungsunternehmen er stammte. Unter der Oberfläche des neuen Corporate Design bestand eine tiefe Spaltung in „Wir" und „Die". Vor allem in den zahlreichen Abteilungen, die „unvermischt" geblieben waren, hatten sich die Altkulturen und ihre deutliche Abgrenzung gegenüber „den anderen" erhalten. Auch beim Reden über andere Personen war deren „Herkunft" oftmals ein wichtiges Bewertungskriterium.

Lange Nachwirkungen hat auch, wie fair und menschlich Personalabbau und Stellenbesetzungen realisiert wurden. Je mehr es dort zu Enttäuschungen und persönlichen Verletzungen kam, bei- **Nach-** spielsweise durch einen aus Sicht der Betroffenen unfairen **wirkungen** Prozess oder auch nur durch nachlässige Kommunikation, desto angeknackster ist meist auch das Vertrauen in die Geschäftsleitung und die Loyalität zum Unternehmen.

Trotz alledem entsteht aus all diesen Einflüssen so etwas wie eine „neue Normalität". Innerhalb einiger Monate stabilisieren sich die Verhältnisse und werden – mit allen Licht- und Schattenseiten – zur Grundlage der neuen Kultur des fusionierten Unternehmens.

## Phase 6: Nachbeben

Bei größeren Fusionen gelingt es selten im ersten Anlauf, alle Strukturen und Stellenzahlen genau richtig zuzuschneiden. Fast immer kommt es daher in den Monaten und Jahren nach der Fusion zu vereinzelten „Nachbeben", in denen Fehler korrigiert und Anpassungen vorgenommen werden. Diese Nachbeben fallen um so heftiger aus, je mehr bei der Fusionsstrategie auf Harmonie bzw. Konfliktvermeidung Wert gelegt wurde (siehe Abschnitt 2.3 „Fusionsstrategie"). Insbesondere der Abbau weiterer Stellen und die Auflösung von Abteilungen wird zur Belastungsprobe.

Deshalb ist es zwar unangenehm, aber vergleichsweise harmlos, wenn bei der Stellenberechnung zu knapp kalkuliert wurde. Wenn am grünen Tisch mehr Synergien „beschlossen" wurden als die Realität einzuräumen bereit war, wird die Arbeit für eine Weile ziemlich stressig, weil die Kapazitäten hinten und vorne nicht ausreichen. Doch auf die Dauer bleibt der Geschäftsleitung, wenn sie das Geschäft nicht vor die Wand fahren will, kaum eine andere Wahl als zusätzliche Stellen zu genehmigen.

**Erforderliche Nachkorrekturen**

Sehr viel brisanter ist die Situation, wenn bei der Fusion zu sehr versucht wurde, Ärger und Konflikte zu vermeiden. Dann zeigt sich nach kurzer Zeit der Pferdefuß der anfänglichen Erleichterung: Die Synergieeffekte, um derentwillen die Fusion veranstaltet wurde, bleiben aus. Also ist abzusehen, dass früher oder später weitere Einschnitte kommen werden. Die Furcht vor einem großen „Nachbeben" wirkt auf die Betroffenen natürlich alles andere als beruhigend. Sie vergiftet das Klima und lähmt die Sacharbeit, weil jeder vor allem daran interessiert ist, sich in eine günstige Position für die bevorstehenden Umstrukturierungen zu bringen, und die anderen belauert, die das Gleiche tun.

**Der Preis der Konfliktvermeidung**

# Umgang mit eigenen emotionalen Turbulenzen

## Fallbeispiel:
## Mit 53 wieder in einer Bewerbungssituation

Herr Dr. Ing war Anfang 50 und nicht in allerbester Verfassung. Vor einem guten Jahr hatte er sein 25-jähriges Betriebsjubiläum gefeiert; in dieser Zeit hatte er sich vom jungen Entwicklungsingenieur zum hochgeachteten Leiter einer Produktsparte mit 1.800 Beschäftigten an drei Standorten hochgearbeitet. Ebenso wie seine Kollegen hatte er damit gerechnet, dass er in dieser Funktion auch sein 35-jähriges Dienstjubiläum feiern und sich einige Jahre später zurückziehen werde. Doch seit vor ein paar Monaten die Fusion des Unternehmens mit einem ausländischen Wettbewerber angekündigt worden war und kürzlich der Management Appointment Process vorgestellt wurde, schien es, als habe man unter all dem, was er sich in seinem langen Berufsleben aufgebaut hatte, plötzlich den Teppich weggezogen.

Der Prozess sah vor, dass jeder Kandidat für eine obere Management-Position drei Interviews mit den bereits nominierten Mitgliedern des Top Managements haben sollte. Auf dieser Basis sollten die Positionsbesetzungen vorgenommen werden. Eine Berücksichtigung der in der Vergangenheit erbrachten Leistungen war nicht vorgesehen, weil, so die offizielle Begründung, die Beurteilungssysteme zu unterschiedlich waren und keine Vergleichbarkeit der Daten herzustellen sei.

Herrn Dr. Ing wurde schlecht bei dieser Vorstellung. Was er in 26 Jahren für das Unternehmen geleistet hatte, war plötzlich nicht mal mehr so viel wert, dass man sich die Mühe machte, es in die Betrachtung einzubeziehen. Stattdessen sollte seine „Leistung" in drei läppischen Interviews über seine Zukunft entscheiden. Drei Stunden gegen 26 Jahre – was für eine Absurdität! Jeder mittelmäßige Blender würde in diesem Verfahren bessere Chancen haben als er, der nun mal kein Mann großer Worte, sondern ein Macher war. Auch in der Vergangenheit, so

**Gezwungen, sich zu verkaufen**

erzählte er mit unterdrückter Panik in der Stimme, hatte es oft einige Zeit gedauert, bis er Geschäftsleitung und Kollegen durch Leistung überzeugen konnte. Sein Problem sei eben, dass er sich nicht so gut verkaufen könne wie so mancher, der hinterher außer Wind nicht viel zustande brächte.

An drei Gesprächen zu je einer Stunde sollte nun sein ganzes weiteres Leben hängen! Noch dazu würden zwei davon auf Englisch stattfinden, was für ihn immer ein Auswärtsspiel geblieben war: „Da kann man doch die ganzen Zwischentöne und Feinheiten nicht rüberbringen", meinte er, „da gehen mindestens 50 Prozent verloren!" Herr Dr. Ing sah sich schon zuhause am Frühstückstisch sitzen und bis 11 Uhr Zeitung lesen, bevor er aufbrach, um am Wochenendhaus ein paar Reparaturarbeiten zu machen (und seiner Frau nicht zu sehr auf die Nerven zu fallen). Ausgemustert – und das mit Anfang 50!

Mit ein paar Kollegen, die ähnlich empfanden wie er, war er sich schnell einig, dass der ganze Auswahlprozess ungerecht, unwürdig und im Grund nicht ernst zu nehmen sei. Gemeinsam redeten sie sich in halb eine trotzige, halb wurstige Abwehrhaltung hinein. Wenn der Vorstand solch eine läppische Vorgehensweise festgelegt habe, so spekulierten sie, seien die meisten Entscheidungen wohl in Wirklichkeit längst gefallen, und der Auswahlprozess finde nur pro forma statt. Hingehen müsse man wohl zu diesen Interviews, aber man werde sich weder herumschubsen lassen noch sich anbiedern wie ein Berufsanfänger.

**Zwischen Trotz und Wurstigkeit**

Herr Dr. Ing erschrak zutiefst, als er in einer Beratungssituation damit konfrontiert wurde, dass er gerade aktiv daran arbeitete, sich selbst um seine Chancen zu bringen. In der Tat waren er und seine Kollegen dabei, eine extreme Negativ-Programmierung aufzubauen. Wenn sie mit dieser Mischung aus Wut, Wurstigkeit und unterdrückter Panik in die Interviews hineingegangen wären, dann hätten sie mit Sicherheit beste Chancen gehabt, mit ihren Befürchtungen Recht zu behalten.

## Existenzielle Panik

Doch die Reaktionen von Herrn Dr. Ing sind durchaus typisch, gerade für ältere Führungskräfte[1] – und absolut verständlich. Denn leider ist die Angst, dass das eigene Berufsleben ein ziemlich abruptes Ende nehmen könnte, nicht unberechtigt. „50 ist die magische Grenze", sagen viele Headhunter, außer für absolute Top-Positionen. Natürlich gibt es Ausnahmen, beispielsweise wenn in einem Familienunternehmen ein Interim-Manager für ein paar Jahre gesucht wird, bis ein Sprössling der Familie weit genug ist, um in diese Position aufrücken zu können. (Und in ein paar Jahren kann viel passieren.) Auch für Manager jenseits der magischen 50 gibt es Chancen und Strategien, eine neue Beschäftigung zu finden. Dennoch muss man der Tatsache ins Auge sehen, dass der Markt für 55-Jährige enger ist als der für 45-Jährige. Was zwar nicht fair ist, aber wahr.

**Über 45 wird es schwierig**

Gerade weil die Situation älterer Führungskräfte prekärer ist als die von Mittdreißigern oder Mittvierzigern, ist es wichtig, dass Sie Ihre Chancen in dem internen Auswahlverfahren nicht leichtfertig zunichte machen. Auch dann nicht, wenn Sie die Prozedur als unfair, bedrohlich, kränkend oder gar als unwürdig empfinden.

Falls Sie zu den jüngeren Führungskräften (bis etwa Mitte 40) zählen, ist die Situation für Sie weniger kritisch. Dann werden Sie vermutlich leichter als Ihre älteren Kollegen relativ schnell eine annehmbare Alternative finden. Doch auch dann ist es sinnvoll, sich zur Vorbereitung auf das interne Stellenbesetzungsverfahren mit den eigenen Gedanken und Gefühlen auseinander zu setzen.

---

[1] Es mag Sie erschrecken, mit 50 oder knapp darüber schon zu den „Älteren" gezählt zu werden. Vermutlich wird das nicht Ihrem Selbstbild und Lebensgefühl entsprechen. Dennoch ist es eine Tatsache, dass mittlerweile mehr als zwei Drittel unserer Kolleginnen und Kollegen jünger sind als wir. Das heißt durchaus nicht, dass es nun langsam zuende geht. Aber es heißt, dass unsere verbleibenden Berufsjahre allmählich überschaubarer werden.

# Checkliste: Sich den eigenen Gefühlen stellen

Es wird Ihnen leichter fallen, das Beste aus Ihren internen Chancen zu machen, wenn Sie sich nicht nur inhaltlich vorbereiten, sondern sich auch ehrlich und ungeschminkt mit den Gedanken und Gefühlen auseinander setzen, die Ihnen angesichts dieser Situation durch Kopf und Bauch gehen.

**Bitte prüfen Sie, ob Ihnen folgende Gedanken vertraut vorkommen:**

| | | | | |
|---|---|---|---|---|
| Trifft **nicht** zu | (0 Punkte) | Trifft **etwas** zu | (1 Punkt) | |
| Trifft **deutlich** zu | (2 Punkte) | Trifft **voll und ganz** zu | (3 Punkte) | **Punkte** |

**Risiko.** Vermutlich ist es lange her, dass für Sie persönlich so viel von zwei oder drei Gesprächen abhing wie jetzt. Genau betrachtet hängt davon sogar mehr ab als bei Ihren Bewerbungen vor etlichen Jahren. Denn damals hatten Sie erstens weniger zu verlieren als heute – und zweitens mehr Versuche frei.

**Versagensängste.** Obwohl Sie in den zurückliegenden Jahren viel geleistet haben und normalerweise ein selbstbewusster Mensch sind, wäre es nicht überraschend, wenn Sie sich in dieser Situation mit Versagensängsten belasten würden. Vermutlich haben Sie keine Übung mit „Bewerbungsgesprächen" mehr. Wie sollen Sie also wissen, ob Sie in dieser Situation eine (hinreichend) gute Figur machen? Noch dazu, wo es zu Ihrer Zeit noch keine Bewerbungstrainings gab ...

**Hader und Trotz.** Weiter könnte es sein, dass Sie die ganze Situation als aufgesetzt und unwürdig empfinden. Nach all dem, was Sie (und Ihre Kollegen) geleistet haben, ist das doch keine Art, mit Ihnen umzuspringen! Da liegt es nahe, auf diese Zumutung mit einer gewissen Trotzigkeit zu reagieren: „Wenn die mich nicht mehr wollen, dann sollen sie es eben lassen. Zum Affen machen lasse ich mich nicht!"

**Sich selbst verkaufen.** Viele gute und erfahrene Linien-Manager wissen, dass sie keine guten Verkäufer in eigener Sache sind. Sie haben sich in ihrem Berufsleben darauf konzentriert, durch gute Arbeit zu überzeugen, und immer eine Mischung aus Verachtung und Bewunderung gegenüber denjenigen empfinden, die sich „gut verkaufen können". Doch genau darum und um nichts anderes geht es in der Auswahlsituation – was Sie mit einigem Recht nicht nur als unfair, sondern auch als bedrohlich empfinden.

**Ablehnung des Verfahrens.** Möglicherweise haben Sie zusätzlich einige Kritik an dem vorgesehenen Auswahlverfahren. Zum Beispiel, dass es nicht transparent ist; dass die Leistungen der Vergangenheit und die Performance Ihres Unternehmens oder Bereichs nicht genügend gewichtet werden; dass solch kurze Gespräche nicht geeignet sind, die Qualität von Managern zu beurteilen: dass die ganze Sache für verdiente Führungskräfte eine Zumutung ist, und so weiter. Deshalb lehnen Sie das Verfahren viel zu sehr ab, um sich mit voller Energie darauf einzulassen.

Je mehr Ihnen diese und ähnliche Gedanken vertraut vorkommen, desto mehr sind Sie in Gefahr, sich selbst ein Bein zu stellen. Je höher Ihre Gesamtpunktezahl, desto brisanter das Gemisch aus Angst und Groll in Ihrem Inneren, und desto höher das Risiko, dass Sie mit einer Einstellung in die Interviews gehen, die für Sie zum Bumerang wird. **Ab etwa 7 Punkten wird es kritisch.**

## Auf Misserfolg programmiert

Durch solche negativen Gedanken bringen Sie sich selbst in eine Verfassung, in der Sie zwischen Rebellion und Wurstigkeit pendeln. Da es Ihren Kollegen vermutlich ähnlich ergeht, sind Sie sich in der Einschätzung der Situation schnell einig. Das wirkt beruhigend – und führt, wie im Falle von Herrn Dr. Ing, zu einem gegenseitigen Hochschaukeln. Denn Ihre Kollegen sind im Zweifelsfall ebensolche Helden wie Sie, die ihre berechtigte Angst verleugnen und hinter markigem Auftreten und heroischen Worten verbergen. Auf diese Weise redet man sich leicht in ein „Heldentum in Abwesenheit des Feindes" hinein, das keine reale Grundlage hat, sondern nur den gequälten Seelen einen vorübergehenden Trost spendet.

**Gefährlicher Trost**

Dagegen wäre nichts einzuwenden, wenn es nicht ein falscher und potenziell verhängnisvoller Trost wäre. Sein Preis ist, dass Sie mit einer schlechten Vorbereitung und einer wenig hilfreichen inneren Einstellung in die Interviews gehen. Denn die Interviewer (bei denen es sich überwiegend um Führungskräfte der höheren Ebenen handeln wird) erwarten natürlich, dass Sie die Gespräche ernst nehmen und hohe Motivation und volles Engagement zeigen. Bei einem Kandidaten, bei dem Vorbehalte und Skepsis ebenso durchschimmern wie gekränkter Stolz und Zweifel an dem ganzen Verfahren, kommt man schnell zu dem Schluss, dass er, wie es dann üblicherweise heißt, „nicht die richtige Einstellung mitbringt". Was, wie Sie aus eigener Erfahrung wissen werden, selbst bei hervorragenden fachlichen Qualifikationen dem sicheren K.O. gleichkommt – verbunden mit der hilflosen Frage wohlwollender Interviewer: „Was war nur los mit Ihnen?"

Die Gefahr, mit Vollgas in die Sackgasse zu fahren, ist um so größer, je mehr man sich, um sich zu trösten und zu beruhigen, auf eine negative Bewertung des Prozesses versteift hat. Dazu werden Sie um so mehr neigen, je mehr Sorgen Sie sich machen – wozu wiederum aus den bekannten Gründen besonders die älteren Führungskräfte tendieren. Aus diesem Grund ist genau diese Gruppe in der Gefahr, sich durch eine selbsterfüllende Prophezeiung indirekt selbst zu eliminieren. Wenn Sie daher

**Selbst-elimination**

zu den Älteren (im obigen Sinne) zählen, passen Sie höllisch auf, dass Sie sich nicht durch eine zwar verständliche, aber dennoch schädliche Einstellung selbst um Ihre Chancen bringen.

## Die Konsequenz: Konsequenz

Um das Beste aus Ihren Chancen zu machen, müssen Sie zunächst einmal die Tatsachen akzeptieren. Das Verfahren ist, wie es ist, und weder Ihre Verärgerung noch die Ihrer Kollegen werden daran etwas ändern. Also treffen Sie eine klare Ent- **Keine halben Sachen!** scheidung: Entweder steigen Sie aus, und zwar mit allen Konsequenzen, oder akzeptieren Sie, was Sie nicht ändern können, und konzentrieren sich konsequent auf Ihre Chancen!

Bitte verstehen Sie dies nicht als Aufforderung zu krampfhaft positivem Denken. Natürlich ist die Situation unschön, und es wäre albern, sie zum Glücksfall oder zur großartigen „Chance" umzudeuten. Nein, es geht ganz einfach darum, einen klaren Kopf zu bewahren und das Bestmögliche aus einer vertrackten Situation zu machen.

Und das beginnt, wie so oft, mit der eigenen Einstellung. In schwierigen Situationen ist jede Halbherzigkeit fatal. Eine klare Entscheidung ist deshalb der erste und wichtigste Schritt. **Eine klare** Ihre Optionen sind, entweder mit vollem Einsatz um Ihren **Entscheidung** Job zu kämpfen oder die Segel zu streichen und nur noch **treffen** zu versuchen, eine möglichst hohe Abfindung auszuhandeln. Beide Wege sind gangbar – was hingegen wenig Sinn macht, ist dazwischen hin und her zu pendeln.

Machen Sie sich klar, dass keine Entscheidung auch eine Entscheidung ist – nämlich die, Ihr Schicksal dem Lauf der Ereignisse zu überlassen. Wenn Ihnen erst mitten in den Interviews bewusst wird, dass Sie auf einem gefährlichen Trip sind und dass ein bisschen Vorbereitung vielleicht doch zweckmäßig gewesen wäre, dann wird es knapp. Doch selbst dann gilt: Eine späte Entscheidung ist immer noch besser als gar keine. Selbst dann ist es noch möglich, mitten in der Situation umzuschalten und alles zu tun, um zu retten, was noch zu retten ist. Aber natürlich sind Ihre Chancen unter diesen Voraussetzungen schlechter, als wenn Sie die Entscheidung früher getroffen und konsequent danach gehandelt hätten.

Also: Überdenken Sie die Lage. Prüfen Sie, was Sie wollen und was Ihnen am meisten hilft, dieses Ziel zu erreichen. Und dann entscheiden Sie sich.

Übrigens: Wie Sie sich entschieden haben, erkennen Sie nicht an dem, was Sie denken oder sagen, sondern an dem, was Sie tun. Wenn Sie konsequent an Ihrer Vorbereitung auf die Interviews arbeiten, dann haben Sie sich entschieden. Wenn Sie die Höhe möglicher **Taten zählen** Abfindungen recherchieren und beginnen, für die Zeit danach zu planen, haben Sie sich ebenfalls entschieden. Solange Sie sich auf der Ebene von „müsste ich eigentlich" und „sollte ich vielleicht" bewegen, überlassen Sie Ihre Entscheidung anderen. Was, wie gesagt, auch erlaubt und mit dem Grundgesetz vereinbar ist, aber ein gewagtes Spiel ...

# 2

# Haben Sie überhaupt ein Problem?

Bevor wir anfangen, über mögliche Lösungen nachdenken, sollten wir klären, ob Sie überhaupt ein Problem haben.

Das mag Sie überraschen. Doch die Tatsache, dass Ihr Unternehmen mit einem anderen verschmolzen wird oder durch größere Umstrukturierungen geht, bedeutet nicht zwangsläufig, dass Ihr Job in Gefahr ist. Es gibt vielmehr drei Möglichkeiten:

**Ist Ihr Arbeitsplatz bedroht?**

■ Für viele Mitarbeiter und Führungskräfte sind Fusionen und Umstrukturierungen in der Tat bedrohlich, weil ihr Arbeitsplatz möglicherweise wegfällt oder sich grundlegend verändert.

■ Für zahlreiche andere wird sich vermutlich überhaupt nichts ändern – außer dem Namen und dem Briefpapier ihres Arbeitgebers.

■ Für einige Mitarbeiter verbessert sich die Lage durch die Fusion sogar: Ihr Arbeitsplatz wird sicherer, ihre Entwicklungschancen steigen.

# Wie stark ist Ihr Bereich betroffen?

Wie finden Sie heraus, zu welcher dieser drei Gruppen Sie gehören? – Die Antwort hängt nicht so sehr von Ihrer Leistung oder Ihrem persönlichen Ansehen ab, sondern davon, in welche der drei nachfolgenden Kategorien Ihr heutiger Arbeitsplatz fällt:

## Synergiefelder

Die unangenehmste Variante liegt vor, wenn Ihre Funktion in einem der „Synergiefelder" angesiedelt ist.

Fusionen werden ja in der Regel durchgeführt, um Synergieeffekte zu erzielen, also Vorteile aus dem Zusammenschluss. Meistens sind das Kostensynergien, und das übersetzt sich für die Mitarbeiter in Arbeitsplatzabbau.

Klassische Synergiefelder sind zum Beispiel Zentralfunktionen. So braucht man z. B. nach einer Verschmelzung nur noch eine Finanz- und Controlling-Abteilung, nur noch eine Presse- und eine **Kosten-** Rechtsabteilung. Die sind dann zwar meistens etwas größer **synergien** als in den beiden Ursprungsunternehmen, aber deutlich kleiner als deren Summe: Die Differenz ist der errechnete Synergieeffekt. (Ob es hinterher funktioniert, ist eine andere Frage.)

Auch viele andere Funktionen – Forschung und Entwicklung, IT, Einkauf, Marketing, Vertrieb, Service, Logistik – können Synergiefelder sein, müssen es aber nicht. Ob sie es sind, hängt hauptsächlich davon ab, wie stark sich Produktpaletten und Arbeitsgebiete überschneiden.

Beispiel: Wenn zwei Pharmaunternehmen fusionieren, kann man die F + E dann (und nur dann!) zusammenlegen, wenn sich die erforschten Indikationsgebiete überlappen. Wenn das eine Unternehmen seinen Schwerpunkt in der Onkologie (Krebsforschung) und das andere seinen in der Kardiologie (Herz/Kreislauf) hat, dann ist mit Forschungs-Synergien nicht viel zu wollen, und es würde wenig bringen, über eine Verschmelzung auch nur nachzudenken. Wenn hingegen beide in der Kardiologie forschen, hört sich das deutlich mehr nach Überlappungen und damit nach einer Zusammenführung an.

## Überschneidungsfreie Zonen

Am ruhigsten lebt es sich zu Zeiten einer Fusion dort, wo es keinerlei Überschneidungen mit dem Fusionspartner gibt.[2]

Stellt ein Tochterunternehmen eines fusionierenden Konzerns z. B. Stoßdämpfer her und die andere Seite bringt zwar andere Automobilzulieferer mit in die Ehe, aber keinerlei Stoßdämpfer-Fabrikanten, so können dessen Mitarbeiter fürs erste aufatmen. Ihre Firma wird zwar mit großer **Keine Überschneidungen – kaum Änderungen** Wahrscheinlichkeit der Konzernsparte „Automotive" (so nennt man das heute) zugeordnet und bekommt vielleicht noch einen neuen „Vornamen" (d.h. der Konzernname wird vor den Firmennamen gestellt). Aber ansonsten wird der Mutterkonzern in den ersten Jahren so viel mit sich selbst zu tun haben, dass er kaum die Zeit und Neigung haben wird, sich um seine Stoßdämpfer-Tochter zu kümmern. Zumindest so lange nicht, wie diese zufriedenstellende Ergebnisse abliefert.

## Fusionsgewinner

Die „Fusionsgewinner" sind normalerweise die kleinste Gruppe, aber auch sie gibt es. Profitieren werden all diejenigen Funktionen, die durch die Fusion dauerhaft oder für längere Zeit zum Engpassfaktor werden. Das gilt zum Beispiel für Funktionen, **Engpässe infolge der Fusion** bei denen der Fusionserfolg – Synergien – nur durch eine Systemintegration zu erreichen ist: häufig IT, aber nicht selten auch die Integration von Produktions- und Logistik-Systemen, weiter Projektleiter, interne Berater und Prozess-Manager. Denn mit Sicherheit gibt es in den ersten Jahren nach der Fusion eine Menge an Sonderthemen zu bearbeiten.

---

[2] Das gilt fürs Erste selbst dann, wenn Ihr Unternehmensteil zur Finanzierung der Fusion oder weil es nicht mehr in die neue Konzernstrategie passt, verkauft werden soll. Denn meistens geht das nicht vom einen Tag auf den anderen. Wenn es freilich so weit ist, geht der ganze Zirkus von Neuem los: Dann müssen Sie, genau wie im Folgenden beschrieben, analysieren, wie Ihr Unternehmensteil sich in die Strukturen des neuen Konzerns einfügt.

## Können Sie sich selbst zum Fusionsgewinner machen?

Sitzen Sie mitten in einem Synergiefeld sitzen und müssen annehmen, dass Ihr dortiger Job in Gefahr ist? Dann kann Ihnen ein völlig legaler Trick unter Umständen zu einem sicheren Arbeitsplatz verhelfen: Wenn Sie die dafür erforderlichen Fähigkeiten und Neigungen besitzen, ist es absolut sinnvoll, dass Sie sich aktiv um eine Aufgabe in einem der absehbaren Engpassgebiete bemühen. Gerade wenn Sie aus einem Bereich kommen, wo Arbeitsplätze wegfallen, wird man Ihnen keine Steine in den Weg legen. Denn das ist ein gutes Geschäft für beide Seiten: Sie sichern Ihren Arbeitsplatz, und das Unternehmen kann sich an einem kritischen Engpass verstärken – und spart sich möglicherweise einen Teil der Abfindung, die ggf. bei Ihrer Entlassung oder der eines Ihrer Kollegen fällig würde.

# Weshalb Sie die Business-Logik der Fusion verstehen müssen

Vermutlich wird es Ihnen schwer fallen, auf Anhieb zu sagen, in welche dieser drei Kategorien Ihr heutiger Arbeitsplatz fällt. Meist fehlen den Betroffenen dafür die Informationen. Erst nach einer Analyse der geschäftlichen Logik der Fusion lässt sich dies besser abschätzen.

Bitte machen Sie sich klar, dass es hier nicht um die Qualität Ihrer Arbeit geht! Sie mögen der beste Mitarbeiter in einem der Synergiefelder sein, und dennoch steht Ihr Job zur Disposition. (Natürlich wird man versuchen, Sie zu halten, wenn Sie einer der Leistungsträger sind, jedenfalls sofern nicht die Fusionsstrategie – siehe Abschnitt 2.3 – oder die Sozialauswahl dazwischen kommt.) Und Sie mögen der schwächste Mitarbeiter in einer „überschneidungsfreien Zone" sein – und doch ist Ihr Job nach der Fusion so sicher wie ein halbes Jahr davor, vielleicht sogar noch sicherer.

### Drei Schlüsselfragen

Um die Business-Logik der Fusion zu verstehen, müssen Sie die Antworten auf drei Schlüsselfragen herausfinden:

- Welche Geschäftsfelder, Produkte und Marken bringt das andere Unternehmen mit in die Ehe?

- Wie passen diese mit denen Ihres Arbeitgebers zusammen – bzw. auf welche Ideen könnte man kommen, wenn man Kostenvorteile erzielen will oder muss?

**Drei Schlüsselfragen**

- Welche konkreten Pläne hat die Unternehmensleitung? An welchen Stellen will sie Synergien realisieren, und wie soll dies konkret geschehen?

Während die erste und die dritte Frage sich im Wesentlichen auf Fakten richten, ist die zweite eine Frage der Beurteilung. Hier kann man sich am leichtesten verschätzen – und zwar paradoxerweise gerade, weil man sich zu gut auskennt. Als Insider Ihres Geschäfts sehen Sie sofort die Unterschiede und Unvereinbarkeiten zwischen ihren Angeboten und denen der anderen Seite – und überschätzen sie mit großer Wahrscheinlichkeit.

Machen Sie sich deshalb klar, unter welchem Synergiedruck die Unternehmensleitung steht. Sie hat ein Vermögen für die **Extremer** akquirierte Firma gezahlt, hohe Erwartungen bei den Kapi-**Synergie-** talgebern geschaffen – und haftet nun mit ihrem Kopf **druck** dafür, dass die versprochenen Erfolge auch eintreten. In solch einer Situation ist man risikobereit – und neigt stark dazu, auch dort Synergiepotenziale zu sehen, wo die Fachleute bedenklich ihre Häupter wiegen.

Deshalb kann als Faustregel gelten:

Gehen Sie davon aus, dass die Unternehmensleitung Syner-**Im** giepotenziale auch dort sehen wird, wo Sie selbst und Ihre **Zweifelsfall** Kollegen größte Bedenken haben. Und dass sie von Ihnen **wird** bzw. Ihren Vorgesetzten verlangen wird, diese Synergien **zusammen-** zu realisieren – auch wenn Ihnen selbst dies ebenso unsin-**gelegt** nig wie unmöglich erscheint. (Wer am Ende Recht behält, steht auf einem ganz anderen Blatt.)

Entscheidend ist: Nur wenn Sie verstehen, was die Geschäftsleitung mit der Fusion beabsichtigt und vor allem, wo die angestrebten Synergien herkommen sollen, können Sie Ihre optimale persönliche Strategie entwickeln.

## Das Top Management steht unter Druck

Um ihre eigene Strategie entwickeln zu können, müssen Sie ein Gefühl dafür bekommen, in welcher objektiven Situation und subjektiven Verfassung das Top Management in einer Fusion ist.

**Die Situation** Hierzu zwei Zitate aus einer Broschüre der Boston Consul-**des Top** ting Group, die den bezeichnenden Titel trägt: *The Work* **Managements** *Begins After the Deal Is Closed* (Neil Monnery, Art Peck; 2000): „A M&A venture always begins in the red. Despite the fact that companies enter a merger or an acquisition to create value, the immediate effect of most deals is the exact opposite. Companies usually pay a considerable premium for their acquisitions. That premium is the capitalized future of the company's earnings stream, and it must be paid back before the company can go forward. Put bluntly, a company falls into a value hole when it buys another company, and its first job is to climb out."

**Hoher Kostendruck**

„A major merger of acquisition is probably the biggest investment a company will make, yet it is often the one for which managers are least prepared. In our experience, 60 to 80 percent of a deal's value is won or lost in the first 12 months. All too often, however, companies lack an adequate process for integrating the other organization during that critical period."

**Hoher Zeitdruck**

Das heißt im Klartext: Das Top Management steht unter extremem Druck, die riesige Investition wieder einzuspielen – und sie angemessen zu verzinsen. Dazu muss jede nur denkbare Synergie ausgeschöpft werden. Dabei steht die Unternehmensleitung unter scharfer Beobachtung des Kapitalmarkts, der Banken und der eigenen Aufsichtsgremien. Ihnen allen haben sie im Vorfeld erklärt, dass sich die Fusion rechnet und wie das funktionieren soll. Nun wird erwartet, dass sie ihr Versprechen einlösen.

**Hoher Synergie- druck**

Welche Versprechen das sind, sollten Sie herausfinden, damit Sie eine reale Grundlage für Ihre eigenen Überlegungen haben.

## Wie Sie an die entscheidenden Informationen kommen

Da der Kapitalmarkt ein Spiel mit Erwartungen ist, muss das Top Management, wenn es nicht will, dass sein Aktienkurs wegrutscht, intensiv kommunizieren. Zumindest wenn Ihr Arbeitgeber eine börsennotierte Kapitalgesellschaft ist, können Sie daher davon ausgehen, dass fast alles, was Sie wissen müssen, veröffentlicht ist, und zwar im Zweifelsfall mehrfach. (Bei nicht publizitätspflichtigen Firmen ist die Ausbeute in der

**Zur Kommuni- kation gezwungen**

Regel magerer, aber auch hier lässt sich aus allgemein zugänglichen Quellen Vieles in Erfahrung bringen.)

Die erste Adresse für solche Recherchen ist mittlerweile das Internet. Falls Sie damit noch keine Erfahrung haben, sollten Sie darüber nachdenken, den aktuellen Anlass zum Einstieg zu nutzen.

**Recherchen im Internet**
Denn die Nutzung des Internet für solche Recherchen ist sehr viel einfacher als Sie immer gefürchtet haben – sonst wäre das Medium wohl nicht so schnell so erfolgreich geworden (siehe Kasten S. 38).

**Presseerklärungen Ihres Unternehmens und des Fusionspartners**
Jedes größere Unternehmen hat inzwischen seine eigene Webpräsenz. Die sollte Ihre erste Anlaufstelle sein. Viele Firmen stellen ihre Pressemitteilungen ins Netz, so dass Sie sowohl in den Mitteilungen Ihres Arbeitgebers als auch in denen des Fusionspartners ungehindert stöbern können. Legen Sie sich am besten gleich ein Lesezeichen auf diese Seiten – Sie werden sie in den nächsten Wochen noch öfter brauchen.

Die wertvollsten Informationen finden Sie vermutlich unter „Investor Relations": Dort erläutert Ihr Top Management bzw. das des übernehmenden Unternehmens, auf welche Weise es den Unternehmenswert (Shareholder Value) durch die Fusion zu steigern gedenkt. Daraus wird ziemlich klar hervorgehen, an welchen Teilen der beiden Unternehmen Synergien gehoben werden sollen, durch welche Grobstrategie und in welcher Größenordnung.

**„Investor Relations"**

**Produktpalette**
Studieren Sie weiter die Produkt- und Dienstleistungspalette des Fusionspartners, insbesondere natürlich die Sparten, die Sie selbst betreffen. Je größer die Ähnlichkeiten und Überschneidungen, desto wahrscheinlicher ist, dass eine Verschmelzung ins Auge gefasst wird (oder wurde).

Achten Sie neben Überlappungen auch auf Ergänzungen. Wäre es denkbar, die Leistungen der beiden Unternehmen auf irgendeine Art so zusammenzuführen, dass ein zusätzlicher Wert daraus entsteht? Z. B. entlang von Wertschöpfungsketten, so dass die Produkte des einen Unternehmen sich als Vorprodukte in

**Ergänzungspotenziale**

die Systeme der anderen integrieren lassen? Oder so, dass die Marketing- und Vertriebskanäle des einen auch für die Produkte des anderen Unternehmens genutzt werden können? (Letzteres wäre für diesen Vertrieb eine ausgesprochen gute Nachricht: Er würde dann wohl zu den Fusionsgewinnern zählen; die Rechnung würden diejenigen zu bezahlen haben, über die der Vertrieb bislang lief.)

Als nächstes sehen Sie sinnvollerweise nach, wie die Wirtschaftspresse auf die Fusion reagiert hat. Auch hier ist das Internet der umfassendste und einfachste Zugang. Wichtige Internet-Adressen sind fast die gleichen Namen wie am Zeitungskiosk: **Wirtschaftspresse**

*www.ftd.de* (sehr gute Datenbank!)

*www.managermagazin.de*

*www.wiwo.de*

*www.faz-archiv.de* (gebührenpflichtig)

*www.handelsblatt.de*

*www.ft.com* (Financial Times)

*www.wsj.com* (Wall Street Journal)

Natürlich ist dies keine abschließende Liste. Bei Großfusionen empfiehlt es sich zum Beispiel, mal unter *spiegel.de* nachzuschauen. Falls der *Spiegel* dazu selbst recherchiert hat, haben Sie gute Chancen, dort mehr zu finden als in anderen Quellen.

Bei kleineren Unternehmen lohnt sich unbedingt auch die Recherche in der oder den regionalen Zeitung(en); bei einer Fusion mit ausländischen Unternehmen ist ein Blick in die Wirtschaftspresse und die überregionalen Zeitungen des jeweiligen Landes Pflicht (die oft auch einen englischsprachigen Teil anbieten).

Drucken Sie aus, was Ihnen interessant scheint – das ist einfacher als die Seite später noch einmal zu suchen. (Ein Beitrag zum Thema „Paperless office".)

Lohnend ist in der Regel auch, über Suchmaschinen zu recherchieren. Besonders praktisch sind Meta-Suchmaschinen, die ihrerseits auf mehrere Suchmaschinen zurückgreifen. (Mein Favorit ist derzeit www.google.de, aber auf diesem Feld ist noch viel Bewegung; probieren Sie am besten mehrere aus.) **Suchmaschinen**

Allerdings muss man aufpassen, dass man in der Flut der Treffer nicht untergeht. Falls Sie zufällig keine Lust haben, 14.000 Treffer durchzublättern, müssen Sie die Suche einschränken.

## Wie Sie mit Suchmaschinen gezielt recherchieren

Gezielte Internet-Recherchen sind auch für Datenbank-Laien keine Hexerei: Die meisten Suchmaschinen reagieren wohlwollend auf „+" (logisches UND) und „-" (logisches „UND NICHT", also OHNE). Also bringt „Glaxo +Fusion" (theoretisch) nur Treffer, in denen die Stichwörter „Glaxo" und „Fusion" vorkommen. Entsprechend liefert „Glaxo -Fusion" nur Treffer über Glaxo, in denen nicht von Fusion die Rede ist.

Beides lässt sich auch kombinieren: „Glaxo +Fusion -SmithKline" liefert an sonnigen Tagen alles über die Fusionen von Glaxo außer über die mit SKB. Das Minuszeichen ist deshalb sehr praktisch, weil man damit systematische Falschtreffer (z. B. Fundstellen zu Kern- oder Infusion) wie auch unnütze Websites (die, ohne wirklich etwas herzugeben, Dutzende Male auftauchen und die Trefferliste verstopfen) loswerden kann.

Zusammengesetzte Firmenbezeichnungen müssen Sie in den meisten Suchmaschinen in (gemeinsame) Anführungszeichen platzieren („Deutsche Bank"). Denn sonst versteht die Suchmaschine das Leerzeichen in der Mitte teils als logisches UND, teils als ODER und sucht nach allen Websites, in denen entweder der Begriff „Deutsche" oder der Begriff „Bank" auftauchen. Und dabei kommt ziemlich viel unbrauchbares Zeug à la „Viele **Deutsche** bringen ihr Geld zur **Bank** …" heraus.

Die meisten Suchmaschinen bieten auch eine „Erweiterte Suche" oder „Profi-Suche" (bzw. Advanced Search) an. Probieren Sie sie ohne falsche Demut aus – sie ist relativ leicht zu bedienen und ausgesprochen nützlich. Dort kann man die Suche z. B. nach Sprachen oder Regionen einschränken und zum Teil auch nach Zeiträumen. Letzteres erspart Ihnen viele Treffer, die vielleicht für Historiker interessant sein mögen, aber nicht für Ihren Zweck.

Weitere gebührenpflichtige Datenbanken mit Firmenin- **Datenbanken**
formationen finden Sie unter:

*www.gdi.de*

*www.hoppenstedt.de*

Hier können Sie zum Beispiel Zeitungs- und Zeitschriftenartikel, die Ihnen interessant erscheinen, gegen Gebühr herunterladen. Der einzelne Artikel ist in der Regel nicht teuer (ca. DM 1 – 3), aber bei größeren Mengen summiert es sich. Deshalb sollte man die anderen Quellen ausgeschöpft haben, bevor man diese Quelle nutzt.

Der dritte große Bereich, auf den Sie schauen sollten, ist **Kapitalmarkt** der Kapitalmarkt: Wie haben die Aktienkurse der beiden Unternehmen auf die Nachricht von der geplanten Fusion reagiert? Wie hat sich der Aktienkurs seither entwickelt?

Aktuelle Aktienkurse können Sie im Internet bei fast jeder Bank abfragen. (Hier ist momentan noch so viel im Umbruch, dass es keinen Sinn macht, Ihnen konkrete Adressen zu empfehlen. Suchen Sie sich eine Adresse, bei der Sie nicht nur die Tageskurse angezeigt erhalten, sondern den Aktienkurs über verschiedene Zeiträume – 3, 6, 12, 24, 36, 60 Monate abfragen können – sowie möglichst einen Vergleich innerhalb der Branche sowie zusätzlich Unternehmensnachrichten.)

Bitte denken Sie nicht, dass Ihnen als Mitarbeiter die Reaktionen des Kapitalmarkts egal sein können. Denn im Aktienkurs kommen die Erwartungen der Analysten über die Zukunft Ihres Un- **Bedeutung** ternehmens zum Ausdruck. Da diese Leute in der Regel **der Kurs-** extrem gut informiert sind, sollte man ihre Prognosen nicht **entwicklung** auf die leichte Schulter nehmen. Überdies wirken sie auf das Unternehmen zurück, weil kritische Bewertungen die Unternehmensleitung unter Umständen in erheblichen Zugzwang bringen.

Ist der Aktienkurs im Zusammenhang mit der Fusion nach oben gegangen, steht das Management „nur" unter dem Druck, die erwarteten Synergien tatsächlich zu schaffen. Das ist noch der harmloseste und erfreulichste Fall. Oder sie zu übertreffen, denn sonst entsteht keine weitere Kurssteigerung: Die positiven Erwartungen sind ja bereits „eingepreist".

Ist der Kurs gleich geblieben oder zurückgegangen, steht das Management unter noch größerem Druck. Es muss beweisen, dass durch die Fusion mehr Wert geschaffen wurde als es die derzeitigen Kurse widerspiegeln. Das wird häufig nur über eine Verschärfung des eingeschlagenen Kurses zu erreichen sein, denn, wie gesagt, die Analysten sind in der Regel sehr gut informiert.

**Top Management im Zugzwang**

Wobei die negativen Erwartungen sich nicht nur auf den „strategischen Fit" zwischen den beiden Unternehmen beziehen können, sondern auch auf das Management. Auf gut deutsch: Die Analysten trauen dem derzeitigen Management eine erfolgreiche Fusion und Neuausrichtung nicht zu.

## So bewerten Sie die gefundenen Informationen

Für eine erste Bewertung Ihrer Funde brauchen Sie etwas Distanz: Vermutlich raucht Ihnen nach den ganzen Einzelheiten, die Sie gefunden haben, der Kopf; vielleicht sind Sie auch noch leicht schockiert von der einen oder anderen Information, die Sie entdeckt haben. Es macht durchaus Sinn, an dieser Stelle erst einmal eine Pause einzulegen.

**Intuitiver Eindruck**

Wenn Sie dann daran gehen, Ihre Gedanken zu sortieren, achten Sie zunächst auf den Gesamteindruck, der sich hinter all der Konfusion durch die vielen Texte und Informationen in Ihrem Kopf herausgebildet hat.

**Leitfragen**

Hier einige Leitfragen, die Ihnen helfen, Ihre Gedanken zu ordnen.

- Welche Themen (außer den üblichen Personality-Storys, die mehr das öffentliche Bedürfnis nach Heldensagen und Schurkenstücken bedienen) standen im Vordergrund?

- Sind Presse und Kapitalmarkt eher optimistisch oder eher pessimistisch in Bezug auf das Gelingen der Fusion?

- Was haben Sie über Ihren (Produkt-, Geschäfts-, Funktions-)Bereich Neues erfahren? Wie häufig wird er erwähnt und mit welchen Erwartungen?

Haben Sie überhaupt ein Problem?

- Können Sie jetzt besser beurteilen, ob Sie in einem Synergiefeld oder in einer „überschneidungsfreien Zone" angesiedelt sind oder ob Sie möglicherweise zu den Fusionsgewinnern zählen werden?

Am besten nehmen Sie nun ein Blatt Papier und formulieren einige Hypothesen, eine (vorläufige!) Antwort auf folgende Fragen geben: **Hypothesen entwickeln**

- Was sind die Hauptgründe für die Fusion?
- Auf welchen Feldern sollen Synergien erzielt werden?
- Durch welches Vorgehen?
- Welche Erwartungen bringen Wirtschaftspresse und Kapitalmarkt zum Ausdruck?
- Welche Überlappungen/Überschneidungen mit dem anderen Unternehmen gibt es in Ihrem Arbeitsumfeld?
- Welche konkreten Pläne oder naheliegenden Absichten gibt es für Ihren Unternehmensteil?
- Was könnte das für Ihren Verantwortungsbereich/Arbeitsplatz bedeuten?

Wenn Sie das gesammelte Material dann genauer studieren, helfen Ihnen diese Hypothesen, die wesentlichen Fakten und Hinweise aus der Informationsflut herauszufiltern. **... und prüfen**

Trennen Sie dabei streng zwischen Information und Bewertung: Was haben Vertreter Ihres Unternehmens bzw. des Fusionspartners selbst geäußert oder über Pressemitteilungen verlautbart? Und zu welchen Schlüssen und Bewertungen sind Analysten und Medien dabei gekommen? Was sind Fakten, was Überlegungen, Vermutungen und Spekulationen?

Wenn Sie die öffentlichen Darstellungen mit dem vergleichen, was nach innen kommuniziert wird, erhalten Sie weitere wertvolle Hinweise. Kleinere Abweichungen sind normal, weil die Presse ja (meistens) nicht bloß abschreibt, was man ihr vorbetet. Auch Missverständnisse und Fehlinterpretatio- **Diskrepanzen zwischen externer ...**

**... und interner Kommunikation**

nen kommen in der Presse häufiger vor, als man als braver Zeitungsleser ahnt. Doch bei ernsthaften Diskrepanzen sollten Sie hellhörig werden, insbesondere dann, wenn sie nicht nur einer Quelle zu entnehmen sind. Widersprüchliche Aussagen können sich zum Beispiel daraus erklären, dass man den Mitarbeitern unerfreuliche Nachrichten (noch) nicht so deutlich sagen wollte. Was an den Kapitalmarkt kommuniziert wurde, sollten Sie ernstnehmen – von dort kommt mittelfristig der stärkste Druck.

Nun hält sich der Gang der Geschichte nicht immer an die Pläne, die irgendwann einmal verkündet wurden. Es ist daher sinnvoll, die verkündeten Aussagen nicht als eine verlässliche Beschreibung künftiger Realität zu verstehen, sondern nur als den derzeitigen Stand der Absichten. In jedem Fall sollte man sich auch die Frage stellen, welche Handlungsoptionen das Management hat, wenn die errechneten Synergien nicht so sprudeln wie es in den ersten Pressemitteilungen angekündigt wurde.

**Worst-Case-Szenario**

In aller Regel wird dann, um das Wegrutschen der Aktienkurse zu stoppen, ein Sofortprogramm mit drastischen Maßnahmen angekündigt, das deutlich über die ursprünglichen Pläne hinausgeht. Darauf reagiert der Kapitalmarkt in der Regel positiv – bis sich herausstellt, dass die Effekte erneut nicht ganz so eintreten wie angekündigt. Auf das zweite Sofortprogramm reagiert der Kapitalmarkt in der Regel nicht mehr so positiv wie beim ersten Mal. Und ab dann läuft die letzte Chance für das Top Management.

**Sofortprogramme**

## Ziehen Sie eine erste Zwischenbilanz

Können Sie auf der Basis all dessen, was Sie bis jetzt herausgefunden haben, besser einschätzen, was die Fusion für Sie und Ihren Arbeitsbereich bedeuten wird?

**Sitzen Sie in einem Synergiefeld?**

Falls Sie sich schon ziemlich sicher sind, dass Sie entweder in einer „überschneidungsfreien Zone" sitzen oder gar zu den Fusionsgewinnern zählen werden, dann können Sie die nächsten Seiten mit sehr viel mehr Gelassenheit lesen.

Falls Sie Grund zu dem Verdacht haben, dass Ihr Arbeitsplatz mitten in einem Synergiefeld liegt, ist das natürlich alles andere als beruhigend. Doch eine unangenehme Wahrheit ist besser als Ungewissheit und falsche Hoffnungen. Um so wichtiger wird für Sie, welche Strategie die Unternehmensleitung einschlagen will, um die Fusion zu bewältigen.

# Erkennen Sie die Fusionsstrategie

Nirgendwo wird bei Fusionen hemmungsloser gelogen als bei der Frage nach der Integrationsstrategie. Spätestens seit der großen ABB-Fusion Anfang der 90er Jahre ist es üblich geworden, jede **Das** Übernahme als „Merger of Equals" zu tarnen, also als Fusi-**Märchen** on unter Gleichen. Konsequenterweise wird dann auch be-**vom** hauptet, man wolle „das Beste aus beiden Welten" („Best **„Merger of** of Both Worlds") zur Grundlage der gemeinsamen Zukunft **Equals"** machen. Und natürlich soll bei der Besetzung der Führungspositionen „nicht die Herkunft, sondern einzig und allein die Leistung" zählen.

Fast zu schön, um wahr zu sein, werden Sie sich denken. Und Sie haben beinahe Recht.

Das Problem ist, dass diese Aussagen auch zutreffen können. Und dass es kaum Frühindikatoren gibt, die helfen zu unterscheiden, ob die Ankündigung eines „Merger of Equals" ehrliche Absicht **Vorhersagen** widerspiegelt oder blanker Hohn ist. Er gibt Fusionen, bei **schwierig** denen in der Tat mit größter Sorgfalt und Redlichkeit versucht wird, einen möglichst fairen und objektiven Prozess zu gestalten. Und es gibt andere, wo die Worte „Best of Both Worlds" eine skrupellose Irreführung der Mitarbeiter waren und kein Hauch von Partnerschaftlichkeit und Fairness übrig blieb. Das Problem ist, dass selbst erfahrene Beobachter kaum vorhersagen können, in welche der beiden Richtungen es in einem konkreten Fall gehen wird.

## Drei mögliche Fusionsstrategien

Prinzipiell gibt es drei Strategien, einen Integrationsprozess zu gestalten:

- „Best of Both Worlds" bedeutet, dass in einem sorgfältigen, aber genau deshalb auch zeitaufwändigen Prozess bestimmt wird, auf welchen Feldern das übernehmende und auf welchen das übernommene Unternehmen besser aufgestellt ist. Ziel ist, sowohl bei den Produkten als auch bei den Systemen als auch bei den Personen die jeweils besten mit in die Zukunft zu nehmen.

- Eingliederung heißt, dass das übernommene Unternehmen in das übernehmende „eingepasst" wird (selten auch umgekehrt). Das heißt praktisch, die Strukturen, Systeme und Personen des Übernehmers gelten als gesetzt; Veränderungen werden nur dort vorgenommen, wo das übernommene Unternehmen klare Vorteile aufzuweisen hat.

- „Harmonische Lösung": Bei dieser von Ketzern als Konfliktvermeidung bezeichneten Strategie wird vor allem versucht, möglichst wenig Unruhe zu erzeugen und deshalb möglichst niemandem weh zu tun. Infolgedessen bleiben Strukturen und Personen beider Seiten weitgehendst bestehen; sie werden schlicht addiert bzw. nebeneinander gestellt. (So kann z. B. die Anzahl der Stabsabteilungen in der Konzernleitung leicht zweistellig werden.)

Auf den ersten Blick scheint alles für die erstgenannte Strategie zu sprechen: Die Stärken der Ursprungsunternehmen werden zu einem neuen, nahezu optimalen Ganzen zusammengeführt. Für die Zukunftschancen von Menschen, Ideen und Produkten **Bewertung** sind nicht die Machtverhältnisse entscheidend, sondern ihre Qualität. Insbesondere für Mitarbeiter und Führungskräfte des übernommenen Unternehmens ist dies tröstlich, gibt es ihnen doch Hoffnung – und hilft, ihren Glauben an die Gerechtigkeit der Welt zu wahren.

Der Pferdefuß dieses sympathischen Ansatzes ist die Zeit. Denn um herauszufinden, was das Beste aus beiden Welten ist, bedarf es erstens klarer Kriterien und zweitens eines (möglichst objektiven) Bewertungsverfahrens. Beides dauert. **„Best of**

Schon das Entwickeln der Kriterien ist eine mühselige **Both Words"** Sache, denn natürlich haben die beiden Seiten da unter- **kostet** schiedliche Vorstellungen – nicht nur, weil dabei Eigen- **viel Zeit** interessen im Spiel sind, sondern weil hier eben auch unterschiedliche Sichtweisen aufeinander treffen, die sich aus den unterschiedlichen Kulturen und „Philosophien" der fusionierenden Unternehmen ergeben. Dazu kommen einige Wochen für die Durchführung der Bewertung und die abschließende Entscheidung.

Da Schnelligkeit aber, wie wir von Neil Monnery und Art Peck wissen, einer der entscheidenden Faktoren für den Erfolg einer Fusion ist, sind zeitraubende Entscheidungsprozesse mehr als ein Schönheitsfehler. Nach allen vorliegenden Befunden empfiehlt es sich, bei der Abwägung zwischen Schnelligkeit und Gerechtigkeit im Zweifelsfall der Schnelligkeit den Vorzug zu geben.

**Kombinationsformen**

Erfahrene Fusionsmanager streben daher meistens eine Mischform aus „Best of Both Worlds" und Eingliederung an, nicht selten mit „Eingliederung" als Grundkonzept und „Best of Both Worlds" dort, wo diese Form der Optimierung erhebliche Verbesserungen verspricht.

Die schlimmste aller Varianten ist jedoch das Prinzip Harmonie. Denn die Vermeidung von Konflikten, die sich nicht vermeiden lassen, führt in ihr Gegenteil: in einen langen, aufreibenden Nervenkrieg. Was anfangs nach einer sehr menschlichen Lösung aussieht, wird zur Tortur auf Raten.

**Konfliktvermeidung führt ins Desaster**

Denn nach dem Abflauen der ersten Erleichterung wird allen klar, dass eine „Fusion ohne Synergien" nicht das letzte Wort sein kann. Also entwickelt sich in den Monaten und Jahren danach ein destruktiver Dauerkonflikt, in dem jeder vor allem das Ziel hat, sich und die eigene Abteilung in eine möglichst günstige Ausgangsposition für die ausstehende Entscheidung zu bringen und die Konkurrenten möglichst schlecht aussehen zu lassen, idealerweise ihre Überflüssigkeit zu beweisen. Die betroffenen Bereiche verlieren Markt und Wettbewerb völlig aus dem Auge, und unter riesigen internen Reibungsverlusten wartet alles wie gelähmt auf die „Nacht der langen Messer".

## Offizielle und inoffizielle Fusionsstrategie

**Fusionsstrategie erkennen**

Für Sie als Betroffenen ist es von großer Bedeutung, möglichst frühzeitig herauszufinden, welche Fusionsstrategie wirklich gefahren wird. Denn sie bestimmt unter anderem, nach welchen Regeln die Stellen besetzt werden. Deshalb hat sie, falls Sie in einem der Synergiefelder sitzen, erheblichen Einfluss auf Ihre Chancen.

Hören Sie deshalb sehr aufmerksam zu, wenn Mitglieder des Top Managements darüber sprechen, wie die konkrete Vorgehensweise aussehen soll. Lassen Sie sich dabei nicht von wohlklingenden Worten wie „Best of Both Worlds" blenden, sondern fragen Sie nach, was das konkret heißt. Verfallen Sie nicht in ein grundsätzliches Misstrauen, aber messen Sie die Worte an den Taten – und trauen Sie nur dem, was Sie sehen.

**Worte an den Taten messen**

Denn wie gesagt: Nicht überall, wo „Best of Both Worlds" draufsteht, ist auch „Best of Both Worlds" drin. Neben der offiziellen gibt es fast immer auch eine inoffizielle Fusionsstrategie, mit mehr oder weniger großen Diskrepanzen zwischen den beiden. Das kann daran liegen, dass vom Management eine, drücken wir es höflich aus, selektive Informationspolitik gefahren wird, meist mit dem durchaus verständlichen Ziel, die Mitarbeiter nicht zu sehr zu beunruhigen.

**Diskrepanzen**

Häufig liegen Diskrepanzen aber auch schlicht daran, dass sich die Dinge anders entwickeln als sie ursprünglich geplant waren. Dass sich zum Beispiel die Strategie „Best of Both Worlds" überhaupt nicht realisieren lässt, ohne sämtliche Zeitplanungen zu sprengen. Oder dass politische Einflüsse aus der oberen Hierarchie stärkeren Einfluss gewinnen als die Integrationsmanager geplant hatten. Meistens sind dies die „Fürsten" aus dem übernehmenden Unternehmen, doch vereinzelt entwickeln auch die Übernommenen erstaunliche Durchsetzungskraft.

**Die normative Kraft des Faktischen**

Letzten Endes ist es nicht so wichtig, ob hinter den Diskrepanzen zwischen offizieller und inoffizieller Fusionsstrategie Absicht steckt oder „nur" die normative Kraft des Faktischen – sehr viel wichtiger ist für Sie, in welche Richtung der Hase wirklich läuft. Halten Sie dafür Augen und Ohren offen. Sprechen Sie mit Kollegen und Vorgesetzten, und vor allem: Schauen Sie auf die Fakten.

**In welche Richtung läuft der Hase?**

Denn heftige Klagen und wilde Spekulationen, dass die Zusammenführung und vor allem die Stellenbesetzungen nicht fair liefen, gibt es in solchen Prozessen immer. Dies ist zum einen ein Versuch, Druck auf das Management auszuüben, mehr „Gerechtigkeit" zu den eigenen Gunsten zu üben (der meistens von beiden Seiten kommt), zum anderen ist es nach der Stellenbesetzung die Lesart der unterlegenen Kandidaten und deren Gefolgschaft, weil es natürlich Selbstwert-schonender ist, eine Niederlage auf ein unfaires Verfahren zurückzuführen als darauf, dass der andere besser war.

**Nicht verunsichern lassen!**

Deshalb schenken Sie diesen Gerüchten und Legenden möglichst wenig Beachtung; sie verunsichern eher, als dass sie eine brauchbare Richtschnur für das eigene Handeln liefern.

**Analyse der Besetzung der Top-Positionen**

Sehr viel aufschlussreicher sind die Fakten. Aus dem Organigramm des neuen Unternehmens können Sie mühelos entnehmen, wie viele Führungspositionen auf den obersten Ebenen zu besetzen waren. Zählen Sie einfach durch, wie viele Positionen aus den Reihen Ihres Unternehmens besetzt wurden und wie viele aus dem anderen. Gewichten Sie dies noch mit der Größe der Ursprungsunternehmen, und schon haben Sie einen brauchbaren Anhaltspunkt, wie das Spiel läuft.

**Management-Qualität berücksichtigen**

Noch ein Stück genauer können Sie werden, wenn Sie außer der Größe der Ursprungsunternehmen noch deren durchschnittliche Management-Qualität berücksichtigen.

Das hört sich schwierig an, lässt sich aber mit ein paar schlüssigen Überlegungen mit ausreichender Genauigkeit machen. Denn auf die Dauer sollte es einen Zusammenhang zwischen der Management-Qualität und der Profitabilität eines Unternehmens geben. Nehmen Sie also, sofern Ihnen diese Daten zugänglich sind (Geschäftsberichte/Internet!) die Profitabilität der letzten drei Berichtsjahre (in Prozent vom Umsatz oder Eigenkapital) und vergleichen Sie diese Werte.[3]

Das erfolgreichere Unternehmen hat mit großer Wahrscheinlichkeit das bessere Management, so dass es plausibel wäre, wenn es auch mit einem höheren Anteil im Top Management des neuen Unternehmens vertreten wäre als es den reinen Größenverhältnissen entspricht. (Falls Ihnen das zu kompliziert ist, lassen Sie diesen Schritt aus. Auch die im vorhergehenden Abschnitt beschriebene Vorgehensweise liefert Ihnen schon einen brauchbaren Anhaltspunkt, um abzuschätzen, was hinter den Kulissen wirklich läuft.)

Falls Sie den deutlichen Eindruck bekommen, dass mit gezinkten Karten gespielt wird, dann lautet die spannende Frage, ob dies eher zu Ihrem Vorteil oder zu Ihrem Nachteil ist. Denn Sie sind ja nicht in erster Linie der Wächter über die Fairness des Ge- **Spiel mit** samtprozesses, sondern Vertreter Ihrer eigenen Interessen. **gezinkten** Und als solcher stehen Sie vor der Frage: Welchen Einfluss **Karten** hat diese Entwicklung auf Ihre Zukunftschancen?

Wenn das Spiel eher gegen Sie und Ihre Kollegen läuft, dann ist es wichtig, dies rechtzeitig und klar zu sehen. Wenn es eher zu Ihren Gunsten läuft, ist auch dies eine wertvolle Information – unabhängig davon, ob Sie es in Ordnung finden oder nicht. In jedem Fall mag es für die Zukunft nützlich sein zu wissen, dass die Personen an der Spitze zu so etwas bereit sind – oder es zumindest nicht unterbinden.

---

3 Bitte beachten Sie: Es geht nicht um größtmögliche Genauigkeit, sondern um eine grobe Abschätzung. Verheddern Sie sich also nicht in einer Bilanzanalyse, sondern haben Sie Mut zu Überschlagsrechnungen. Am Ende geht es ja nur darum, ein Gefühl dafür zu bekommen, ob eines der beiden Unternehmen so viel bessere Manager hat, dass ein höherer Anteil in der Spitze des neuen Unternehmens plausibel und vermutlich auch fair wäre.

# Die Spielregeln der Stellenbesetzung

**Zusammen-
hang mit
Fusions-
strategie**
Die Fusionsstrategie prägt auch das Vorgehen bei der Stellenbesetzung. Jede der beschriebenen Strategien zieht von ihrer inneren Logik her fast zwangsläufig ein bestimmtes Verfahren bei der Besetzung der Führungspositionen nach sich:

- Bei der Strategie „Eingliederung" werden in aller Regel auch die Führungspositionen ohne lange Diskussion top-down besetzt.

- Die Strategie „Best of Both Worlds" mündet fast unabwendbar in ein aufwändiges Auswahlverfahren, bei dem alle Kandidaten unabhängig von ihrem Herkunftsunternehmen nach einer einheitlichen Prozedur beurteilt werden, auf die eine Entscheidungsfindung nach transparenten Regeln erfolgen sollte.

- Die „Konfliktvermeidung" führt auch an dieser Stelle zum „Herumeiern", das in seinen Entscheidungen ebenso wenig berechenbar ist wie in deren Unterlassung oder überstürzter Rücknahme.

**Schnell
klare
Verhältnisse**
Das Stellenbesetzungsverfahren bei der Eingliederung hat einen großen Vorteil: Es geht schnell und ist definitiv. Das heißt, die Aufregung ist kurz, und es herrschen schnell klare Verhältnisse. Das ist selbst bei einigen Fehlentscheidungen und Ungerechtigkeiten ein nicht zu unterschätzender Vorteil gegenüber Verfahren, die präziser, gerechter und „demokratischer" sind, aber sehr viel länger dauern. Dadurch wird das neue Unternehmen handlungsfähig und ist nicht durch einen langen Auswahlprozess gelähmt.

Der mühseligste Weg steht bei der Stellenbesetzung den Unternehmen und ihren Führungskräften bevor, die sich für die Strategie „Best of Both Worlds" entschieden haben. Denn dieses Programm verpflichtet sie, gerade auch bei der Besetzung der Führungspositionen mit größter Sorgfalt sicherzustellen, dass wirklich die Besten ausgewählt werden. Was bei allem Charme mehr als einen Haken in der Praxis hat. Denn wie findet man heraus, wer jeweils der Beste ist?

**Auswahl
der Besten**

Dies ist die Stunde der Groß- und Einzelhändler von Auswahlverfahren. Zahlreiche Berater bieten Assessment Center, Management
Audits und andere Methoden an, die es angeblich mit begrenztem Aufwand möglich machen, die Qualität der **Auswahl-**
Führungskräfte schnell und treffsicher zu bestimmen. Doch **verfahren**
jedes standardisierte Verfahren kürzt zwangsläufig genau **und ihre**
die Dinge weg, die das Besondere der jeweiligen Funktion **Tücken**
ausmachen. Im Grund macht es ziemlich wenig Sinn, einen
Controller, einen Vertriebsmann und einen Werksleiter an den gleichen
Kriterien zu messen.

Doch damit nicht genug: Wie sollen die Leistungen der Vergangenheit gegenüber dem Abschneiden in dem Auswahlprozess gewichtet
werden? Ist es wirklich fair, die Performance in einer mehr
oder weniger künstlichen Testsituation gleich oder höher **Fragen**
zu gewichten als die Arbeit, die in 5, 10 oder 20 Jahren ge- **über**
leistet wurde? Wie kann man aber eine auch nur halbwegs **Fragen**
vergleichbare Bewertung der Vergangenheit erreichen, wo
doch unterschiedliche Firmen völlig unterschiedliche Erfolgsmaßstäbe
und Anspruchsniveaus haben? Und wie aussagekräftig sind Leistungen
der Vergangenheit überhaupt, wo es doch um die Vorhersage von Leistungen in der Zukunft geht?

Zwar ist es sehr wohl möglich, auf diese und andere Fragen vernünftigen Antworten zu finden. Aber es ist diffizil und vor allem zeit-
raubend.

Sehen wir uns einmal an, was es bedeutet, wenn in einem mittel-
großen Konzern über die Besetzung von vier Führungsebenen entschieden werden muss. Nehmen wir weiter an, man habe sich
klugerweise entschieden, im Auswahlverfahren jeweils **Ein**
zwei Führungsebenen zusammenzufassen, so dass insge- **Rechen-**
samt nur zwei Auswahlrunden erforderlich sind. Die **beispiel**
grundsätzliche Verständigung auf das Verfahren einschließlich der Auswahl externer Berater dauert 4-8 Wochen, die Kommunikation und die Beantwortung von Fragen 2 Wochen. Parallel dazu können Vorarbeiten stattfinden, die – einschließlich der Schulung der
Interviewer/Assessoren – insgesamt 4 Wochen dauern. Die Durch-

führung dauert pro Ebene 2 Wochen, die Kommunikation der Ergebnisse 1 Woche.

Die zweite Runde kann erst stattfinden, wenn die Führungspositionen der oberen Ebenen besetzt sind, denn diese Personen sollen ja am Auswahlverfahren für ihre künftigen Mitarbeiter mitwirken und müssen dafür vorbereitet werden. Wenn wir dafür noch mal 4–8 Wochen veranschlagen, kommen wir in Summe auf 15 bis 23 Wochen, also 3–5 Monate. Diese Zeitspanne ist für die Berater, die den Auswahlprozess begleiten und daran verdienen, mit Sicherheit angenehmer als für die betroffenen Führungskräfte und Mitarbeiter.

Man braucht sich keine Illusionen machen: In diesen Monaten wird im Unternehmen nicht viel laufen. Das operative Geschäft wird „mit halber Kraft voraus" funktionieren, doch das Unternehmen wird weder auf Marktentwicklungen reagieren, noch wird es Initiativen entwickeln, die im Markt Akzente setzen. In dieser Phase sind fusionierende Unternehmen extrem angreifbar durch klug eingefädelte Attacken von Wettbewerbern. Auch die Integrationsarbeit selbst wird an vielen Stellen von der offenen Führungsfrage erschwert.

**3–5 Monate Lähmung**

Zu allem Übel ist der hohe Aufwand keine Garantie dafür, dass der Prozess fair läuft. Da im Normalfall jedes Ursprungsunternehmen einen Teil der Assessoren stellt, genügt eine Absprache bzw. ein stillschweigender Konsens einer Seite, um die Ergebnisse völlig zu verzerren. Wenn der Prozess durch ein angesehenes Beratungsunternehmen begleitet wird, macht dies Verfälschungen schwieriger, aber nicht unmöglich.

**Keine Garantie für Fairness**

Es ist nicht einfach, solch unfaire Tendenzen frühzeitig erkennen, ohne sich selbst verrückt zu machen. Die Gefahr besteht, dass man kleinste Anzeichen überinterpretiert und sich von der Aufgeregtheit der Kollegen anstecken lässt. Andererseits wäre es auch naiv, entgegen allen Warnsignalen starrsinnig auf die Fairness der Entscheider zu hoffen.

**Frühwarnsignale**

Ein deutliches Warnsignal ist zum Beispiel, wenn an anderen Stellen im Integrationsprozesses von der anderen Seite immer wieder versucht wird, die eigenen Systeme und Regelungen mit List und Tücke durchzusetzen. Aber Achtung: Es ist völlig in Ordnung, **Tricks** wenn jede Seite in der offenen Diskussion für ihre Überzeu- **an anderer** gungen kämpft, und es ist auch in Ordnung, dass Streit- **Stelle** punkte eskalieren, wenn man in der Diskussion zu keiner Einigung findet. Nicht in Ordnung ist hingegen, wenn z. B. Vergleichsanalysen verfälscht, Unterlagen manipuliert oder vollendete Tatsachen zu schaffen versucht werden. Wobei schon der Versuch die Gesinnung verrät.

Ebenfalls ein Warnsignal ist, wenn der Auswahlprozess nicht transparent ist oder gar (von autorisierter Seite) mal so, mal so dargestellt wird. Wichtig ist zum Beispiel, wie der Prozess im Einzel- nen abläuft, welche Verfahren und Methoden eingesetzt **Intranspa-** werden (z. B. nur Interviews oder auch Arbeitsproben und **renter** Assessment-Center-Elemente), welche Beurteilungskriterien **Auswahl-** und -maßstäbe angelegt werden, nach welchen Kriterien **prozess** die Interviewer eingesetzt werden und auf welche Weise und mit welcher Gewichtung die Leistungen der Vergangenheit in die Entscheidung einfließen.

Manchmal machen sich unlautere Absichten schon im Vorfeld bemerkbar: Das Verfahren läuft nicht so ab wie es vereinbart und kommuniziert war. In einem Fall wurde zum Beispiel der ge- samte Auswahlprozess in einem der fusionierenden **Über-** Unternehmen „versehentlich" zwei Wochen vor dem ver- **raschungs-** einbarten Zeitpunkt vorgestellt, mit der Folge, dass das **manöver** andere Unternehmen, obwohl seine Vorbereitungen noch nicht abgeschlossen waren, gezwungen war, hektisch und improvisiert nachzuziehen.

Generell kann man sagen: Jedes einseitige Manöver, **Einseitige** das die andere Seite benachteiligt oder in Schwierigkeiten **Aktionen** bringt, ist ein Warnsignal – völlig egal, ob es gezielt erfolgte oder zur „unbeabsichtigten Panne" erklärt wird.

Allerdings sollte man fairerweise nicht nur „Belastungs-", **Hinweise** sondern auch „Entlastungsmaterial" sammeln. Hinweise **auf faires** auf ein faires Vorgehen sind, wie schon erwähnt, Trans- **Vorgehen** parenz, offene Kommunikation mit der Gelegenheit, nachzufragen, informative schriftliche Unterlagen, die Einrichtung einer E-Mail-Hotline und die Gesamtsteuerung des Prozesses durch ein neutrales und kompetentes Beratungsunternehmen.

# Wie professionell ist das Fusionsmanagement?

Während Sie sich mit all diesen Fragen auseinander setzen, werden Sie auch einen Eindruck davon entwickeln, wie professionell die Integration gemanagt wird. Das ist für Ihre eigenen Überlegungen deshalb von großer Bedeutung, weil die Qualität des **Prognose** Integrations-Managements erheblichen Einfluss darauf hat, wie stressig und nervenaufreibend die nächsten Monate und Jahre für Sie und Ihre Kollegen werden.

Eine Fusion ist immer eine Stressphase für alle Beteiligten. Doch sowohl das Ausmaß als auch die Dauer der Strapazen hängt maßgeblich von der Professionalität des Fusions-Managements ab. Es gibt Fusionen, die nach einem halben oder dreiviertel **Ausmaß** Jahr weitestgehend unter Dach und Fach sind und wo sich **und Dauer** das neue gemeinsame Unternehmen wieder voll auf das **des Stress** Geschäft konzentriert. Und es gibt andere, die – bei vergleichbarer Größenordnung – auch nach drei Jahren immer noch unter unbewältigten Fusionsfolgen leiden und wo alte Seilschaften aus den Ursprungsunternehmen in einzelnen Abteilungen die Macht übernommen haben.

Das ist deshalb fatal, weil ein Unternehmen (oder genauer, seine Beschäftigten) diesen Dauerstress nicht aushält. Es blutet aus: Viele Mitarbeiter und Führungskräfte verlassen die Firma, weil sie sich das auf die Dauer nicht antun wollen, und zwar **Folgen einer** insbesondere die Jungen und die für den Markt Attraktiven. **misslungenen** Übrig bleiben diejenigen, die entweder keine Alternativen **Fusion** oder nicht den Mut zu einem Wechsel haben. Sie entwickeln im Laufe der Zeit alle Symptome einer Depression: Wehklagen, Hoffnungslosigkeit, Antriebsarmut, Verzweiflung.

Was die Sache noch schlimmer macht, ist, dass solche Unternehmen sich infolge der permanenten Beschäftigung mit sich selbst immer mehr von Markt und Wettbewerb entfernen, so dass sie Kunden und

Marktanteile verlieren. Früher oder später folgt der Fusion daher ein Kostensenkungs- oder Sanierungsprogramm, in dessen Zug Personal abgebaut werden muss. Was wenig geeignet ist, Stimmung und Motivation zu verbessern.

Woran können Sie frühzeitig erkennen, ob das Management **Merkmale** „Ihrer" Fusion in guten Händen ist?

**eines pro-** Erstes und wichtigstes Kriterium ist, dass schnell und sicher **fessionellen** Pflöcke eingeschlagen werden. Denn nichts ist in Zeiten **Fusions-** großer Verunsicherung wichtiger als dass Schritt für Schritt **management** klare Verhältnisse und verlässliche Grundlagen für die Weiterarbeit geschaffen werden. Deshalb sind rasche Entscheidungen hier wichtiger als optimale, auf die lange gewartet werden muss.

Da in Fusionen in sehr kurzer Zeit unendlich viele Entscheidungen zu treffen sind, ist das Top Management hier noch viel mehr als im normalen Geschäftsalltag in der Gefahr, zum Flaschenhals **Schnelle** für die zügige Integration und damit für den Erfolg der **Entschei-** Fusion zu werden. Achten Sie deshalb darauf, ob es einen **dungen** Entscheidungsstau an der Spitze gibt – wenn ja, ist das kein gutes Zeichen.

Allerdings gibt es vor allem bei Großfusionen in den ersten Monaten Phasen, in denen dem Top Management in vieler Hinsicht die Hände gebunden sind. Denn zwischen der Ankündigung der Verschmelzung und dem Startschuss für deren Umsetzung liegen mindestens zwei große Hürden: zum einen die Zustimmung der Aktionärsversammlung (die häufig eine Formsache ist, weil die Fusion mit den Hauptaktionären schon lange vorher abgeklärt wurde) und die Zustimmung der Kartellbehörden (die bei marktstarken Unternehmen in der Regel alles andere eine Formsache ist). Zwar kommt es relativ selten vor, dass die Kartellwächter eine Fusion völlig untersagen, doch machen sie häufig sehr weitreichende Auflagen, die auch erheblichen Einfluss auf die Integrationskonzepte haben.

Doch sollte das Top Management diese unvermeidliche Zeit **Vor-** des Wartens nicht tatenlos verstreichen lassen. Zwar dürfen **arbeiten** in dieser Phase noch keine Fakten geschaffen werden, doch kann ohne Verstoß gegen Recht und Comment schon intensiv an Planungen gearbeitet werden, so dass die Umsetzung am Tag X zügig und zielgerichtet begonnen werden kann. Zulässig und sinnvoll ist auch, schon lange vor den Zustimmungen gemeinsame Integrationsteams einzurichten, die Überlappungen untersuchen, Systeme vergleichen und Maßnahmenkonzepte ausarbeiten.

Ein gutes Zeichen ist weiter, wenn bei größeren Fusionen ein angesehenes, fusionserfahrenes Beratungsunternehmen eingeschaltet wird. Nicht nur, weil damit zusätzliche Fusionserfahrung in den Prozess kommt, sondern auch, weil die Moderation durch **Erfahrene** neutrale Berater, die nur dem Unternehmenswohl verpflich- **Berater** tet sind und keine eigenen Aktien im Spiel haben, viel zur Entkrampfung und Versachlichung der Diskussion beitragen kann. (Wobei besonders vorteilhaft ist, wenn nicht nur die Beratungsfirma an sich, sondern auch die konkreten Berater Fusionserfahrung haben. Denn wenn 25-jährige Youngster ohne Branchenerfahrung die Diskussion zwischen altgedienten Haudegen moderieren sollen, können sie Probleme bekommen.)

Positiv ist ferner, wenn viel und offen kommuniziert wird. Wichtig ist dabei nicht, dass die Kommunikation breite Zustimmung oder gar Begeisterung auslöst – entscheidend ist vielmehr, dass die Führungskräfte und Mitarbeiter Klarheit haben, was pas- **Offene** siert, wann es passiert und aus welchen Gründen es pas- **Kommuni-** siert. Natürlich wird trotzdem nicht jeder über die Maßnah- **kation** men erfreut sein, doch jeder Mitarbeiter sollte über den Gesamtprozess, und insbesondere über ihn und seinen Bereich betreffende Maßnahmen informiert sein und deren Logik nachvollziehen können.

Und schließlich ist ein gutes Zeichen, wenn das Top **Kontakte** Management für Gelegenheiten sorgt, dass die Mitarbeiter **fördern** und Führungskräfte beider Seiten sich kennen lernen, miteinander ins Gespräch kommen und vor allem zusammen- **Notwen-** arbeiten (müssen), um gemeinsame Probleme zu lösen. **digkeit zur**

Und wenn es dabei selbst mit gutem Beispiel vorangeht. **Zusam-** Denn natürlich beobachten die Mitarbeiter mit größter Auf- **menarbeit** merksamkeit, wie das Top Management miteinander umgeht – nicht nur auf wirkungsvoll inszenierten Pressekonferenzen und Führungstagungen, sondern vor allem in der praktischen Zusammenarbeit. Wenn der Umgangsstil auch abseits der Mikrofone „herkunftsneutral" ist, dann ziehen die Mitarbeiter daraus von alleine ihre Schlüsse. Wenn in den Pausen die alten Cliquen beisammen stehen oder sich gemeinsam auf den Weg zur Kantine machen, dann wissen sie auch das zu deuten. Und dann soll niemand von Überinterpretation sprechen.

**Vorbild**

# 3

# Prüfen und wahren Sie
# Ihre Chancen

Bewahren Sie trotz aller Beunruhigung, die die Fusion und Ihre Begleiterscheinungen in Ihnen auslösen, einen wachen Blick für Ihre Chancen! Denn dass eine Fusion oder Umstrukturierung auch Chancen mit sich bringt, ist kein „schwacher Trost", sondern eine Tatsache – vorausgesetzt, man ist darauf eingestellt, sie zu bemerken. Chancen können dabei sowohl innerhalb als auch außerhalb Ihres Unternehmens liegen. Denn wie Ihr Berufsweg weitergeht, ist nicht allein die Entscheidung Ihres Arbeitgebers, sondern zum guten Teil auch Ihre eigene.

## 3.1
# Fusionen als Chance zum erfolgreichen Absprung

Normalerweise macht es sich im Lebenslauf nicht gut, wenn man ein Unternehmen schon nach kurzer Zeit wieder verlässt. Kurze Beschäftigungszeiten springen geübten Lesern sofort ins **Die „Zwei-** Auge und werfen nicht nur Fragen auf, sondern wecken **Jahres-** auch Zweifel. Was dabei „kurz" heißt, ist von Branche zu **Regel"** Branche unterschiedlich. In der „New Economy" heißt das sicher etwas anderes als in einer Bank oder im öffentlichen Dienst, doch im Allgemeinen liegt die kritische Grenze bei etwa zwei Jahren.

Einmal darf so ein vorzeitiger Wechsel vorkommen – fast jeder Personalchef wird einräumen, dass man auch mal daneben greifen kann, vor allem in den ersten Berufsjahren. Bei zwei Wechseln nach kurzer Dauer möchte man schon eine sehr überzeugende Erklärung hören, und beim dritten Mal helfen auch überzeugende Erklärungen nur noch begrenzt.

Im Kontext von Fusionen ist diese „Zwei-Jahres-Regel" weitgehend außer Kraft gesetzt. Jeder Personalchef und jeder Unternehmer weiß, dass bei Fusionen, Übernahmen und großen Umstrukturie-**... ist bei** rungen auch Mitarbeiter auf der Strecke bleiben, die weder **Fusionen** in ihrer Leistung noch in ihrem Verhalten Anlass zu Unzu-**außer** friedenheit gegeben haben. Zumal dann, wenn der Perso-**Kraft** nalabbau im Zuge eines Interessenausgleichs und Sozial-plans stattgefunden hat. Denn dann ist ziemlich sicher, **Sozial-** dass für die Auswahl der zu Entlassenden nicht die Leis-**auswahl** tung, sondern ihre „soziale Schutzbedürftigkeit" ausschlag-gebend war. Das bedeutet für Sie: **Eine Fusion ist die Chance zum Absprung ohne Begründungsbedarf.**

Falls Sie also ohnehin die Absicht hatten zu gehen – sei es, weil Sie sich nicht wohl fühlen, weil Sie in der falschen Aufgabe gefangen sind und/oder keine Entwicklungschancen mehr sehen –, und nur noch

Ihre zwei Jahre „absitzen" wollten, dann gibt es mit der Ankündigung der Fusion keinen Grund mehr zu warten.

Nur über eines sollten Sie vielleicht noch mal nachdenken, bevor Sie sich zu neuen Ufern aufmachen, nämlich, ob sich nicht manches, was Sie heute stört, durch die Fusion grundlegend verändern wird. Denn die vielen Veränderungen, die eine Fusion mit sich bringt, könnten in diesem Fall ja auch eine Entwicklung zum Positiven sein. Ein unfreiwilliges Beispiel für solche Veränderungen zum Positiven bot vor einigen Jahren ein mittelgroßes, extrem autokratisches und hierarchisches Unternehmen. Dessen autoritäre Strukturen wurden von der neu zusammengesetzten Belegschaft schlicht nicht mehr akzeptiert, sodass – wenn auch nach heftigen Konflikten – eine neue, offenere Unternehmenskultur entstand.

### Keine Torschlusspanik!

Auch wenn Sie eigentlich gar nicht wechseln wollten, werden Sie möglicherweise schneller als Sie denken mit Alternativen konfrontiert. Denn über Firmen, die fusionieren oder durch größere Restrukturierungen gehen, kreisen die Headhunter. Sie sind **Wenn der** die Gewinner der allgemeinen Verunsicherung, denn ers- **Headhunter** tens wissen sie natürlich, dass in solchen Unternehmen **anruft** oftmals auch gute Mitarbeiter „übrig bleiben"; zweitens rechnen sie damit, dass die Mitarbeiter für ihrer Anfragen sehr viel ansprechbarer sind als die in „stabilen" Unternehmen, weil sie, statt weiter auf die Entscheidung des Unternehmens zu warten, ihr Schicksal lieber in die eigene Hand nehmen.

Weil das so ist, kann es sein, dass Sie schneller als Sie **Abwinken** dachten vor einem ganz anderen Problem stehen: Sie wer- **oder weiter** den mit einer Headhunter-Anfrage konfrontiert und müssen **verfolgen?** entscheiden, ob Sie abwinken, weil die betreffende Position nicht interessant genug für Sie ist, oder ob Sie sie weiterverfolgen.

Dann ist vor allem eines wichtig: Prüfen Sie in Ruhe, ob Sie sich mit der angefragten Position wirklich verbessern würden! Und zwar nicht nur finanziell, sondern im Sinne Ihrer Berufs- und Lebensziele (siehe Kapitel 4). Denn so beruhigend es sicher wäre, definitiv einen

**Kriterium: Der Schritt nach vorn**
neuen Job zu haben, so falsch wäre es, sich in Panik an den ersten besten Strohhalm zu klammern. Deshalb lautet die erste und entscheidende Frage: Mal angenommen, Sie hätten den Job, hätten Sie dann wirklich einen Schritt nach vorne gemacht? Müsste man Sie dann beglückwünschen oder müsste man Sie bedauern?

Für die Beantwortung dieser Fragen gibt es im Wesentlichen drei Kriterien: Erstens, passt die Position in Ihren Lebensplan, zweitens, passt sie in Ihren Lebenslauf, und drittens, passt sie in Ihr privates Umfeld?

Bei der ersten Frage geht es um nicht mehr und nicht weniger als darum, ob Sie einige Jahre Ihres Lebens mit einem Umweg verlieren und sich im schlimmsten Fall die Chance verbauen, Ihre Traumposition jemals zu erreichen. Die zweite Frage betrifft vor allem jüngere Menschen: Wie würde sich diese Position aus Sicht eines potenziellen Arbeitgebers in Ihrem Lebenslauf lesen, wenn Sie sich in zwei, fünf oder zehn Jahren bei ihm bewerben? Wäre es ein Bruch oder ein logischer Schritt? Wäre es von der Position und vom Renommee des Unternehmens her ein Aufstieg oder ein Abstieg? Wäre der Schritt plausibel oder wäre er befremdlich? Die dritte Frage schließlich kann zum K.O.-Kriterium für manches reizvoll klingende Angebot werden: Wie gut werden Sie und Ihre Familie es verkraften, umzuziehen und an einem anderen Ort neu anzufangen?

Ziehen Sie fürs Erste nur solche Angebote ernstlich in Betracht, die zu Ihrer heutigen Position gleichwertig oder besser und von den privaten „Nebenwirkungen" her unproblematisch sind!

**Wäre der Job eine Verbesserung?**
Zwar hat es keinen Sinn, auf das berufliche Pendant des Märchenprinzen zu warten und die Ansprüche in unrealistische Höhen zu schrauben. Aber noch falscher wäre es, sich in Torschlusspanik unter Wert zu verkaufen. Selbst wenn sich im Laufe der Zeit herausstellen sollte, dass Sie

**Kein „Notverkauf"**
Ihre Erwartungen reduzieren müssen, weil es für Ihre Fähigkeiten keine so große Nachfrage gibt, wäre dafür, falls es sich wirklich als nötig erweisen sollte (und nur dann!), später noch Zeit. Machen Sie keinen „Notverkauf" in eigener Sache, solange Sie nicht wirklich in Not sind!

Erst einmal müssen Sie Ihren Marktwert kennen lernen. Und das heißt auch, sich erst einmal einige Optionen anzuschauen, bevor Sie sich entscheiden. Selbst auf die Gefahr, dabei die eine oder andere Chance verstreichen zu lassen: Lassen Sie sich nicht mit dem Hinweis auf eine „einmalige Chance" unter Druck setzen – und setzen Sie sich auch selbst nicht unter Druck. Die einmalige Chance, die man kein zweites Mal bekommt, die kommt in Legenden und Werbe-Mailings sehr viel häufiger vor als im richtigen Leben. Und wenn sie es doch ist, werden Sie sie vermutlich erkennen.

## 3.2
# Fusionen als Aufstiegschance

So klug es ist, Ihren externen Marktwert frühzeitig (!) zu testen, so dumm wäre es, die Chancen im eigenen Unternehmen voreilig abzuschreiben. Selbst wenn Sie in Kapitel 2 feststellen mussten,

**Interne Chancen** dass Ihr Job in einem Synergiefeld angesiedelt und von daher bedroht ist, folgt daraus noch lange nicht, dass Sie demnächst auf der Straße stehen. Aller Voraussicht nach wird auch das fusionierte Unternehmen nicht ohne Personal arbeiten. Im Regelfall wird man versuchen, in den Synergiefeldern mit 70 bis 80 Prozent des bisherigen Personals beider Firmen zu kommen. Das heißt rein statistisch, dass Ihre Chancen so schlecht nun auch wieder nicht sind.[4]

Allerdings muss man diese Zahlen differenziert betrachten: Je höher in der Hierarchie Sie sind, desto mehr gehen Ihre Chancen – sofern Sie in einem Synergiefeld angesiedelt sind! – in Richtung 50:50, wenigstens rein statistisch. Denn gleich wie groß der künftige Bereich oder die Abteilung sein werden, ziemlich sicher wird es nur einen Bereichs- bzw. Abteilungsleiter geben.

Die schlechte Nachricht daran ist, dass es durchaus nicht sicher ist, ob Sie am Ende derjenige sein werden, der den Job bekommt. Die gute ist, dass es, wenn Sie ihn bekommen, ein deutlich aufge-

**Entweder – Oder** werteter Job sein wird. Und dass die Tatsache, dass Sie den Zuschlag bekommen haben, eine zusätzliche Steigerung Ihres Marktwertes bedeutet.

Falls Sie indes den Kürzeren ziehen, heißt das noch nicht, dass Ihre Karriere in diesem Unternehmen beendet ist. Es ist zumindest möglich, dass man Ihnen dann eine andere Position anbietet. Was zwar viel-

---

[4] Mit einer Ausnahme: Wenn die Geschäftsleitung die Fusionsstrategie „Eingliederung" fährt (siehe Kapitel 2) und Sie zu dem eingegliederten Unternehmen gehören, dann wird es in der Tat eng. Doch selbst in diesem Fall besteht kein Anlass zu überstürzten Aktionen: Sie werden nicht vom einen auf den anderen Tag auf der Straße stehen, sondern man wird Ihnen einen Auflösungsvertrag anbieten, über dessen Konditionen Sie durchaus verhandeln können (siehe Kapitel 9 „Die Konditionen Ihres Ausscheidens").

leicht eine bittere Pille für Sie sein mag, aber zumindest **Interne** den Vorteil einer gesicherten Stellung hat. Dann können Sie **Alternativen** immer noch prüfen, ob Sie sich mit der neuen Aufgabe an- freunden können oder ob Sie sich auf die Suche nach einer Alternative machen.

Nun wäre Ihnen möglicherweise der Spatz in der Hand lieber als die Taube auf dem Dach. Doch so verständlich dieser Wunsch nach Si- cherheit ist: Diese Option existiert nicht mehr. Nun heißt es Top oder Flop – ob es Ihnen gefällt oder nicht. Es ist wichtig, dass Sie dies als Tatsache zur Kenntnis nehmen und akzeptieren. Sonst geraten Sie in die Gefahr, einer nicht mehr zurückholbaren Vergangenheit nachzu- trauern, statt sich der Realität zu stellen und um Ihren Job zu kämp- fen. (Wie Sie dazu am besten vorgehen, lesen Sie in Kapitel 6.)

# Entscheiden setzt Handlungs-alternativen voraus

Sich zwischen mehreren attraktiven Alternativen entscheiden zu müssen, kann zwar eine Qual sein. Dennoch ist dies das ungleich komfortablere Problem als auf eine einzige wackelige Alternative angewiesen zu sein. Über Wochen oder Monate zittern zu müssen, ob die Sache gut ausgeht, ist unschön; es liegt daher in Ihrem größten Interesse, Alternativen zu haben – bzw. dafür zu sorgen, dass Sie welche haben.

Das heißt zunächst einmal, keine Türen voreilig zuzuschlagen. Selbst wenn Sie sich schon ziemlich sicher sind, dass Sie entweder bleiben wollen oder gehen werden, wäre es ausgesprochen **Keine Türen** unklug, jetzt schon Fakten zu schaffen. Halten Sie sich des-**zuschlagen** halb alle Optionen so lange offen, bis Sie definitiv wissen, dass Ihre bevorzugte Option tatsächlich zur Verfügung steht – und dass sie auch nach näherer Prüfung tatsächlich Ihren Vorstellungen und Mindestanforderungen entspricht.

Angesichts mancher Zumutungen im Kontext der Fusion oder Umstrukturierung werden Sie vielleicht manchmal das unwiderstehliche Bedürfnis verspüren, die Brocken demonstrativ und spekta-**Keine** kulär hinzuschmeißen. Widerstehen Sie ihm, auch wenn es **Kurzschluss-** noch so schwer fällt. Denn damit würden Sie weniger das **reaktionen!** Unternehmen bestrafen, als sich ins eigene Fleisch schneiden. Zum einen verlieren Sie, wenn Sie von sich aus kündigen, natürlich Ihren Rechtsanspruch auf eine Abfindung. Das heißt, Sie sind bei der Verhandlung darüber auf die Kulanz genau der Leute angewiesen, denen Sie eigentlich zeigen wollten, dass Sie sich nicht alles bieten lassen – eine äußerst peinliche Angelegenheit.

Zum anderen würden Sie durch eine unbedachte Kündigung Ihre Verhandlungsposition verschlechtern. Denn die hängt sowohl bei der externen als auch bei der internen Option entscheidend da-**Wichtig,** von ab, dass Sie Alternativen zu dem Ihnen vorgelegten **dass Sie ...** Angebot besitzen. Lassen Sie sich deshalb mit dem Absagen Zeit, bis Sie eine endgültige Entscheidung getroffen haben und der Vertrag unterschrieben ist.

**... die Wahl haben**

Je nach Unternehmenskultur, Führungsstil und wirtschaftlicher Lage des Unternehmens ist nicht einmal auszuschließen, dass man Sie ganz bewusst und gezielt provoziert, um Sie zu einer Kurzschlussreaktion zu veranlassen. Denn wenn es gelingt, Sie so weit zu reizen, dass Sie zornentbrannt kündigen, kommt dies deutlich billiger als ein Aufhebungsvertrag.

**Gezielte Provokationen**

## 3.4
# Sie haben keine Eile

So sinnvoll es ist, frühzeitig das Feld zu sondieren, so falsch wäre es, sich selbst unter Zugzwang zu setzen. Denn es geht ja nicht darum, dass Sie so schnell wie möglich einen anderen Job finden müssten. Ziel Ihrer Vorbereitung ist vielmehr, für das, was da kommen mag, gerüstet zu sein, um in den entscheidenden Momenten die Weichen in Ihrem Sinne stellen zu können. Und das gelingt umso besser, je früher Sie mit Ihren Recherchen beginnen.

**Gelassen-heit**

Selbst wenn der unangenehmste Fall eintreten sollte und Ihr Arbeitgeber sich von Ihnen trennen will oder muss, stehen Sie nicht auf der Straße, sondern haben Ihre vertragliche Kündigungsfrist sowie all die Rechte, die das Kündigungsschutzgesetz vorsieht (siehe Kapitel 9). Zudem bemühen sich viele Unternehmen, einen Personalabbau sozialverträglich zu handhaben, beispielsweise durch Outplacement-Angebote, Fluktuationsanreize, Vorruhestandsregelungen etc.

Ein allzu schneller Absprung ist in aller Regel sogar nachteilig für Sie, weil Sie in diesem Fall Ihre Aussichten auf eine Abfindung weitgehend verspielen. Wenn Ihnen also nicht eine außergewöhnlich attraktive Position angeboten ist, bei der Sie vermutlich auch ohne die Fusion zugegriffen hätten, dann lassen Sie sich Zeit – und nutzen diese Zeit zur inneren Vorbereitung, wie Sie in den beiden folgenden Kapiteln erläutert wird.

Bitte machen Sie sich noch einmal klar: Zweck von all dem, was hier diskutiert wird, ist nicht, dass Sie möglichst rasch einen Vertrag bei einem anderen Unternehmen unterschreiben. Vielmehr geht es darum, dass Sie auf der Basis der besten verfügbaren Informationen in Ruhe und Gelassenheit entscheiden, ob Sie bleiben oder gehen – und falls Sie sich zum Gehen entscheiden, wann der richtige Zeitpunkt dafür ist. Der entscheidende Nutzen frühzeitiger Recherchen liegt darin,

■ dass Sie erstens besser als viele Ihrer Kollegen wissen, was im Zusammenhang mit der Fusion eigentlich vor sich geht und wie konkrete Entwicklungen, die Sie erleben, einzuordnen und zu bewerten sind (Kapitel 2),

- dass Sie zweitens Zeit haben, rechtzeitig vor einer Weichenstellung für sich zu klären, was Ihnen wichtig ist im (Berufs-)Leben, sodass Sie klarer zwischen Chancen und Irrwegen unterscheiden können (Kapitel 4), und

- dass Sie drittens Ihren Marktwert kennen und einschätzen können, wie Ihre Alternativen für den Fall aussehen, dass Sie in Ihrem Unternehmen nicht mehr bleiben können oder wollen (Kapitel 5).

Diese innere und äußere Transparenz hilft Ihnen, sich vor Fehleinschätzungen und Fehlentscheidungen zu bewahren. Vor allem aber gibt sie Ihnen aktiven Einfluss auf Ihre Zukunft und wird Sie wenigstens ein Stück weit von dem Druck entlasten, der entsteht, wenn man das Gefühl hat, auf Gedeih und Verderb dem Lauf der Ereignisse ausgeliefert zu sein.

# Was ist Ihnen wichtig
# im (Berufs-)Leben?

Eine Strategie kann immer nur Aussagen darüber machen, welches Vorgehen geeignet ist, um ein definiertes Ziel zu erreichen – sie ist blind für die Frage, ob die definierten Ziele sinnvoll sind. Voraussetzung für die Entwicklung einer Karrierestrategie ist daher, dass Sie sich über Ihre beruflichen und privaten Lebensziele klar sind. Das muss keine Klarheit bis ins letzte Detail sein, doch sollten Sie Ihre wesentlichen Lebensprioritäten so weit kennen, dass sie als Orientierungsmarke für alle weiteren Schritte dienen können. Sonst sind Sie in der Gefahr, sich an Maßstäben wie Einkommen, Status und Aufstieg in der Hierarchie zu orientieren, die zwar weit verbreitet sind und hohe gesellschaftliche Akzeptanz genießen, aber mit dem, was Ihnen wirklich wichtig ist, möglicherweise nur am Rande zu tun haben.

**Strategie setzt klare Ziele voraus**

Die Vorstellung, dass Sie erst einmal ihre Lebensziele und -prioritäten klären sollen, wird Sie möglicherweise erschrecken, klingt dies doch nach einem ziemlich komplexen und zeitaufwändigen Unterfangen. Doch in diesem Kapitel lernen Sie einige Methoden und Instrumente kennen, die Ihnen das Herausarbeiten Ihrer Ziele leichter machen und Ihnen zu einem Stück mehr Transparenz verhelfen werden.

**Methoden und Instrumente**

# Weshalb Sie Ihre Ziele kennen sollten

Wenn Sie die Entscheidung, welche Ziele und Prioritäten Sie verfolgen wollen, nicht selbst treffen, treffen sie andere für Sie. Im Zweifelsfall folgen Sie dann den Wünschen Ihrer Firma, den Erfolgsmaßstäben Ihrer Peer Group, dem Locken und Drängen von Headhuntern, den Wünschen und Erwartungen Ihres Ehepartners und Ihrer Familie. Vielleicht mit gelegentlichem Zögern, weil Sie spüren, dass das eigentlich gar nicht Ihr Leben ist, in das Sie da hineingezogen werden (bzw. sich hineinziehen lassen). In diesem Zögern kommt zum Ausdruck, dass Sie instinktiv spüren, dass Sie eigentlich in die falsche Richtung gehen und sich von dem entfernen, was Ihnen wichtig ist. Doch Zögern nützt nichts: Es verlangsamt nur, aber es ändert die Richtung nicht.

**Vorsicht Fremdbestimmung**

In einem exzellent bezahlten Job, der Ihnen keinen Spaß macht, werden Sie aller Voraussicht nach weder glücklich noch erfolgreich sein. Auf höheren Management-Ebenen findet man immer wieder Menschen, die im Grunde ihres Herzens viel mehr Spaß daran hätten, Dinge selber zu machen, als andere zu führen – gleich ob in der Technik, der Entwicklung (!) oder im Verkauf. So gestand der Bereichsleiter Entwicklung eines Großunternehmens beim dritten Glas Wein, dass er sich ab und zu am Wochenende eine Schaltung mit nach Hause nahm, um sie selbst zu entwickeln. Er, der ein sympathischer und blitzgescheiter Techniker war, neigte dazu, sich zu sehr ins fachliche Detail einzumischen, galt als führungsschwach und saß unglücklich wie ein kleiner Bub, dem man sein Lieblingsspielzeug gestohlen hat, im goldenen Käfig seiner Top-Position.

**Der goldene Käfig**

In vielen Fällen bemerken Menschen zu spät, dass sie im Sog der Arbeit und im Rausch des Erfolges wesentliche Aspekte ihres Lebens versäumt haben. Plötzlich sind die Kinder aus dem Haus, der Ehepartner hat sich verabschiedet, oder man stellt fest, dass man nach jahrzehntelangen Konflikten, Intrigen und Grabenkriegen genau die Art von Mensch geworden ist, die man früher auf keinen Fall hatte werden wollen. Natürlich kann man das dann irgendwie vor sich selbst und anderen rechtfertigen – und muss es vielleicht sogar. Aber ein schmerzliches Gefühl bleibt doch zurück.

**Am eigenen Leben vorbei gelebt**

Wer nicht weiß, wo er hin will, muss sich nicht wundern, wenn er ganz woanders ankommt. Der einzige Schutz dagegen, ein fremdbestimmtes Leben zu führen und hinter den Erwartungen anderer herzulaufen, ist, sich über seine wirklichen Ziele und Prioritäten klar zu werden.

# Wie Sie Ihre Ziele und Lebens- prioritäten besser kennen lernen

**Gesucht: Methoden zur Zielklärung**
Die Schwierigkeit ist nur, dass vielen Menschen ihre Ziele und Lebensprioritäten selbst nicht so klar sind. Geld? Ja sicher, von irgendwas muss man ja leben, und wenn es ein bisschen mehr ist, schadet es auch nicht. Sicherheit? Ja, sicherlich auch, sonst hätte man sich längst selbständig gemacht. Privatleben und Familie? Naja, gewisse Abstriche muss man hier wohl machen, aber ganz unter die Räder kommen sollte das auch nicht ...

Sie merken es: So kommen wir nicht weiter. Auch wenn wir jetzt noch zehn weitere Kriterien nennen würden (Anerkennung, Gestaltungsmöglichkeiten, angenehme Arbeitsatmosphäre, fachliche Herausforderung, Ansehen, Einfluss, Karriere, Abwechslung, Dazulernen ...), kämen wir wahrscheinlich nicht zu einem klaren Ergebnis, sondern zu einem, wie man in Österreich sagt, „beinharten Sowohl-als-auch": Irgendwie sind alle diese Punkte wichtig, oder jedenfalls die meisten. Gewiss lassen sich Abstufungen vornehmen, aber nur wenige der Punkte würden Sie wahrscheinlich für völlig irrelevant erklären. Doch eine Klärung oder gar Priorisierung der Ziele erreichen wir auf diese Art nicht.

Im Folgenden finden Sie fünf Methoden, wie Sie Ihre Ziele und Prioritäten genauer bestimmen können:

- die Analyse Ihres Werdegangs

- die „Negativliste"

- die Analyse von Stellenanzeigen

- die Bestimmung Ihrer „Karriereanker"

- das Entwickeln einer persönlichen Vision

Es kann gut sein, dass Sie nicht mit jeder dieser Methoden etwas anfangen können. Kein Problem: Scheuen Sie sich nicht, Methoden zu überspringen, die Ihnen nicht liegen oder die Ihnen im Augenblick zu mühsam sind, und konzentrieren Sie sich auf die, die Sie als nützlich empfinden.

# Analysieren Sie Ihren Werdegang

Eine Menge über Ihre Ziele und Prioritäten können Sie erfahren, wenn Sie einfach Ihren bisherigen Werdegang analysieren. Denn wo Sie heute stehen, ist maßgeblich davon geprägt, wie Sie sich an früheren Weichenstellungen Ihrer Karriere entschieden haben. Ihre früheren Entscheidungen geben Auskunft über Ihre damals vorherrschenden Ziele und Prioritäten, gleich ob sie Ihnen damals voll bewusst, teilweise bewusst oder „unbewusst" waren. Dazu kommt: In der Zwischenzeit haben Sie Erfahrungen damit gesammelt, wie sich Ihre Entscheidungen in der Praxis bewährt haben; auch diese Erkenntnisse sollten Sie nutzen.

Die folgende Checkliste hilft Ihnen, Ihre bisherigen Karrierestationen zu reflektieren und die Erkenntnisse, die Sie daraus gewonnen haben, zu ordnen. Kopieren Sie die Checkliste einige Male, damit Sie für jede Station Ihres Werdegangs ein eigenes Blatt zu Verfügung haben. Falls Sie längere Jahre in einem Unternehmen waren und dort mehrere Funktionen oder Karrierestufen durchlaufen haben, ist es sinnvoll, die Liste für jede einzelne Karrierestufe separat auszufüllen. Denn mit großer Wahrscheinlichkeit haben Sie als junger Mitarbeiter in einer reinen Fachfunktion andere Erfahrungen gesammelt und daraus andere Schlussfolgerungen abgeleitet als später in verschiedenen Führungsfunktionen. Schließlich sollten Sie auch jeweils eine Liste für all die Weichenstellungen ausfüllen, wo Sie ein alternatives Angebot vorliegen hatten oder ernsthaft über eine Veränderung nachdachten, sich aber letztlich – und sei es durch Nicht-Handeln – zum Bleiben entschlossen haben.

**Kopiervorlage – pro Karrierestation ein Blatt**

# Checkliste zur Analyse Ihres Werdegangs

Notieren Sie für jede Station Ihres Werdegangs, beginnend mit der Wahl des Studienfachs oder der Berufsausbildung:

Bevor Sie sich für den jeweiligen Job (oder die Ausbildung) entschieden haben, welche Alternativen hatten Sie seinerzeit in der engeren Wahl?

_____

_____

_____

Aus welchen Gründen bzw. mit welchen Hoffnungen/Erwartungen haben Sie sich schließlich für die gewählte Alternative entschieden?

_____

_____

_____

Welche wichtigen Gründe sprachen gegen die andere(n) Alternative(n)?

_____

_____

_____

Haben sich die Hoffnungen und Erwartungen in den gewählten Weg erfüllt oder wurden sie enttäuscht? Inwiefern?

_____

_____

_____

Was hat Sie an der jeweiligen Tätigkeit besonders angesprochen?

_____

_____

_____

_____

Was hat Sie daran ernstlich gestört?

_____

_____

_____

_____

Welche Schlussfolgerungen haben Sie aus diesen Erfahrungen für Ihren weiteren Berufsweg gezogen?

_____

_____

_____

_____

Welche Erkenntnisse darüber, was Ihnen wichtig ist, was Ihnen weniger wichtig ist und was Sie vermeiden wollen, haben Sie in dieser Karrierestation gewonnen?

_____

_____

_____

_____

Nachdem Sie alle wesentlichen Stationen Ihres bisherigen Berufswegs auf diese Weise analysiert haben, folgt nun der entscheidende
Schritt: die Synthese. Nehmen Sie dafür ein Blatt Papier im Querformat
und unterteilen Sie es in drei Spalten:

- Was mir wichtig ist (bzw. war)

- Was mir weniger wichtig ist (war)

- Was ich vermeiden möchte

Sortieren Sie nun die Erkenntnisse aus Ihren Karrierestationen in
diese drei Spalten ein. Positive wie negative Prioritäten im Laufe Ihres
Lebens können sich verändert haben. Setzen Sie Ziele, die für Sie heute
nicht mehr aktuell sind, in Klammern. Unterstreichen Sie außerdem all
die, denen Sie aus heutiger Sicht besondere Bedeutung beimessen.

Wenn Sie nun diese unterstrichenen Punkte herausziehen, haben
Sie so etwas wie ein Anforderungsprofil für Ihre künftige Tätigkeit.

Nun unterscheiden Sie noch drei Kategorien von Anforde-
**Ihre** rungen: Erstens solche, die aus heutiger Sicht absolut uner-
**Prioritäten** lässlich sind, zweitens solche, die, wenn es irgendwie geht,
erfüllt sein sollten, und drittens solche, die wünschenswert,
aber nicht unerlässlich sind.

Die erste Kategorie liefert Ihre Top-Prioritäten, die Ihre künftige Beschäftigung – gleich ob Sie in Ihrem Unternehmen bleiben oder ob Sie
gehen – in jedem Falle erfüllen sollte. Sofern Sie genügend Alternativen
zu Verfügung haben, werden diese Top-Prioritäten zum K.O.-Kriterium
für die Auswahl der verschiedenen Möglichkeiten. Die zweite Kategorie
hilft beim Vergleichen und Bewerten der Optionen. Die dritte Kategorie
schließlich liefert die „Sahnehäubchen", wird aber nur selten zum Aus-
wahlkriterium im engeren Sinne werden.

# Die „Negativ-Liste": Definieren Sie, was Sie nicht wollen

Auch wenn man nicht genau weiß, was man will, weiß man in aller Regel ziemlich genau, was man nicht will. Deshalb ist es eigentlich schade, dass man dieses Wissen viel zu selten systematisch nutzt. Denn die Summe aller Dinge, die Sie nicht wollen, hilft durchaus einzugrenzen, was Sie wollen.

Wichtig ist, dass Sie dies schriftlich machen. Denn vermutlich werden Ihnen so viele Punkte einfallen, dass Sie ohne schriftliche Dokumentation den Überblick verlieren. Dann sehen Sie vor lauter Bäumen den Wald nicht mehr und sind deshalb auch nicht in der Lage, die verborgenen Muster und Strukturen hinter den Aspekten zu erkennen, die Sie ablehnen.

**Bitte schriftlich**

Beginnen Sie einfach damit, dass Sie aus dem Kopf und ohne langes Nachdenken aufschreiben, was Sie nicht wollen: Welche Merkmale und Charakteristika sollte Ihr Traumjob auf keinen Fall haben? Gehen Sie dabei erst mal nach dem Prinzip: Je mehr, desto besser. Selektieren und filtern können Sie hinterher. Am Anfang werden die Punkte möglicherweise nur so sprudeln; wenn Ihnen allmählich nichts Zusätzliches mehr einfällt, können Sie die Gesichtspunkte, die im Kasten auf Seite 81 aufgelistet sind, noch einmal systematisch durchprüfen.

**Handbremse auf!**

Haben Sie dabei den Mut, auch Punkte zu formulieren, die Sie Ihrem Personalchef vielleicht lieber nicht sagen würden. Lassen Sie sich zum Beispiel nicht von der allgegenwärtigen Forderung nach Mobilität einschüchtern. Möglicherweise haben Sie ja das Talent, sich in Hamburg ebenso schnell einzuleben wie in Stuttgart, Brüssel oder Barcelona – vielleicht aber auch nicht. Und, was am Ende mindestens genau so wichtig ist: Selbst wenn Sie diese Fähigkeit haben, besitzt sie Ihre Familie vielleicht nicht.

Wenn Ihr Partner es aber nicht verkraftet, entwurzelt in einer fremden Stadt zu sitzen oder Ihre Kinder von einer schulischen oder persönlichen Krise in die nächste purzeln, werden Sie selbst an einem Traumjob keine dauerhafte Freude haben.

Nun haben Sie vermutlich eine relativ lange Liste von Merkmalen, die Ihr Traumjob nach Möglichkeit nicht haben sollte. Sortieren Sie diese Liste nun nach Kategorien, damit sie etwas übersichtlicher wird. (Dabei können Sie die Gesichtspunkte aus dem Kasten auf Seite 81 verwenden.)

Jetzt der entscheidende Schritt: Versuchen Sie, die Negativ-Liste in eine Positiv-Liste umzuwandeln. Betrachten Sie dazu die einzelnen Kategorien, die Sie gebildet haben. Wenn Sie das, was da an **Von der** unerwünschten Punkten steht, positiv formulieren, wie **Negativ-** würde Ihr Wunsch oder Ihre Anforderung an die Tätigkeit **Liste** dann lauten?

**zur** Vermutlich wird Ihnen diese „Übersetzung" nicht bei **Positiv-** jedem Punkt auf Anhieb gelingen. Lassen Sie sich Zeit da- **Liste** mit und spielen Sie mit unterschiedlichen Denkstilen – probieren Sie es ruhig mal analytisch, mal intuitiv und aus dem Bauch heraus. Und wenn Sie nicht mehr weiterkommen oder keine Lust mehr haben, lassen Sie die Sache liegen und schauen Sie ein paar Tage später wieder drauf. Möglicherweise geht es dann ganz von selbst. Wenn nicht, ist dieser Punkt noch nicht reif für eine Präzisierung – vielleicht helfen dann die nachfolgenden Methoden.

# Gesichtspunkte zur Beurteilung von Jobs

- Charakter der Aufgabe/Arbeitsinhalte
- Gestaltungsmöglichkeiten, Freiräume
- Führungsaufgaben
- Macht, Einfluss
- Gehalt, Nebenleistungen
- Möglichkeit, die Gehaltshöhe selbst zu beeinflussen/Verhältnis feste und variable Gehaltsanteile
- Privilegien, sozialer Status
- Karrierechancen
- Ansehen
- Risiken/Herausforderungen
- Sinn, Nutzen der Tätigkeit
- Lern- und Entwicklungschancen
- Reiseintensität
  (regional/europäisch/interkontinental; kurz/lang)
- Reisekomfort/-privilegien
  (Business/Economy; Hotelklasse)
- Arbeitsbedingungen
- Dauerhafter Ortswechsel
  (Umzug/Wochenend-Beziehung)
- Durchschnittliche Arbeitszeit
  (Stunden/Tageszeit/Wochenenden/Spitzen)
- Rahmenbedingungen
  (Lage, Baulichkeiten, Größe des Büros)
- Kompatibilität mit privaten Lebensprioritäten
  (Beispiel: Wenn Sie begeisterter Bergsteiger sind, ist ein Job nördlich der Donau nicht ideal)

## 4.5
# Analysieren Sie Stellenanzeigen

Vermutlich haben Sie mittlerweile ohnehin begonnen, Stellenanzeigen zu studieren. Mit geringem Zusatzaufwand können Sie daraus ein weiteres nützliches Instrument zur „Selbstdiagnose" machen: Schneiden Sie sich die Stellenanzeigen aus, die Sie in irgendeiner Weise ansprechen, und kleben Sie sie auf ein Blatt Papier. Dann notieren Sie unterhalb der Stellenanzeige in drei Spalten,

**Was spricht Sie an?**

1. was Sie an der ausgeschriebenen Stelle attraktiv finden,

2. was Sie als nachteilig, störend oder gar abschreckend finden, und

3. was sich weder dem ersten noch dem zweiten Punkt eindeutig zuordnen lässt, Ihnen aber trotzdem irgendwie interessant und nachdenkenswert erscheint.

Wenn Sie etwa 20 – 30 Anzeigen auf diese Weise analysiert haben, können Sie mit der Auswertung beginnen: Welche positiven und welche negativen Aspekte treten häufiger auf? Welche beruflichen und Lebensprioritäten lassen sich daraus ableiten? Welchen von den selteneren Punkten messen Sie besonderes Gewicht bei?

**Quantitative Analyse**

Zusätzliche Impulse kann Ihnen unter Umständen die dritte Spalte liefern. Auch hier beginnen Sie mit einer quantitativen Analyse: Treten bestimmte Themen oder Aspekte mehrfach auf? Schließen Sie daran die qualitative Betrachtung an: Haben manche Aspekte und Kriterien ein besonderes Gewicht für Sie?

Wenn ja, lohnt es sich, über deren Bedeutung nachzudenken: Wie kommt es, dass diese Punkte Sie angesprochen haben, dass sie sich aber nicht eindeutig positiv oder negativ zuordnen ließen? Mischen sich hier positive und negative Aspekte? Handelt es sich um die Reste früherer Lebensthemen bzw. um abgeschlossene Aufgaben? Sind es möglicherweise Themen, die „eigentlich" nicht mehr aktuell sind, von denen Sie sich aber auch noch

**Qualitative Analyse**

nicht definitiv verabschiedet haben? (Falls ja: Können und wollen Sie diese Themen hinter sich lassen oder sind Sie so wichtig, dass Sie bei der Neuentscheidung berücksichtigt werden müssen?) Oder weist dies auf Interessen oder Wünsche hin, die bislang unentdeckt in Ihnen schlummern, aber vor einer neuen Weichenstellung einer Klärung bedürfen? Handelt es sich möglicherweise um „heimliche Träume" oder um Wünsche, die Sie sich nicht so recht ein- oder zugestehen? Wenn ja, wäre es sinnvoll, jetzt zu entscheiden, wie Sie mit Ihnen weiter umgehen wollen.

## 4.6
# Finden Sie Ihre(n) Karriereanker

Sowohl der Begriff „Karriereanker" („Career Anchor") als auch die hier beschriebene Methodik geht auf den amerikanischen Organisationspsychologen Edgar H. Schein zurück. Nach Schein entwickeln wir im Laufe unseres Berufswegs ein Selbstkonzept, das Antworten auf folgende Fragen gibt[5]:

1. Was sind meine Begabungen, Fähigkeiten und Kompetenzfelder? Was sind meine Stärken und Schwächen?

2. Was sind meine Hauptmotive, Bedürfnisse, Antriebe und Lebensziele? Was will ich oder will ich nicht – sei es, weil ich es nie gewollt habe oder weil ich zu dem Ergebnis gekommen bin, dass ich es nicht mehr anstrebe?

3. Was sind meine Werte, meine Hauptkriterien, anhand derer ich beurteile, was ich tue? Bin ich in einem Unternehmen und einem Job, die mit meinen Werten zusammenpassen? Habe ich ein gutes Gefühl bei dem, was ich tue? Bin ich stolz auf meine Arbeit und Karriere oder schäme ich mich eher dafür?

**Das Selbstkonzept und seine Reifung**
Schein meint, dass bis zu zehn Jahre Berufserfahrung erforderlich seien, bis sich ein reifes Selbstkonzept entwickelt habe: Erst dann wisse man genügend über seine Begabungen, Motive und Werte. Je mehr unterschiedliche Aufgaben man übernimmt und je mehr aussagekräftiges Feedback man erhält, desto schneller entwickelt sich das Selbstkonzept, und umgekehrt.

Als „Karriereanker" bezeichnet Schein „dasjenige Element im Selbstkonzept eines Menschen, das er selbst angesichts schwieriger Alternativen nicht aufgeben wird". Dies entspricht etwa dem, was wir oben als wichtigste Lebensprioritäten bezeichnet haben, nur dass Schein davon ausgeht, dass es eine einzige dominierende Priorität

---

[5] Schein: *Career Anchors*, Jossey-Bass/Pfeiffer 1990; S. 17

gäbe[6]. Normalerweise sei es in fast jedem Beruf möglich, eine Vielzahl unterschiedlichster Bedürfnisse und Werte zu verwirklichen. Falls jedoch nicht alle Bedürfnisse unter einen Hut zu bringen sind, so lautet sein Kerngedanke, sei es wichtig zu wissen, welches davon die höchste Priorität hat.

Edgar Schein unterscheidet acht verschiedene Karriereanker:

1. **Technische/funktionale Kompetenz** – der reine Spaß an der Sache, an der Aufgabenstellung selbst, wie er zum Beispiel begeisterte Techniker oder leidenschaftliche Verkäufer auszeichnet.

2. **General Management** – der Wunsch danach, gerade kein Spezialist zu sein, sondern andere Menschen zu führen und auf diese Weise aus einer übergreifenden Verantwortung heraus Ergebnisse herbeizuführen.

3. **Autonomie/Unabhängigkeit** – das Bedürfnis, seine Arbeit frei und nach den eigenen Vorstellungen gestalten zu können und sich nicht an die Vorgaben von anderen halten zu müssen.

4. **Sicherheit/Stabilität** – die Suche nach einem möglichst hohen Grad an Berechenbarkeit, sowohl was klare Regeln als auch was Beschäftigungssicherheit angeht.

5. **Unternehmerische Kreativität** – beschreibt die Lust am Entwickeln und Erproben eigener Geschäftsideen.

6. **Service/Dienst an einer Sache** – die Neigung, das eigene Berufsleben in den Dienst an anderen Menschen oder an einem gesellschaftlichen oder politischen Anliegen zu stellen.

7. **Schiere Herausforderung** – der Wille, sich an vermeintlich unlösbaren Aufgaben, schwierigsten Problemen oder beinahe unbezwingbaren Gegnern zu messen.

8. **Lebensbalance** – das Bedürfnis, neben dem Beruf und der Karriere genügend Raum für das Privatleben zu haben, selbst wenn das berufliche Nachteile mit sich bringt.

---

[6] Was sich nicht mit meinen Erfahrungen bei der Verwendung des Fragebogens deckt: Danach haben etliche Personen zwei oder drei Themen, die sie etwa gleich hoch gewichten. Doch am Nutzen der Ergebnisse ändert das kaum etwas.

Vermutlich haben Sie schon beim Durchlesen der acht Karriereanker festgestellt, dass Ihnen manche davon näher liegen als manche andere. Ein Übriges können Sie tun, indem Sie diese acht Punkte in eine Reihenfolge bringen, und zwar möglichst ohne dabei mehrere Punkte gleichauf anzusiedeln. Der Punkt, der dann an der Spitze Ihrer Liste steht, ist Ihr dominierender Karriereanker[7].

---

[7] Falls Sie diese Übung vertiefen wollen, besorgen Sie sich am besten das erwähnte Buch von Edgar H. Schein: *Career Anchors – Discovering Your Real Values* (Jossey-Bass/Pfeiffer). Es umfasst 65 Seiten und ist so geschrieben, dass man es auch mit mittelprächtigen Englischkenntnissen verstehen kann. Eine deutschsprachige Version (*Titel Karriereanker – die verborgenen Muster Ihrer beruflichen Entwicklung*) liegt ebenfalls vor; die Beschaffung kann aber relativ lange dauern. (Achten Sie darauf, dass Sie nicht statt des Buchs selbst den Trainerleitfaden bekommen!)

# Entwickeln Sie eine Vision
# in eigener Sache

Vermutlich haben Sie nach den bis jetzt zusammengetragenen Erkenntnissen schon eine klarere Vorstellung, wo Ihre Lebensprioritäten
und beruflichen Ziele liegen. Zum Abschluss dieses Teils
Ihrer Vorbereitung könnten Sie nun noch versuchen, all die          **Nützlich,**
Facetten zu einem Gesamtbild zusammenzufügen. Das Ent-             **obwohl es**
wickeln einer persönlichen Vision ist nicht aus Modegrün-          **„in" ist**
den sinnvoll, sondern aus ganz praktischen Erwägungen:
Sie kann Ihnen nicht nur Orientierung für das Handeln in den bevorstehenden Entscheidungssituationen liefern – eine gute Vision entwickelt
auch einen sanften Sog zu ihrer Verwirklichung. Sie schärft Ihren Blick
für das Wesentliche, hilft, sinnvolle Handlungsoptionen von überflüssi-
gen zu unterscheiden, und wird Sie sicherlich auch dazu anregen, sich
verstärkt mit ihrer Realisierung zu beschäftigen.

Aber wie kommen Sie zu einer Vision? Nach den vorausgegangenen Abschnitten sind Sie bereits unterwegs dorthin. Bevor Sie weiter
machen, sollten Sie sich jedoch von der Vorstellung lösen,
dass eine Vision etwas unendlich Kühnes, Revolutionäres,          **Haben Sie's**
nie Dagewesenes sein müsse. Natürlich *darf* solch ein           **etwas**
großer Wurf herauskommen, aber er *muss* nicht. Ihre Visi-       **kleiner?**
on darf auch ganz nahe beim Heute liegen. Wenn Sie zu
dem Ergebnis kommen, dass Ihr derzeitiger Job Ihrem Idealbild ziemlich nahe kommt, dann scheuen Sie sich nicht, Ihre Vision genau so
beschreiben. Gerade solch eine vermeintlich „biedere" Vision kann von
großem Nutzen sein, weil es Sie unter Umständen vor einem schweren
Fehler bewahrt und Sie davon abhält, sich auf scheinbar verlockende
Möglichkeiten einzulassen, nur weil sie besser bezahlt sind oder ein
höheres Ansehen versprechen.

Umgekehrt sollten Sie sich nicht bremsen, wenn Ihre Vision weit
über alles Bisherige hinaus geht. Träumen wird man ja wohl noch
dürfen! Und wenn der Traum seine Attraktivität in der Wirklichkeit

**Mut zu großen Träumen** behält, dann lohnt es sich vielleicht, später über seine Verwirklichung nachzudenken. Lassen Sie sich in dieser Phase nicht beirren, bloß weil Sie noch überhaupt keine Vorstellung haben, wie ein Weg zur Realisierung dieser Ideen aussehen könnte. Entwickeln Sie Ihre Vision nicht mit angezogener Handbremse, sondern lassen Sie Ihren Gedanken freien Lauf!

Wie Sie dabei am besten vorgehen, sollten Sie ausprobieren – das muss zu Ihrem Arbeitsstil passen. Manche Menschen beginnen einfach mit einer Stichpunkt-Liste. Wenn Sie gerne malen, dann **Mögliche Methoden** malen Sie ein Bild – ob in Farbe oder Schwarz-Weiß, ist nicht so wichtig. Auch der künstlerische Wert ist weniger ausschlaggebend als dass es Ihnen hilft, Ihre Gedanken und Träume zu einem klaren Bild zu verdichten.

Eine dritte Möglichkeit ist, dass Sie eine „Geschichte aus der Zukunft" schreiben. Stellen Sie sich zum Beispiel vor, eine Zeitung berichtet in fünf oder zehn Jahren anlässlich eines runden Geburtstags über Ihren Lebensweg. Schreiben Sie diesen Artikel über sich selbst: Was sollte darin stehen? Was sollte darin besonders hervorgehoben sein? Oder Sie stellen sich vor, dass Sie Ihren siebzigsten Geburtstag feiern und auf Ihr Berufsleben zurückblicken. Worauf würden Sie als 70-Jährige(r) gerne zurückblicken, was möchten Sie einmal gemacht oder ausprobiert haben?

Lassen Sie sich nicht entmutigen, wenn Ihre Vision nicht auf Anhieb gelingt. Es wäre geradezu erstaunlich, wenn sich schon nach wenigen Stunden eine klare Vorstellung herauskristallisierte. Denn die Entstehung eines Bildes von solcher Tragweite braucht einen gewissen Reifungsprozess. Fangen Sie **Visionen müssen wachsen** einfach an, und schauen Sie, wie weit Sie kommen. Lassen Sie die Arbeit einige Tage ruhen, wenn Sie das Gefühl haben, dass Sie nicht mehr weiter kommen, und nehmen Sie sie später wieder auf!

# 5

# So managen Sie
# Ihren Marktwert

*„Es trägt Verstand und rechter Wille
mit wenig Kunst sich selber vor."*
(Goethe: Faust I)

*„Wer's glaubt, kriegt ein Problem."*
(Berner, allhier)

Die Mehrzahl der deutschen Manager – und damit mit einiger Wahrscheinlichkeit auch Sie – sind lausige Verkäufer in eigener Sache. Ingenieure und Naturwissenschaftler sind dabei in der Regel noch schlechter als Betriebswirte; Ältere sind häufig (nicht immer!) schlechter als Jüngere. Doch selbst Vertriebs- und Marketingleute, von denen man annehmen sollte, dass sie es von Berufs wegen können müssten, sind nicht immer gute Verkäufer ihrer selbst.

# Eine Marketing-Strategie in eigener Sache

Mit „sich gut verkaufen" ist nicht die Neigung gemeint, bei jeder passenden oder unpassenden Gelegenheit die eigenen Heldentaten hervorzuheben. Das mag zwar auch dazu gehören – wenigstens wenn es so gemacht wird, dass es Kollegen und vor allem Vorgesetzten nicht allzu sehr auf die Nerven geht. Sehr viel wichtiger ist aber, dass man für sich selbst hat, was für jedes bessere Unternehmen eine Selbstverständlichkeit ist, nämlich eine durchdachte Marketing-Strategie. Genau die haben aber die allerwenigsten. Selbst wenn sie ab und zu mehr oder weniger geschickt auf sich aufmerksam machen (was Naturwissenschaftlern und Ingenieuren allein schon äußerst suspekt ist), steht dahinter in den seltensten Fällen ein systematisches Konzept.

Genau dies, eine systematische Marketing-Strategie in eigener Sache, ist jedoch der Dreh- und Angelpunkt, um Ihren Job zu sichern bzw. einen attraktiven neuen zu bekommen. Oberstes Ziel dieser Marketing-Strategie wird vermutlich nicht sein, ein möglichst hohes Gehalt herauszuschlagen. Geld ist wichtig, aber es ist nicht das Einzige, was zählt. Mindestens genau so wichtig ist, dass Sie eine Aufgabe haben, die Sie ausfüllt, dass Sie in einem Umfeld arbeiten, in dem Sie sich wohl fühlen, und dass Beruf und Privatleben auf akzeptable Weise zusammenpassen. Ziel Ihrer Marketing-Strategie in eigener Sache muss daher sein, einen Weg zur Verwirklichung Ihrer Lebensprioritäten, wie Sie sie im vorigen Kapitel definiert haben, zu entwickeln.

**Wie wollen Sie Ihre Prioritäten verwirklichen?**

Dafür ist ein Wechsel der Blickrichtung erforderlich. Statt nur auf unsere eigenen Wünsche und Ziele zu schauen, müssen wir uns, wenn wir etwas erreichen wollen, auf die Wünsche und Ziele unserer sozialen Umwelt konzentrieren. Denn bedauerlicherweise sitzen unsere Mitmenschen nicht herum und denken darüber nach, wie sie uns beim Verwirklichen unserer Träume helfen könnten. Stattdessen sind sie mit sich selbst

**Welche Gegenleistung bieten Sie?**

und ihren eigenen Zielen beschäftigt. Ob und in welchem Umfang sie uns die Möglichkeit geben, unsere Lebensprioritäten zu realisieren, hängt davon ab, welche „Gegenleistung" wir dafür bieten. Je mehr Nutzen wir anderen bringen, desto mehr springt auch für uns selbst heraus.

Die Kernfrage Ihrer persönlichen Marketing-Strategie lautet deshalb: Wie können Sie die Brücke zwischen Ihren eigenen Lebensprioritäten und dem Nutzen für andere schlagen? **Der** Auf welchen Gebieten können und wollen Sie anderen so **Brücken-** viel Nutzen bieten, dass Sie im Gegenzug Ihre eigenen Prio- **schlag** ritäten verwirklichen können?

Da in der Wirtschaft Geld die Währung ist, in der Leis- **Ihr** tungen und Gegenleistungen abgerechnet werden, ist die **Einkommen** Menge an Geld, das Sie verdienen, immer auch ein unge- **ist Maß** fähres Maß des Nutzens, den Sie anderen – Ihrem Arbeitge- **Ihres** ber oder als Selbständiger Ihren Kunden – bieten. Deshalb **Nutzens** wenden wir unseren Blick als erstes Ihrem (finanziellen) „Marktwert" zu.

# Weshalb Sie Ihren Marktwert kennen müssen

Dass sich der Preis nach Angebot und Nachfrage richtet, gilt nicht nur für Waren, sondern auch für Dienstleistungen – einschließlich der eigenen Arbeitskraft. Er hängt damit von zwei Faktoren ab: Erstens davon, wie groß der Nutzen ist, den man potenziellen Kunden bzw. Arbeitgebern bietet, zweitens davon, wie viel Konkurrenz es auf diesem Gebiet gibt.

Ideal wäre also, wenn Sie Eigenschaften, Kenntnisse und Fähigkeiten hätten, die für potenzielle Arbeitgeber (oder Kunden) sehr wertvoll sind, und dabei nur wenig Konkurrenz hätten. Denn ein

**Der Idealfall: Ein Nachfrage-Überhang**
solcher „Nachfrage-Überhang" – es gibt mehr Nachfrage nach Menschen mit Ihren Fähigkeiten als Anbieter – ist aus Anbieter-Sicht gut für die Preise. Ungünstiger ist Ihre Position, wenn Ihre Kenntnisse und Fähigkeiten für potenzielle Arbeitgeber entweder nur von begrenztem Nutzen und/oder wegen eines „Angebots-Überhangs" preisgünstig zu bekommen sind.

Das heißt im Klartext: Nicht, was Sie heute bekommen, ist der Maßstab Ihres Marktwerts, sondern das Ausmaß an Nutzen, das Sie anderen bieten können.

## Das Problem der Preisbildung oder: Wie viel Gehalt sind Sie wert?

Das praktische Problem, vor dem jeder steht, der sich auf dem Arbeitsmarkt umschaut, ist die „Preisbildung": Einerseits wollen Sie sich nicht unter Wert verkaufen, andererseits wäre es gefährlich, die eigenen Vorstellungen so hoch zu schrauben, dass die Nachfrage versiegt. Beide Fehler werden immer wieder gemacht – und sind auch kaum zu vermeiden, wenn man seinen Marktwert nicht kennt. Solange man hier im Dunkeln tappt, kann man sich lediglich entscheiden, welcher Fehler einem lieber ist: zu billig anzubieten – und so mit großer Wahrscheinlichkeit einen Job zu bekommen –, oder zu teuer, und damit das Risiko einzugehen, auf seiner Arbeitskraft sitzen zu bleiben.

Je größer Ihre unausgesprochene Sorge ist, am Ende auf der Straße zu stehen, desto mehr sind Sie in der Gefahr, sich unter Wert zu verkaufen – nicht nur finanziell, sondern auch, was Aufgabenstellung, Rahmenbedingungen und Attraktivität des Arbeitgebers betrifft. Wobei allzu niedrige Ansprüche zum Schuss nach hinten werden können. Dann heißt es: „Dem muss das Wasser ja bis zum Halse stehen, wenn er sich so an jeden Strohhalm klammert" – und man zieht ihn sicherheitshalber nicht in die engere Wahl.

**Gefahr, sich unter Wert zu verkaufen**

Umgekehrt sind vor allem ältere Führungskräfte aus Großkonzernen in der Gefahr, sich durch überhöhte Ansprüche selbst in eine Falle zu manövrieren: Sie gehen unbesehen davon aus, dass ihnen das, was sie heute haben, auch anderswo „zusteht". Und müssen dann häufig feststellen, dass der Markt überhaupt keine Neigung zeigt, sie zu diesem Preis abzunehmen.

**Gefahr überhöhter Ansprüche**

## Eine Frage der Verhandlungsposition

Solange Sie Ihren Marktwert nicht kennen, sind Sie in einer ungünstigen Verhandlungsposition. Wie man aus der Verhandlungsforschung weiß, erzielt bei Verhandlungen nicht derjenige das bessere Ergebnis, der die größere wirtschaftliche Macht besitzt, sondern der, der den Markt besser kennt. Denn nur wer den Markt kennt, kann beurteilen, wie die Alternativen zu einer Einigung für ihn selbst, aber auch für seinen Verhandlungsgegner aussehen. Je attraktiver seine beste Alternative[8] ist, desto selbstbewusster kann er auftreten – je ungünstiger sich seine Alternativen darstellen, desto kompromissbereiter muss er sein. Für den Verhandlungsgegner gilt das gleiche: Auch für ihn hängt es von seiner besten Alternative ab, wie kompromissbereit er sein muss.

**Ihre „beste Alternative" ist entscheidend**

---

[8] Das Konzept der „besten Alternative" (best alternative to a negotiated agreement, BATNA) stammt aus dem „Harvard-Konzept des Verhandelns" (siehe Literaturhinweise). Unbedingt lesenswert, auch zur Vorbereitung auf Verhandlungen über Arbeits- und Auflösungsverträge!

Deshalb ist es sehr wertvoll, nicht nur die eigene beste Alternative zu kennen, sondern auch die der anderen Seite einschätzen zu können.

Wie gut Ihre beste Alternative ist, ergibt sich aus Ihrem Marktwert. Wenn Sie wissen, dass für Ihre Fähigkeiten große Nachfrage besteht und auf dem Markt gute Preise für sie gezahlt werden, **Wie viel Nachfrage besteht nach Ihren Fähigkeiten?** dann besteht Ihre beste Alternative zu einer Einigung mit Ihrem Arbeitgeber möglicherweise darin, dass Sie wenige Tage später einen attraktiven Vertrag bei einem anderen Unternehmen unterschreiben. Umgekehrt dürfte dann die beste Alternative Ihres Arbeitgebers sein, nach einer teuren und zeitaufwändigen Suche jemanden anderen zu ähnlichen Konditionen anzuheuern. In diesem Fall sind Sie in einer günstigen Verhandlungsposition – was Ihnen aber nur dann nützt, wenn Sie es wissen.

Wenn es dagegen wenig Jobs auf Ihrem Gebiet gibt oder Sie ungern umziehen wollen, dann ist Ihre beste Alternative zu einer Einigung möglicherweise eine langwierige Suche mit ungewissem Resultat, und am Ende doch ein Umzug. Angesichts einer wenig attraktiven Alternative ist Kompromissbereitschaft angesagt – hoch zu pokern, könnte in einer solchen Situation einen hohen Preis haben.

Spannend (im wörtlichsten Sinne!) ist die Konstellation, wo die besten Alternativen beider Seiten relativ unerfreulich sind. Das wäre etwa der Fall, wenn Ihnen im Falle des Scheiterns ein Umzug mit unabsehbaren familiären Komplikationen droht, während Ihr **Die beste Alternative Ihres Arbeitgebers** Arbeitgeber sich im Falle des Scheiterns darauf einstellen müsste, an einer kritischen Stelle eine längere Vakanz zu haben. Wenn Sie in dieser Situation primär auf Ihre eigene beste Alternative schauen, müssten Sie sich sehr kompromissbereit verhalten, um ein Scheitern der Verhandlung zu vermeiden. Wenn Sie auch die beste Alternative der anderen Seite im Blick haben, wissen Sie, dass die andere Seite ebenfalls kein Interesse an einem Scheitern der Verhandlungen haben kann. Das heißt, hier können Sie wirklich ein bisschen pokern – sollten es aber behutsam tun, um Ihr Blatt nicht zu überreizen.

# Wie Sie Ihren Marktwert einschätzen lernen

Je länger Sie schon in Ihrem Unternehmen sind, desto unwahrscheinlicher ist, dass Sie ein realistisches Bild von Ihrem „Marktwert" haben. Ihr heutiges Gehalt wie auch Ihre Gehaltsentwicklung der letzten Jahre liefern hierfür nur einen unzureichenden Maßstab: Sie können sowohl oberhalb als auch unterhalb des Marktes liegen – vielleicht nur ein bisschen, vielleicht aber auch relativ weit.

**Ihr heutiges Gehalt ist ein unzureichender Maßstab**

Oberhalb des Marktes liegen Sie möglicherweise, wenn Sie in einem Großunternehmen in einer traditionell gutsituierten Branche (Banken, Versicherungen, Chemie, Pharma, IT) beschäftigt sind – insbesondere wenn es dort „routinemäßige" jährliche „Gehaltsanpassungen" gibt, die jeweils etwas über der Inflationsrate liegen. Unterhalb des Marktes dürften Sie liegen, wenn Sie in einem kleineren oder mittleren Unternehmen in einer krisenerfahrenen Branche mit ausgeprägtem Kostenbewusstsein beschäftigt sind.

Da Ihnen auf Seiten des Unternehmens aber erfahrene Personalmanager gegenüber sitzen, die den Markt und ihre Alternativen kennen, wären Sie klar im Nachteil, wenn Sie von Ihrem Marktwert und Ihrer „beste Alternative" nur vage Vorstellungen hätten.

Im Prinzip haben Sie zwei Möglichkeiten, Ihren Marktwert genauer kennen zu lernen: Zum einen über Gehaltsstudien, wie sie regelmäßig von manchen Management-Zeitschriften angeboten werden, zum anderen über eigene „Feldversuche". Der Vorteil von Gehaltsstudien ist, dass sie Ihnen ohne großen Zeitaufwand einen Überblick verschaffen, wo Sie ungefähr stehen.

**Gehaltsstudien**

Allerdings nehmen diese Studien natürlich wenig Rücksicht auf individuelle Besonderheiten wie Alter, Werdegang und Spezialisierung. Außerdem erfahren Sie nur wenig darüber, wie groß der Markt und wie stark oder schwach die Nachfrage ist.

Der Kontakt mit Personalberatern hingegen wird Ihnen relativ schnell ein Gefühl dafür vermitteln, ob Sie ein gefragter Kandidat oder eher schwer zu vermitteln sind. Dabei ist wichtig, dass Sie mit mehreren Personalberatern sprechen: Zum einen, um subjektive Verzerrun-

**Kontakt mit Personalberatern** gen auszugleichen, die es in diesem Geschäft immer geben kann, zum anderen, weil seriöse Personalberater auftragsbezogen arbeiten und es von daher gut möglich ist, dass manche Ihrer Gesprächspartner an Ihrem Profil einfach wegen Ihrer Auftragslage und Spezialisierung nur begrenztes Interesse haben. (Mehr zum Umgang mit Personalberatern in Abschnitt 7.2.)

## Welche Rolle spielt Ihre Leistung?

Möglicherweise überrascht es Sie, dass bislang noch gar nicht von Ihrer Leistung die Rede war. Das hat leider gute Gründe. Denn für Ihren Marktwert spielen Ihr heutiges Arbeitsgebiet und die erreichte hierarchische Position eine größere Rolle als die Frage, wie gut Sie Ihr Aufgabengebiet ausfüllen. Der schwächste Geschäftsführer hat einen vielfach höheren Marktwert als der beste Werkmeister.

**Keine „harte" Leistungsbeurteilung** So verblüffend es sein mag: Eine ernsthafte Leistungsbewertung findet im externen Markt für mittlere und höhere Positionen in der Regel gar nicht statt. Die Tatsache, dass jemand eine bestimmte Position erreicht und einige Zeit lang innegehabt hat, gilt als hinreichender Leistungsnachweis. (Was als Arbeitshypothese zweifellos plausibel, als Wahrheitsbeweis aber etwas dünn ist.)

Sowohl den Personalberatern als auch den potenziellen „Käufern" fehlen schlicht die Daten (und zuweilen auch die Kompetenz), um die Leistung eines Kandidaten wirklich beurteilen zu können. Was ein Außenstehender sehr viel besser beurteilen kann, sind Dinge wie Auftreten und Ausstrahlung. So kommt es tendenziell zu einer Überschätzung von intellektuellen und rhetorischen Fähigkeiten gegenüber Aspekten wie echter Führungskompetenz, Umsetzungsstärke und tatsächlichen Ergebnissen. Das heißt durchaus nicht, dass Leistung unwichtig ist – aber sie wird bei jemanden, der eine entsprechende Position innehat, zunächst einmal unterstellt. Der persönliche Eindruck kann diesen „Anfangsverdacht" entweder erhärten oder abschwächen, doch in der Mehrzahl der Fälle wird er das Bild nicht grundlegend verändern.

Natürlich fragen Personalberater jeden Kandidaten, was er bislang schon gemacht und erreicht hat, und machen sich aus der Art, wie fundiert und selbstbewusst, aber auch selbstkritisch jemand seine Leistung darstellt, ein Bild. Doch die Forschung hat eindeutig gezeigt, dass die tatsächliche Aussagekraft solcher Gespräche sehr viel niedriger liegt als der Grad an subjektiver Gewissheit der Interviewer. Da aber kaum jemand Zweifel an der eigenen Menschenkenntnis hat, besteht hier wenig Leidensdruck.

Beim Stellenbesetzungsprozess im eigenen Unternehmen stellt sich das etwas anders dar. Dort kann Leistung besser beurteilt werden, weil hierzu eben echte Erfahrungen vorliegen und nicht bloß Gesprächseindrücke. Und zumindest manchmal fließt die **Sachfremde** erbrachte Leistung tatsächlich in die Auswahl mit ein. Doch **Aspekte** auch hier ist immer wieder erstaunlich, in welchem Ausmaß die Beurteilung der Leistung überlagert wird von sachfremden Themen, insbesondere von persönlichen Animositäten.

Bevor Sie nun aber zu dem Schluss kommen, dass Leis- **Die Leistung** tung keine Rolle spielt, und Sie sich daher entscheiden, **zählt –** Ihre Energie nicht mehr auf diesen für die Karriere unwe- **hinterher** sentlichen Aspekt zu verschwenden, soll noch einen Gesichtspunkt angefügt werden: Dafür, ob Sie einen Job bekommen, ist Leistung wohl in der Tat nicht so wichtig – sie dürfte aber eine gewisse Bedeutung dafür haben, ob Sie ihn behalten.

## 5.3
# Welchen Nutzen haben Sie für das Unternehmen?

Wie gut Ihre künftige Position und wie attraktiv Ihr künftiges Gehalt sein wird, hängt davon ab, wie die Entscheidungsträger den Nutzen sehen, den Sie dem Unternehmen (und unter Umständen auch ihnen persönlich) zu bieten haben.

Bei genauer Betrachtung sieht man, dass sich dahinter zwei unterschiedliche Aspekte verbergen: Zum einen die Frage, welchen Nutzen Sie real („objektiv") zu bieten haben. Zum anderen, wie dieser Nutzen *von den Entscheidern* (und von sonst niemandem!) wahrgenommen wird.

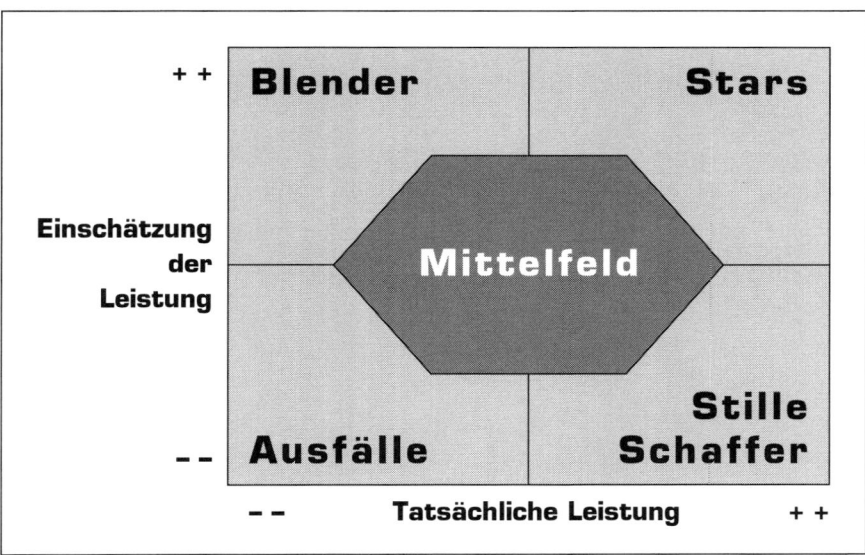

*Abbildung: Kurzfristig zählt nicht Ihre Leistung, sondern die Wahrnehmung Ihrer Leistung*

Je länger man Sie kennt, desto stärker nähern sich diese Achsen aneinander an. Je weniger man Sie kennt, desto weiter können sie auseinander gehen.

Genau hier liegt das Problem vieler langjähriger und guter Führungskräfte: Sie haben über viele Jahre gute Arbeit geleistet und den Laden nach vorne gebracht. Ihr Chef weiß das, ihre Mitarbeiter wissen das, und auch ihre Kollegen wissen und schätzen es. Infolgedessen haben sie es nicht nötig, ein großes Trara um sich zu machen, sondern konzentrieren sich auf ihre Arbeit. So sind sie über die Jahre in respektable Positionen aufgestiegen.

**Die stillen Leistungsträger**

Die Fusion und das damit verbundene Stellenkarussell bringt sie nun plötzlich in eine Situation, der sie sich jahre- und möglicherweise jahrzehntelang geschickt entzogen haben: Nun stehen sie vor der Notwendigkeit, Leute, die sie nicht kennen, von ihren Fähigkeiten und ihrem Nutzen für das Unternehmen zu überzeugen. Da hilft es nichts, sich schmollend zurückzuziehen – nun müssen Sie sich aktiv verkaufen.

**... und ihr Marketing-Problem**

Voraussetzung dafür ist, dass Sie Ihren Nutzen kennen und auf den Punkt bringen können.

## Bestimmen Sie Ihren besonderen Nutzen

Die zentrale Frage in jedem Auswahlprozess lautet: „Wir haben hier X Bewerbungen. Warum sollten wir ausgerechnet Ihnen den Job geben?" Diese Frage ist weder ein „Spielchen", das sich gewiefte Personalleute ausgedacht haben, noch ein Trick, um Sie unter Stress zu setzen – es ist der Dreh- und Angelpunkt jeder Stellenbesetzung. Gleich ob Ihnen diese Frage explizit oder implizit gestellt wird, ob man sie Sie „knallhart" damit konfrontiert oder ob man sie in Watte packt, von Ihrer Antwort auf diese Frage hängt es ab, ob Sie den Job bekommen. (Wobei Antwort hier nicht heißt, was Sie in den nächsten drei Sätzen sagen, sondern welches Gesamtbild Sie hierzu vermitteln.)

**„Warum sollen wir Ihnen den Job geben?"**

Bereiten Sie sich auf diese Frage sorgfältig vor, damit sie Sie nicht auf nüchternen Magen erwischt. Denn auch die angenehmste Gesprächsatmosphäre ändert nichts an der Tatsache, dass Sie in einer Konkurrenzsituation stehen und deshalb überzeugend darlegen müssen, weshalb der Arbeitgeber Sie Ihren Konkurrenten (die möglicherweise das gleiche Buch gelesen haben) vorziehen soll. Wie gut Ihre Antwort auf diese Frage ist, das ist nicht in erster Linie eine Frage Ihrer Eloquenz, sondern die der gedanklichen Klarheit.

Die Frage, weshalb man ausgerechnet Ihnen den Job geben solle, ist im Grunde nur eine etwas „giftigere" Variante der Frage: Worin liegt Ihr besonderer Nutzen für das Unternehmen?

Ihre Antwort sollte sich weder aus der ausgeübten Funktion ableiten („Ich bin Vertriebsleiter!") noch aus anpreisenden Leerformeln („dynamisch und hochmotiviert") bestehen. Stattdessen **Verkaufen** sollte sie den besonderen Nutzen deutlich machen, den Sie **Sie Ihre** durch Ihre Persönlichkeit und Kompetenz dem Unterneh- **besondere** men bringen. Etwa: „Meine große Stärke liegt darin, Kun- **Stärke** den dauerhaft an das Unternehmen zu binden, indem ich sicherstelle, dass wir ihre Probleme wirklich verstanden haben und das, was für sie entscheidend ist, optimal abdecken. Auf diese Weise habe ich zusammen mit meinem Team erreicht, dass die Kundenzufriedenheit innerhalb von drei Jahren von 46 auf 78 Prozent gestiegen ist und 91 Prozent unserer Kunden wieder bei uns kaufen."

## Was ist Ihr Wettbewerbsvorteil?

Im Marketing spricht man hier von dem „USP" (Unique Selling Proposition) – das ist das einzigartige Kaufargument, in dem sich eine Ware oder Dienstleistung vorteilhaft von den Konkurrenzprodukten abhebt. Übertragen Sie diesen Gedanken auf die eigene Person und fragen Sie sich: Was ist mein zentraler Wettbewerbsvorteil gegenüber meinen potenziellen Konkurrenten?

Zugegeben, ein anspruchsvoller Maßstab. Doch lassen Sie sich nicht einschüchtern: Es geht nicht um eine einzigartige Fähigkeit, die außer Ihnen kein einziger Mensch auf dem ganzen Erdball jemals besessen hat oder besitzen wird, sondern um einen Wettbe- **Ihren USP** werbsvorteil. Um Ihnen einen Vorteil zu verschaffen, muss **heraus-** die entsprechende Kompetenz erstens für potenzielle Arbeit- **arbeiten** geber nützlich und zweitens hinreichend selten sein. Es kann sich dabei sowohl um eine spezielle Fähigkeit als auch um eine sinnvolle Kombination von Fähigkeiten handeln – entscheidend ist, dass daraus ein wesentlicher Nutzen für potenzielle Arbeitgeber entsteht.

Die folgenden Fragen helfen Ihnen, Ihren USP schärfer herauszuarbeiten:

- Was hätte Ihrem Unternehmen in den letzten Jahren gefehlt, wenn es Sie nicht gegeben hätte?

- Was davon wäre leicht, was schwer zu ersetzen?

- Welche spezifischen Erfahrungen haben Sie in Ihrem Berufsleben gesammelt, die potenzielle Konkurrenten vermutlich nicht besitzen? (Das können Erfahrungen in einem bestimmten Unternehmenstyp – Familienunternehmen, Konzern, Tochter eines ausländischen Unternehmens – ebenso sein wie spezifische geschäftliche Herausforderungen wie Erschließung neuer Märkte, Markteinführung, Fertigungsumstrukturierungen, Turnaround etc. Auch Krisen und Misserfolge können hier zählen, sofern Sie glaubhaft machen können, dass sie zu einer Erhöhung Ihrer Kompetenz geführt haben.)

- Welches zentrale Problem Ihres Unternehmens/der Entscheider können Sie besser lösen als (fast) jeder andere?

- Mal angenommen, Sie hätten den Job: Was wären Ihre drei Top Prioritäten? Was davon können Sie besser als andere?

- Welchen Nutzen hätte das Unternehmen, wenn es Ihnen den Job gäbe?

Je klarer Sie dies durchdacht haben und artikulieren können, desto besser sind Ihre Chancen – insbesondere auch im Wettbewerb mit Konkurrenten, die sich mit dieser Frage nicht oder nur oberflächlich auseinandergesetzt haben.

**Gedankliche Klarheit**

## Bringen Sie Ihren Nutzen auf den Punkt!

Sowohl für interne als auch für externe Bewerbungen ist die Fähigkeit, Ihren besonderen Nutzen für das Unternehmen präzise auf den Punkt zu bringen, eine der absoluten Schlüsselfähigkeiten. Deshalb lohnt es sich, auf die folgenden Übungen ein Stück Zeit und Konzentration zu verwenden.

Beginnen wir gleich mit der schwierigsten Aufgabe, nämlich der, dass man Sie bittet, in drei Sätzen zu sagen, worin Ihr größter Nutzen für das Unternehmen liegt bzw. warum man ausgerechnet Ihnen den Job geben solle. Unbewiesene Behauptungen („Ich bin einfach der Beste für den Job!") wirken wenig überzeugend. Deshalb empfiehlt es sich, Ihren zentralen Wettbewerbsvorteil mit zwei oder drei Fakten zu belegen. Zum Beispiel: „Meine besondere Stärke ist es, als Werksleiter hohe Produktivität und hohe Motivation der Mannschaft unter einen Hut zu bringen. So ist es mir in den letzten Jahren gelungen, die Lohnstückkosten von Jahr zu Jahr zu senken, während wir zugleich über Qualitätsgruppen kontinuierlich die Qualität verbessert und außerdem die Zahl der Verbesserungsvorschläge fast verdreifacht haben."

Oder: „Meine besondere Stärke ist der Vertrieb in den Ostmärkten. Ich spreche fließend Polnisch und Tschechisch und habe drei Jahre lang in Tschechien mitgeholfen, ein Vertriebsnetz aufzubauen, bevor ich vor zwei Jahren als Vertriebskoordinator Ost in die Zentrale berufen wurde."

Die zweite Übung ist, dass Sie Strategien entwickeln, wie Sie, wenn Ihnen diese Frage nicht direkt gestellt wird, Ihren Nutzen bei passenden Stichworten aktiv von sich aus ins Gespräch einbringen. Ein Ansatz ist, dem Interviewer die Frage bei passender Gelegenheit in den Mund zu legen: „Nun gut, nun können Sie fragen, welchen besonderen Nutzen ich Ihrem Unternehmen eigentlich bieten kann. Zu meinen besonderen Stärken zählt ..." Haben Sie keine Scheu, Ihre Stärken aktiv von sich aus anzusprechen. Ihre Gesprächspartner werden sogar erwarten, dass Sie dies tun, denn das ist ja der Zweck solcher Gespräche.

Die dritte Übung ist, um diesen Kerngedanken eine Selbstpräsentation aufzubauen. Das können Sie zum Beispiel dann brauchen, wenn Sie zu Beginn eines Vorstellungsgesprächs oder bei einem Assessment Center aufgefordert werden, Ihren Werdegang darzustellen. Beginnen Sie eine solche Selbstpräsentation nicht mit Ihrer Geburt, auch wenn das ohne Zweifel ein wichtiges Ereignis in Ihrem Leben war, sondern mit Ihrer letzten Tätigkeit und – erraten! – damit, welche besonderen Stärken Sie dort unter Beweis gestellt haben. Nutzen Sie dann die vorausgegangenen Stationen, um zu zeigen, wie sich Ihr Wettbewerbsvorteil schrittweise entwickelt hat und auf welchem Fundament er aufbaut.

Ob Sie dazu in der Lage sind, Ihren Wettbewerbsvorteil in wenigen Sätzen auf den Punkt zu bringen und dies mit konkreten Fakten zu hinterlegen, ist der Test dafür, ob Sie diese Fragen gedanklich schon klar genug durchdrungen haben. Gedankliche Klarheit ist Voraussetzung für sprachliche Klarheit.

Lassen Sie sich nicht frustrieren, wenn dies nicht auf Anhieb gelingt – es wäre im Gegenteil ein Wunder, wenn Sie dies sofort schaffen würden, sofern Sie sich mit dieser Fragestellung bislang nicht beschäftigt haben.

Empfehlenswert ist, dass Sie sich, nachdem Sie Ihre eigenen Vorstellungen ein Stück weit ausgearbeitet haben, ein paar Freunde oder Kollegen (die in der momentanen Situation natürlich keine Konkurrenten sein sollten) als „Sparringspartner" suchen.

Tragen Sie ihnen Ihre Selbstpräsentation vor und holen Sie ihr Feedback ein. Denn es ist wichtig, ob Ihre Sichtweise zu Ihren besonderen Stärken von Menschen, die Sie kennen, geteilt wird, oder ob die Sie völlig anders sehen. Versuchen Sie, Selbst- und Fremdbild zusammen zu führen, ohne einfach die Sichtweise Ihrer Berater zu übernehmen.

## Bewerten Sie Ihren Wettbewerbsvorteil

Ihre Position ist um so stärker, je wertvoller Ihr Nutzen für das Unternehmen und je schwerer er auf anderem Wege zu erreichen ist. Wenn Sie einen klaren Wettbewerbsvorteil besitzen, geht es vor allem darum, diesen Vorteil auch gut zu verkaufen. Das erfordert, dass Sie in der Lage sind, Ihren Nutzen sprachlich prägnant auf den Punkt zu bringen (siehe Kasten S. 102).

Schwieriger ist, wenn Sie feststellen müssen, dass Sie dem Unternehmen zwar Nutzen bieten können, dass dieser Nutzen aber (fast) genauso gut von jemand anderem erbracht werden könnte.

**Wettbewerbsvorteile entdecken und ausbauen**
Dann haben entweder Sie keinen wirklichen Wettbewerbsvorteil gegenüber anderen Personen mit vergleichbarer Qualifikation, oder Sie sind sich dieses Vorteils nicht bewusst. Möglicherweise nehmen Sie einige Ihrer besonderen Stärken für selbstverständlich hin, weil sie für Sie einfach normal sind und Sie sich kaum vorstellen können, dass man anders handeln könnte. Erst der Vergleich mit anderen oder die Befragung von Freunden und Kollegen hilft Ihnen vielleicht, Ihre Stärken und Ihren besonderen Nutzen klarer zu sehen.

Falls Sie indes keinen klaren Wettbewerbsvorteil haben, stehen Sie in viel stärkerem Maße in Konkurrenz mit anderen „Mitbewerbern".

**Vergleichbarkeit heißt Preisdruck**
Was zwar keine Katastrophe ist, aber ein Problem: Es hat zur Folge, dass Sie sich erstens in Ihrem Preis eng am Marktniveau orientieren müssen (was so viel heißt wie dass Sie keinen großen Verhandlungsspielraum gegenüber den Angeboten potenzieller Arbeitgeber haben) und dass zweitens für die Entscheidung, welcher Bewerber den Zuschlag erhält, emotionale Dinge wie Sympathie, „persönliche Chemie" und Ersteindruck eine große Rolle spielen.

In den ersten Berufsjahren ist das der Normalfall, denn man bringt ja in der Regel nur seine Ausbildung mit und noch keine spezifischen Erfahrungen und Kompetenzen. Doch bei vielen Mitarbeitern und Führungskräften ist das auch nach etlichen Jahren noch so: Sie haben immer ihre Arbeit gemacht, aber nie einen Gedanken darauf verschwendet, auf irgendeinem Gebiet eine besondere Kompetenz oder gar Meisterschaft zu entwickeln. Das macht es nun schwierig, in der aktuellen Situation einen USP aus dem Hut zu zaubern.

Möglicherweise haben Sie sogar das Gefühl, nicht einmal einen Ansatz zu einem Wettbewerbsvorteil zu besitzen. Doch das ist mit großer Wahrscheinlichkeit ein zu pessimistisches Bild – es lässt eher vermuten, dass Ihnen diese Denkweise fremd ist und Sie kein klares Bild von Ihren Stärken und Schwächen haben. In diesem Fall sollten Sie zwei Dinge tun: Kurzfristig sollten Sie Ihren USP möglichst prägnant zuspitzen, auf mittlere Sicht sollten sie unbedingt daran gehen, eine Wettbewerbsstrategie in eigener Sache zu entwickeln, wie es im nächsten Abschnitt beschrieben ist.

## 5.4
# Entwickeln Sie eine
# Marketing-Strategie für die Ich-AG

Wenn Sie hinter Ihren Vor- und Zunamen die Abkürzung „AG" setzen, haben Sie zunächst einmal nur einen interessanten Verfremdungs-
effekt erzielt. Wenn Sie die Metapher aber ernst nehmen, kann sie
Ihnen eine ganze Reihe nützlicher Impulse liefern.

Machen wir einmal eine Analyse Ihrer Ich-AG, so wie man auch
ein Unternehmen analysieren würde. Und beginnen wir mit den Herr-
schaftsverhältnissen. Sie selbst sind Vorstandsvorsitzender
**Wer sind** und Mehrheitsaktionär Ihrer Ich-AG (setzen Sie hier ruhig
**Ihre Share-** Ihren Namen ein!). Doch neben Ihnen selbst haben mit
**holder?** Sicherheit auch andere Menschen „Anteil(e)" an Ihrer Ich-
AG: Ihr Lebenspartner, Ihre Familie, enge Freunde. Vermutlich befindet sich ein Teil des Kapitals in Streubesitz: Freundeskreis,
Clubs, Vereine und Verbände, in denen Sie engagiert sind usw.

## Ihr Shareholder-Value

All diese Shareholder haben hochgesteckte Erwartungen an die Ich-
AG – wobei sich diese Erwartungen mit großer Wahrscheinlichkeit
nicht auf die „Profitabilität" reduzieren lassen. Das dürfte sowohl für
Sie selbst gelten – über die Bedeutung Ihrer Lebensprioritäten haben
wir ja im 4. Kapitel nachgedacht –, dies wird aber ziemlich
**Vielfältige** sicher auch für die meisten anderen Shareholder – Lebens-
**Erwartungen** partner, Familie, Freunde – gelten. (Wenn nicht, lohnt es
sich, einmal darüber nachzudenken, was für ein soziales
Umfeld Sie sich aufgebaut haben.)

Die Erwartungen der Shareholder können durchaus widersprüch-
lich sein. Schon die Erwartungen, die Ihr Lebenspartner an Sie hat,
müssen weder in sich widerspruchsfrei sein noch werden sie nicht in
allen Punkten mit Ihren eigenen Lebensprioritäten überein-
**Wider-** stimmen. Noch „bunter" wird es, wenn Kinder, Verwandte,
**sprüche** Freunde, Vereine hinzukommen.

Daraus folgt zwangsläufig ein gewisses Gezerre: Die **Gezerre** einen wollen dieses von Ihnen, andere jenes, und wieder andere etwas Drittes. Und natürlich schert sich keiner Ihrer Shareholder darum, wie Sie das hinbekommen sollen. Man hat es nicht leicht als Vorstandsvorsitzender ...

Die schlechte Nachricht daran ist: Allen Erwartungen werden Sie selbst dann nicht gerecht werden können, wenn Sie sich zerreißen und Ihre eigenen Interessen völlig hintan stellen. Die gute Nachricht ist, dass Sie es infolgedessen auch gar nicht versuchen **Ihre** brauchen. Viel wichtiger wäre, dass Sie eine Strategie ent- **Strategie** wickeln, wie Sie erreichen wollen, dass Ihre Shareholder – darunter nicht zuletzt Sie selbst – größtmöglichen Grund zur Zufriedenheit mit der Performance Ihrer Ich-AG haben.

Um Enttäuschungen und Konflikte zu vermeiden, wäre weiterhin zweckmäßig, allen Shareholdern von vornherein klar zu kommunizieren, welche Erwartungen Ihre Ich-AG zu erfüllen beabsichtigt und welche nicht. Denn für den Kurs Ihrer Aktie ist es **Klare** nicht gut, wenn Sie ständig Gewinnwarnungen herausge- **Kommunika-** ben („... habe ich leider doch nicht geschafft ...", „Komme **tion** leider etwas später ...", „Muss leider absagen ..."). Auch aufrichtigstes Bedauern kann das Auflaufen von Enttäuschungen und die damit verbundenen Kursverluste auf die Dauer nicht verhindern.

## Wie gut sind Sie als Vorstandsvorsitzender?

Wenn Sie Angestellter sind, lebt Ihre Ich-AG von einem einzigen Großkunden, nämlich Ihrem Arbeitgeber. (Selbständige haben es in dieser Hinsicht besser, weil Ihr Risiko auf mehrere Kunden verteilt ist.) Die Zufriedenheit dieses Monopolkunden ist **Den Nutzen** daher von größter Bedeutung für die Ich-AG und ihre Sha- **für Ihren** reholder; eine wichtige Aufgabe des Vorstandsvorsitzenden **Monopol-** besteht darin, diese Tatsache seinen Shareholdern überzeu- **kunden** gend zu vermitteln. Wobei Zufriedenheit durchaus nicht **optimieren** bedeuten muss, jeden Wunsch, jede Erwartung und jede Zumutung zu erfüllen. Entscheidend ist nicht Willfährigkeit, sondern –

siehe oben – Nutzen. Solange der Nutzen stimmt, ist keine Willfährigkeit erforderlich; wenn es am Nutzen mangelt, hilft auch Willfährigkeit auf die Dauer nicht.

Schwache Vorstandsvorsitzende erkennt man daran, dass sie ihr Unternehmen nicht führen, sondern von den verschiedenen Interessengruppen geführt werden. Sie versuchen, es jedem recht zu **Kennzeichen** machen, geben hier einem Druck nach, dort einer **schwacher** Verlockung, springen da auf eine Idee auf, schrecken dort **Führung** vor einer Entscheidung zurück – mit der Folge, dass ein klarer Kurs nicht erkennbar ist, die Enttäuschungen rundum wachsen und die Aktien schleichend an Wert verlieren.

Als Mehrheitsaktionär der Ich-AG müssen Sie zwar nicht befürchten, gefeuert zu werden, da die Kriterien für Entmündigung in Deutschland relativ streng sind. Aber Sie haben ein anderes Problem: Fast Ihr gesamtes Vermögen steckt in der Ich-AG. Also dürfen Sie einen schleichenden Wertverlust eigentlich nicht zulassen; vielmehr müssen Sie daran interessiert sein, den Wert der Ich-AG zu erhalten und zu mehren.

Aber wie machen Sie das? Am Anfang steht eine Entscheidung von größter Tragweite:

**Entscheiden Sie sich, die alleinige Führung und die volle Verantwortung für Ihre Ich-AG zu übernehmen.**

Das heißt zum Beispiel, nicht mehr zuzulassen, dass Ihre Ich-AG ein Spielball der Interessen und Forderungen von Share- und Stakeholdern ist, sondern einen eigenen Kurs zu entwickeln und zu steuern.

Die volle Verantwortung zu übernehmen, heißt, die Schuld **Keine** für Schwierigkeiten und Rückschläge nicht mehr bei ande- **Ausrede** ren zu suchen, sondern den Zusammenhang mit dem eige- **mehr** nen Handeln (oder Unterlassen) zu sehen und zu akzeptieren. Es heißt, sowohl gegenüber sich selbst als auch gegenüber anderen konsequent auf Entschuldigungen und Ausreden zu verzichten. Denn nicht „schuld" gewesen zu sein, ist zwar emotional entlastend, hat aber den Haken, dass es zugleich heißt, keinen Einfluss gehabt zu haben, sondern ohnmächtig gegenüber den Geschehnissen gewesen zu sein. Als verantwortungsbereiter Vorstandsvorsitzender sollten Sie aber nicht nach den Gründen suchen, weshalb Sie keinen Einfluss hatten, sondern nach den Ansatzpunkten, wo Sie Einfluss genommen haben und künftig Einfluss nehmen können.

## Eine Zukunftsstrategie für die Ich-AG entwickeln

Ihre drei wichtigsten Aufgaben als Vorstandsvorsitzender sind

1. eine Zukunftsstrategie für die Ich-AG zu entwickeln, die den Shareholder Value, also den Nutzen für Sie selbst, Ihre Familie und Ihre Freunde mehrt,

2. einen Konsens der Shareholder für diese Zukunftsstrategie zu gewinnen (beginnend mit dem Mehrheitsaktionär), die nicht nur umfasst, dass sie den Nutzen ernten wollen, sondern dass sie auch bereit sind, den Preis dafür – zum Beispiel in Form von Investitionen und Vorleistungen – zu bezahlen, und

**Ihre wichtigsten Aufgaben**

3. diese Zukunftsstrategie dann konsequent umzusetzen.

Mit der einen zentralen Frage der Strategieentwicklung, nämlich mit der Bestimmung Ihrer Ziele und Prioritäten, haben wir uns in Kapitel 4 befasst. Mit der anderen, nämlich mit der, wie Sie dorthin kommen, haben wir oben begonnen – lassen Sie uns diesen Punkt aus der Perspektive des Vorstandsvorsitzenden der Ich-AG wieder aufnehmen.

## So verbessern Sie Ihren Marktwert

Da jedes Unternehmen und jedes Individuum davon lebt, Nutzen für andere zu schaffen, liegt das Geheimnis des Erfolges schlicht und einfach darin, dass man seinen „Kunden" mehr Nutzen bietet als die Konkurrenz. Das kann man auf drei Arten erreichen: Durch mehr Fleiß ( = höheren Zeiteinsatz = höhere Kosten), durch niedrigere Preise ( = Selbstbeschränkung = Abstriche am Shareholder Value), und durch „Cleverness", also dadurch dass man bei gleichem oder niedrigeren Zeit-

**Mehr Nutzen bieten**

**– aber wie?**

einsatz durch mehr Kompetenz und größere Geschicklichkeit einen höheren Nutzen bietet als andere.

**Unterbieten ist schlecht für die Preise**

Die ersten beiden Varianten sind „unintelligente Strategien", die im Grunde darauf hinauslaufen, die Konkurrenz im Preis-Leistungs-Verhältnis zu unterbieten. Zum Beispiel dadurch, dass man ein niedrigeres Gehalt akzeptiert und/oder täglich zwei Stunden länger arbeitet als die Kollegen. Dies ist keine Steigerung des Marktwerts, sondern ein Zurückschrauben der erwarteten Gegenleistung.

**Konsequente Spezialisierung als Erfolgsstrategie**

Eine intelligente Strategie ist der Aufbau eines Kompetenzvorsprung. Das funktioniert nur über eine Spezialisierung. Selbst Genies sind nicht in der Lage, auf einer Vielzahl von Gebieten eine höhere Geschicklichkeit an den Tag zu legen als der Durchschnitt. Umgekehrt kann man es auch bei durchschnittlichem Talent durch konsequente Spezialisierung zu Spitzenleistungen bringen – und dem entsprechend höheren „Return on Investment" für die Shareholder.

Voraussetzung dafür ist allerdings, dass Sie schon bei der Wahl Ihres Spezialgebiets im Nutzen für Ihre Kunden denken. Denn Spezialisierung bringt nicht automatisch Erfolg, sondern nur dann, wenn sie sich auf einen „kritischen Engpass" des oder der Kunden konzentriert, das heißt auf ein Problem, das für die Zielgruppe erstens sehr wichtig ist und für das sie zweitens bislang keine optimale Lösung hat. Ihr Nutzen für die Zielgruppe und damit Ihr Marktwert hängt von diesen beiden Faktoren ab: Wenn Sie eine optimale Lösung für ein nebensächliches Problem bieten, mag das zwar ein gewisses Interesse, aber keine große Zahlungsbereitschaft auslösen. Wenn Sie umgekehrt eine Lösung für ein Problem bieten, das für die Zielgruppe bereits befriedigend gelöst ist, werden Sie nicht viel mehr als Achselzucken ernten.

**Der Brückenschlag zwischen ...**

Die strategische Aufgabe, vor der Sie als Vorstandsvorsitzender der Ich-AG stehen, lautet also, die Brücke zu schlagen zwischen Ihren Stärken, Erfahrungen und Interessen auf der einen Seite und wichtigen Engpässen Ihres Arbeitgebers bzw. anderer Unternehmen auf der anderen. Das Ausarbeiten einer solchen Mittelfrist-Strategie kann unter Umständen einige Monate in

Anspruch nehmen, einfach, weil es nicht nur um das Abar- **... Interesse**
beiten von Sachaufgaben geht, sondern auch um einen in- **und Kunden-**
nerlichen Entwicklungs- und Reifungsprozess. Möglicherwei- **nutzen**
se entdecken Sie bei diesen Überlegungen den einen oder **braucht Zeit**
anderen Engpass, der nach einer Lösung schreit – und
spüren zugleich, dass Sie entweder nicht die Kompetenz oder nicht die
geringste Lust für dieses Spezialgebiet haben. Dann seien Sie tapfer und
suchen Sie weiter. Fehlende Kompetenz lässt sich bei großer Motivation
oftmals aufholen, doch wenn Sie spüren, dass eine Sache „nicht Ihr Ding
ist", dann lassen Sie die Finger davon: Auf einem ungeliebten Gebiet
werden Sie es niemals zur Spitze bringen.[9]

## Eine Kurzfrist-Strategie

Was aber, wenn Sie angesichts der aktuellen Situation nicht die
Zeit für eine langwierige Strategieentwicklung haben? Wenn Sie sich
zum Beispiel in den nächsten Wochen dem Auswahlprozess für die Besetzung der künftigen Führungspositionen stellen müssen, macht es
wenig Sinn, sich auf die Entwicklung einer Mittelfrist-Strategie zu konzentrieren, die bis zu diesem Zeitpunkt nicht fertig sein, geschweige
denn konkrete Früchte tragen wird. In dieser Situation stellen Sie die
Strategieentwicklung zurück, bis Sie die aktuellen Turbulenzen gemeis-
tert haben und sich wieder in ruhigem Fahrwasser befinden.

Auch für eine Kurzfrist-Strategie gilt der gleiche Grundgedanke, nur
dass Sie ihn auf Ihre bereits vorhandenen Erfahrungen und Kompetenzen
anwenden müssen. Konzentrieren Sie sich daher auf die
Frage: Was haben Sie dem Unternehmen bereits heute zu **Was haben**
bieten? Wo liegt Ihr USP, welchen besonderen Nutzen kön- **Sie heute zu**
nen Sie dem Unternehmen bieten, den Ihre Konkurrenten **bieten?**
vermutlich nicht zu bieten haben? Aus welchen vernünftigen Gründen sollte das Unternehmen ausgerechnet Ihnen den Job geben?

---

[9] Wenn Sie in die Frage, wie Sie durch konsequente Spezialisierung Ihren Marktwert verbessern
können, tiefer einsteigen wollen und dafür auch etwas Zeit investieren können, sei Ihnen der
EKS-Lehrgang empfohlen. Es handelt sich dabei um einen Fernlehrgang, der ca. 2.000 Euro kostet, über 15 Monate läuft und Sie sehr detailliert bei der Entwicklung einer Berufsstrategie unterstützt (sowohl als Angestellter als auch als Selbständiger/Unternehmer).

# Von der Marketing-Strategie zur aktiven Vermarktung

Merkwürdig: Seit Jahrzehnten wird darüber geredet und geschrieben, dass lebenslange Beschäftigungsverhältnisse, wie sie noch vor 20 oder 30 Jahren die Regel waren, immer seltener werden. Und dass jeder Arbeitnehmer sich darauf einstellen muss, mehrmals im Leben Job und Arbeitgeber zu wechseln. Doch kaum jemand scheint diese Erkenntnis in aller Konsequenz auf sich zu beziehen und daraus Schlussfolgerungen für sein Karriere-Management abzuleiten.

Denn wenn dies stimmt, dann reicht es nicht mehr aus, innerhalb der Firma, für die man gerade tätig ist, einen guten Ruf zu haben. Dann ist es wenigstens alle paar Jahre wichtiger, welchen Ruf Sie außerhalb dieser Firma genießen. Was wiederum damit beginnt, dass Sie in der jeweiligen Szene überhaupt einen Bekanntheitsgrad, sprich einen Bekanntenkreis von erwähnenswerter Größe haben.

Angesichts dieser zunehmenden „Job-Rotation" macht es heute keinen Sinn mehr, erst dann aktiv zu werden, wenn wieder mal ein Wechsel ansteht. Denn sonst stolpern Sie naiv und tollpatschig wie Parzival, der reine Tor, durch den Markt und ringen darum, möglichst rasch die veränderten Spielregeln des Sich-Verkaufens neu zu lernen – oder einen beschützenden Fürsten zu finden. Die logische Konsequenz aus dieser Entwicklung ist vielmehr, permanent am Management des eigenen Marktwerts zu arbeiten – auch und gerade dann, wenn man fest im Sattel sitzt und sich mit seinem Job wohl fühlt.

Genau wie ein Unternehmen (hoffentlich) nicht nur dann Marketing betreibt, wenn die Auftragslage kritisch ist, sollten Sie als Vorstandsvorsitzender Ihrer Ich-AG nicht nur in schlechten Zeiten einen gewissen Anteil Ihres (Zeit-)Budgets für Networking, Kontaktpflege und Vermarktung ausgeben, sondern Jahr für Jahr. Dazu zählt zum Beispiel eine gewisse Präsenz bei Fachtagungen und Branchen-Events, möglicherweise gelegentliche Fachvorträge, Artikel oder andere Formen, die Szene auf sich und Ihre Kompetenz aufmerksam zu machen.

Dazu zählt ab einer gewissen Einkommensgruppe auch, losen Kontakt zu einigen Personalberatern zu halten, die in Ihrer Branche tätig sind. Das läuft mittlerweile ohne jenen konspirativen Unterton ab, den Telefonate mit Headhuntern in früheren Jahren hatten. „Während wir früher alle möglichen Verrenkungen gemacht haben, um von der Sekretärin nicht erkannt zu werden", berichtet Dr. Stefan Reckhenrich, Partner bei Egon Zehnder, „gehen heute beide Seiten mit diesen Kontakten ganz offen und selbstverständlich um. Es gehört einfach dazu, dass man miteinander im Gespräch ist."

Und noch einen anderen Tipp hat Reckhenrich für Manager parat, die ein aktives Marketing in eigener Sache betreiben wollen: die eigene Webpage. „Dann nennen Sie interessierten Gesprächspartnern einfach Ihre Internet-Adresse, dort können die sich näher über Sie informieren." Ihre Website sollte Lebenslauf und Werdegang in übersichtlicher Weise präsentieren und kann darüber hinaus Hinweise auf Veröffentlichungen, Vorträge und andere Wettbewerbsvorteile enthalten.

Die Gestaltung muss nicht besonders „fancy" sein; Sie wollen sich ja nicht als Webdesigner profilieren. Hauptsache, die Site wirkt übersichtlich und stellt Ihre beruflichen Erfahrungen und Qualitäten adäquat vor. Nach Reckhenrichs Erfahrung werden solche Websites nicht nur von Personalberatern, sondern zunehmend auch von Industrieunternehmen mit großer Aufmerksamkeit gesichtet. „Nach den bisherigen Erfahrungen sind es eher die guten Kandidaten, die sich auf diese Weise präsentieren."

Für den Einstieg in diese aktive Vermarktung ist sicher nicht dann der richtige Zeitpunkt, wenn Sie gerade unter dem Druck stehen, möglichst rasch einen neuen Job zu finden. Dann ist Verkaufen wichtiger als Marketing, deshalb sollten Sie sich dann vor allem an die Hinweise aus Kapitel 7 halten. Falls Sie jedoch eher mittelfristig verändern oder einfach für künftige Eventualitäten vorbauen wollen, dann fangen Sie möglichst bald an – sowohl mit dem Networking als auch mit der Website!

# Wie Sie mit weiterem Klärungsbedarf umgehen

An dieser Stelle ist eine Zwischenbilanz angebracht. Lehnen Sie sich einen Augenblick zurück und prüfen Sie, welche Gedanken und Gefühle, Überlegungen und möglicherweise Irritationen die vorausgegangenen Abschnitte in Ihnen ausgelöst haben.

Wenn Sie sich mit solchen Fragen schon beschäftigt haben, dann haben die letzten Seiten Sie vielleicht nur dazu angeregt, sich und Ihre eigene Berufs- und Lebensstrategie noch einmal zu vergegenwärtigen; möglicherweise haben sie Ihnen geholfen, sie noch einmal aus einer etwas anderen Perspektive zu durchdenken. Dann werden Sie an dieser Stelle kein Bedürfnis nach einer vertiefenden Reflexion haben und können sich beruhigt den nächsten Kapiteln zuwenden.

Möglicherweise haben Sie aber auch mit einer Mischung aus Beunruhigung und Erleichterung festgestellt, dass dieses und das vorige Kapitel genau den Kern Ihrer ungeklärten Lebensfragen treffen. Wenn das der Fall sein sollte, können Sie damit auf **Kernfragen berührt?** zwei Arten umgehen: Sie können diese Themen zurückstellen, oder Sie können sich daran machen, sich mit ihnen auseinander zu setzen und sie zu einer Klärung zu treiben.

## Der richtige Zeitpunkt für das Klären Ihrer Strategie

Es gibt Zeiten, in denen das Zurückstellen (oder Verdrängen), auch wenn es einen schlechten Ruf hat, die bessere Entscheidung ist. Zum Beispiel dann, wenn Sie unmittelbar vor einem Auswahlverfahren, Management Appointment Process oder Ähnlichem stehen. Denn es wäre nicht sehr klug, ausgerechnet zu einem Zeitpunkt, wo es auf Selbstsicherheit und klare Zielorientierung ankommt, eine Großbaustelle der Nachdenklichkeit und Selbstreflexion zu eröffnen.

Äußerst sinnvoll und dringlich anzuraten ist das Klären Ihrer Ziele und Strategien hingegen, bevor Sie aus eigenem Entschluss irgendwel-

che Weichenstellungen vornehmen. Denn ein neuer Karrie-
reschritt taugt nur dann etwas, wenn er Sie Ihren Lebens-
zielen und -prioritäten näher bringt. Da Sie aber jeder
Wechsel in ein anderes Unternehmen für zumindest einige
Jahre festlegt, ist es wichtig, vorher zu klären, ob er

**Erst die Ziele, dann die Weichenstellungen**

tatsächlich einen Schritt nach vorne in Richtung auf Ihre Ziele ist oder
ob das, was nach einer „einmaligen Chance" aussieht, in Wirklichkeit
ein Um- oder gar ein Holzweg für Sie wäre.

Beginnen Sie deshalb mit Ihrer Strategieentwicklung nicht erst
dann, wenn Sie eine konkrete Anfrage oder ein Angebot vorliegen haben. Dann bleibt Ihnen nicht genügend Zeit, Ihre Gedanken
in Ruhe zu Ende zu denken. Beginnen Sie damit, wenn Sie
spüren oder ahnen, dass sich eine Veränderung abzeichnet
– gleich ob sie von außen kommt oder von innen. Denn

**Sie brauchen Vorlauf**

solch ein Klärungsprozess braucht seine Zeit. Und Ihre
Fähigkeit zu klarem und entschlossenem Handeln wird sprunghaft
wachsen, wenn Sie sowohl wissen, was Sie wollen, als auch, auf welchem Weg Sie es erreichen wollen – und auf welchen nicht.

## Nicht verschieben – anfangen

Das Problem mit diesem Thema ist, dass Sie, wenn Sie nicht ein
außergewöhnlich disziplinierter Mensch sind, dazu neigen werden, es
vor sich her zu schieben. Denn erstens hört es sich so komplex und
umfassend an, dass Sie vermutlich nicht die geringste Neigung verspüren, damit zu beginnen, zweitens wird es niemals so dringend, dass
ein wirklicher Termindruck entsteht. Es ist genau jene Art von Aufgabenstellungen, bei denen wir bereitwillig tausend mehr oder weniger
dringliche Kleinigkeiten erledigen, nur um diesen großen Brocken noch
ein bisschen aufschieben zu können. Dann erledigen wir zum Erstau-
nen unserer Lebenspartner plötzlich Dinge, die schon seit Monaten
oder Jahren überfällig sind, wie Befestigen von Fußbodenleisten, Auf-
räumen des Kellers oder Speichers, Reparieren von Türen, Fenstern,
Gartenzäunen etc. Es soll Leute geben, die in solchen Phasen nicht einmal vor Sport zurückschrecken.

Die psychologische Gesetzmäßigkeit hinter diesem Vermeidungs-verhalten (Sie sehen, so ungewöhnlich scheint es nicht zu sein, wenn es sogar einen festen Terminus dafür gibt) ist, dass wir dazu neigen, einfache, klar strukturierte Aufgaben vorzuziehen und schwierige, komplexe Themen zu verschieben, „damit zumindest mal die Kleinigkeiten erledigt sind". Da aber ge-rade Zukunftsfragen und strategische Problemstellungen zwangsläufig komplex sind, sind sie typische Kandidaten für Verschleppung. (Dieses Problem trifft nicht nur Sie als Vorstandsvorsitzenden der Ich-AG, son-dern ist auch einer der Hauptgründe, die die Vorstände kleiner und großer Unternehmen von der Weiterentwicklung ihrer Strategie abhält.)

**Vorsicht Falle!**

Möglicherweise wird das Unbehagen an der unerledigten Aufgabe irgendwann so groß, dass Sie sich zu einem Kraftakt entschließen. Doch erstens ist das gerade bei Zukunftsthemen nicht sicher, zweitens können Sie es auch einfacher haben. Der entscheidende Trick ist, das Gesamtthema so in überschaubare Einzelschritte und Teilaufgaben zu zerlegen, dass es seinen Schrecken verliert und bearbeitbar wird. (So wie wir es in diesem und dem vorigen Kapitel getan haben.)

Nehmen Sie sich also für einen ersten Nachmittag lediglich vor, die große Aufgabe in einige überschaubare Fragestellungen und Bausteine zu zerlegen. Und haben Sie dabei den Mut zur Unvollkom-menheit: Versuchen Sie gar nicht, eine perfekte Gliederung zu erstellen – im Laufe Ihres Denkprozesses wird sich die Fragestellungen ohnehin weiter entwickeln. Beschränken Sie sich darauf, einige vernünftige, umsetzbare Aufgaben-stellungen zu identifizieren – wie beispielsweise eine Liste Ihrer Erfahrungen, Ihrer besonderen Stärken und Ihrer Er-folge der letzten Jahre zu erstellen. Und dann fangen Sie einfach an!

**Große Aufgaben in handliche Teile zerlegen**

## Einsamkeit oder Dialog?

Es gibt Menschen, die sich, um solch einen Klärungsprozess voran-zutreiben, am liebsten völlig zurückziehen – in ihr Arbeitszimmer, auf einsame Spaziergänge, in eine Berghütte oder auf ein Boot. Und die dann nach einigen Stunden oder Tagen, Wochen oder Monaten mit der fertigen Lösung zurückkommen. Wenn das Ihr Weg ist, dann gehen Sie ihn – und lassen sich von den nachfolgenden Lästerlichkeiten nicht beirren.

Es gibt nämlich auch Menschen, die nach einigen Stunden, Tagen, Wochen aus der Einsamkeit zurückkehren ... ohne einen nennenswerten Schritt weiter zu sein. Andere, die ebenfalls **Vergessen** von einer solchen Auszeit träumen, begeben sich erst gar **Sie den** nicht erst in die Einsamkeit, weil sie schon ahnen, dass sie **großen** auf diesem Wege kaum zu höherer Weisheit gelangen wer- **Wurf** den. Prüfen Sie daher, ob die Einsamkeit wirklich Ihr Weg ist oder ob Sie da nur einem heroisch tönenden Mythos aufsitzen.

Viele Menschen tun sich im Dialog sehr viel leichter, ihre Gedanken und Gefühle zu sortieren, als in der Einsamkeit des Moses auf dem Berge Sinai. Von Heinrich von Kleist, der Ihnen möglicher- **Dialog** weise vor Jahren mal im Deutschunterricht begegnet ist, **statt** gibt es eine hochinteressante Studie „Über die allmähliche **Einsamkeit** Verfertigung der Gedanken beim Reden"[10]. Darin be- schreibt er, wie die schlichte Notwendigkeit, seine Gedan- ken einem Gesprächspartner – in diesem Fall seiner Schwester – nach- vollziehbar darzulegen, zu einer schrittweisen Klärung, d.h. zu einer Ordnung und Weiterentwicklung der Gedanken führt.

## Ein wohlwollender, neutraler Gesprächspartner

Welche Eigenschaften muss ein Gesprächspartner haben, damit das Gespräch mit ihm bei der Klärung von Zielen und Strategien hilft? „Es braucht nicht eben ein scharfdenkender Kopf zu sein", meinte Kleist und riet dazu, „mit dem nächsten Bekannten (...) darüber zu spre- chen." Das Wichtigste war aus seiner Sicht, sich überhaupt einem Zuhörer erklären zu können und zu müssen.

So wie Kleist das Verhalten seiner Schwester allerdings beschreibt, scheint sie auf unauffällige Art sehr viel mehr geleistet zu haben als ein

---

10 Sie finden diesen schönen, fast 200 Jahre alten Text (1805) nicht nur in Kleists gesammelten Werken, sondern auch im Internet unter www.gutenberg.aol.de/kleist/erzaehlg/gedanken.htm.

zufälliger Gesprächspartner. Sie nahm offenbar die Rolle eines „wohlwollenden Neutrums" ein: interessiert, zugewandt, zwar ohne tieferes fachliches Verständnis von seinen Themen, aber auch ohne Eigeninteressen und ausgeprägte eigene Meinung. Damit übertraf sie die meisten Gesprächspartner im Alltag bei weitem und beherrschte etwa das, was man heute nondirektive Gesprächsführung nennt.

Zwei Eigenschaften sind es vor allem, die einen guten Partner für solche Klärungsgespräche auszeichnen:

- Zuwendung, d.h. die Fähigkeit und Bereitschaft, die Gedanken und Gefühle des anderen in den Mittelpunkt des Gesprächs zu stellen, ohne nach wenigen Minuten auf eigene Erlebnisse, Heldentaten oder andere Lieblingsthemen überzulenken,

- Wohlwollen, d.h. die Fähigkeit und Bereitschaft, den anderen bei der Suche nach seinem Weg zu unterstützen, ohne vorschnell zu be- oder zu verurteilen, aber auch ohne ihm die eigenen Wertmaßstäbe, Prioritäten und Lösungsstrategien aufzudrängen.

Einen solchen Gesprächspartner zu finden, ist im Alltag gar nicht so einfach. Die meisten Leute sind entweder viel zu sehr mit sich selbst beschäftigt, um sich länger als zehn Minuten voll auf die Gedanken eines anderen Menschen einzulassen. Oder sie sind zu egozentrisch, um sich vorstellen zu können, dass das, was für sie gut ist, nicht zwangsläufig auch für andere richtig sein muss. Oder sie haben als „Shareholder" Ihrer Ich-AG Eigeninteressen, die nicht unbedingt mit den Ihren übereinstimmen müssen. Aus letztgenanntem Grund ist der eigene Lebenspartner in der Regel nicht der ideale Partner für solch ein Gespräch. Denn so verständlich und legitim es ist, dass er auch eigene Wünsche, Sorgen und Erwartungen mitbringt, es macht ihn zum parteiischen Gesprächspartner, der kaum zu einer „ergebnisoffenen Beratung" in der Lage ist.

Dazu kommt, dass es im Gegensatz zu Kleists Diktum eben doch von Vorteil wäre, wenn Ihr Gesprächspartner eigene Erfahrungen und Kenntnisse aus den Themenfeldern mitbrächte, bei denen Ihr Klärungsbedarf liegt. Der Mangel an eigener Sachkenntnis hat zwar den Vorteil, dass er zu einer gewissen Zurückhaltung in Bezug auf gute Ratschläge und voreilige Lösungsvorschläge führt; er hat aber auch den Nachteil, dass er den Prozess verlangsamt, weil Ihnen Ihr Gesprächspartner dann nur wenig Impulse geben kann, so dass Sie dann weitgehend auf Ihre eigenen Gedanken angewiesen sind.

## Prüfen Sie, ob Sie einen Coach brauchen

Ideal ist deshalb ein Gesprächspartner, der die beiden oben genannten Eigenschaften mit reflektierter eigener Industrieerfahrung und einem guten Schuss psychologischer Kompetenz verbindet. Mit „reflektierter Erfahrung" ist gemeint, dass er seine eigenen Erfolge und Niederlagen, Wünsche und Ängste so weit verarbeitet hat, dass er nicht in der Gefahr ist, seine Probleme stellvertretend an bzw. in Ihnen zu lösen.

**Ein Sparringspartner**

Optimal, wenn Sie einen solchen Coach in Ihrem Freundes- oder Bekanntenkreis haben. Wenn dies nicht der Fall ist, Sie aber das Gefühl haben, dass für Sie eine Weiterentwicklung Ihrer Lebensprioritäten oder Ihrer Berufsstrategie sinnvoll wäre, dann dürfte es sich lohnen, wenn Sie sich einen professionellen Coach suchen.

Die Kosten sollten Sie dabei nicht allzu sehr schrecken. Gehen Sie bei einem professionellen Coach von etwa 200–300 Euro pro Doppelstunde (zu 90 Minuten) aus. In drei bis fünf Sitzungen lässt sich bei einer klar definierten Fragestellung eine Menge erreichen, so dass Sie insgesamt mit Kosten in der Größenordnung von 600–1.500 Euro plus Mehrwertsteuer rechnen müssen, die Sie in der Regel als Werbungskosten von der Steuer absetzen können. Das ist sicher nicht wenig, aber es ist auch nicht extrem viel, wenn Sie es in Relation zu der Tragweite der anstehenden Entscheidungen und den wirtschaftlichen, sozialen und emotionalen Kosten möglicher Fehlgriffe setzen.

**Kosten**

## Wie Sie sich einen Coach aussuchen

Schwieriger ist die Frage, wie Sie einen guten Coach finden. Das Telefonbuch wird Ihnen dabei nur begrenzt weiterhelfen, denn

„Coach" ist keine geschützte Berufsbezeichnung – wenn Sie wollen, können Sie sich ab sofort selbst Coach nennen. Angesichts solch einer „Blitzkarriere" würde Ihnen vermutlich etwas unheimlich werden; Sie können sich aber durchaus nicht sicher sein, dass jeder Anbieter auf diesem Markt die gleichen Skrupel hat.

Im Idealfall sollte ein Coach ein abgeschlossenes Psychologie-Studium sowie einige Jahre Management-Erfahrung besitzen. Aber diese Kombination ist sehr selten, deshalb müssen Sie möglicherweise entweder auf der einen oder auf der anderen Seite Abstriche machen. Auf welcher Seite, das hängt davon ab, was Ihr Hauptziel ist. Wenn es Ihnen in erster Linie um die Klärung Ihrer Lebensprioritäten geht, zählt vor allem die psychologische Kompetenz; beim Entwickeln einer Berufsstrategie ist Industrieerfahrung unverzichtbar.

**Anforderungen**

Möglicherweise können Sie aus Ihrem Freundes- oder Bekanntenkreis ein paar Empfehlungen für Coaches bekommen. Wenn nicht oder wenn Sie nach Alternativen zu diesen Empfehlungen suchen, können Sie sich an folgende Adressen wenden:

- Sektion Arbeits-, Betriebs- und Organisationspsychologie im Berufsverband Deutscher Psychologinnen und Psychologen e.V., Tel. 023 32 / 96 44 35; Anbieter-Verzeichnis im Internet *www.abo-psychologie.de/anbieter/index.htm*

- Berufsverband Individualpsychologischer Berater e.V. (BIB), Geschäftsstelle Cohenhofstraße 17 a, 50769 Köln; *E-Mail vorstand@bib-ev.de.*

Sich an einen der bekannteren Namen in der Szene zu wenden, ist nur dann zu empfehlen, wenn der oder die Betreffende in räumlicher Nähe zu Ihnen angesiedelt ist. Denn für solche Klärungsprozesse sind kürzere Sitzungen von 1,5–2 Stunden, maximal einem halben Tag ergiebiger als ganztägige. Nach 2–3 Stunden nimmt der Nutzeffekt spürbar ab, weil man so viele Impulse auf einmal gar nicht verarbeiten kann. Etwas Zeit zwischen den Sitzungen ist nützlich, um alles noch einmal zu überdenken und um es sich setzen zu lassen. Es macht aber keinen

**Räumliche Nähe ist vorteilhaft**

rechten Sinn, drei- bis fünfmal wegen jeweils einer zweistündigen Sitzung die halbe Republik zu durchqueren, von den zusätzlichen Reisekosten ganz abgesehen.

Vor der endgültigen Entscheidung für einen Coach sollte ein Vorgespräch stehen (das in der Regel kostenlos sein wird). In diesem Gespräch sollten Sie zum einen erfragen, welche Qualifikationen und Erfahrungen Ihr potenzieller Coach mitbringt **Die** und ob das zu Ihrer Fragestellung passt. Zum anderen soll- **Auswahl** ten Sie dem Coach erläutern, wo Ihr Klärungsbedarf liegt. Aus seinen Reaktionen und Nachfragen können Sie ersehen, wie gut er Ihre Fragestellung versteht und wie präzise er auf Ihre Situation eingeht. Zwar sollten Sie von diesem Vorgespräch nicht den großen Durchbruch erwarten, aber es ist durchaus interessant, ob Sie schon daraus den einen oder anderen nützlichen Impuls mitnehmen.

Wenn Sie unter Zeitdruck stehen, können Sie stattdessen auch gleich eine erste Probesitzung gegen Honorar vereinbaren. Dann haben Sie nach der Sitzung auf jeden Fall eine gute Grundlage, um zu entscheiden, ob das der richtige Partner für Sie ist. **Probe-** Je größer Ihr Zeitdruck ist, desto wichtiger ist, dass der **sitzung** Coach nahe an Ihrer Fragestellung mit Ihnen arbeitet und nicht erst lange Zeit mit allgemeinen Themen verbringt. Weiter sollte die Vorgehensweise für Sie transparent und nachvollziehbar sein; auf entsprechende Fragen sollten Sie eine klare und überzeugende Antwort bekommen. Denn Coaching ist keine Geheimwissenschaft, sondern ein Verfahren, um Sie bei der zügigen Klärung Ihrer Fragen zu unterstützen.

Entscheiden Sie sich für einen Coach nur dann, wenn Sie ein gutes Gefühl bei ihm haben. Wobei das gute Gefühl möglichst nicht daraus entstehen sollte, dass er keine unangenehmen Fragen stellt und gemeinsam mit Ihnen einen weiten Bogen um alle heik- **Sie bezahlen** len Themen macht – denn den Preis dafür würden Sie be- **nicht nur** zahlen, und zwar in Form zusätzlicher Sitzungen und **die Erfolge,** langsamen Fortschritts. Ideal ist – auch aus Kostengesichts- **sondern** punkten –, wenn ein Coach ohne Umschweife auf die kriti- **auch die** schen Themen zusteuert und sie mit Ihnen in einer offenen, **Umwege** wohlwollenden Art und Weise bearbeitet, also so, dass Sie sich weder „ertappt" noch „überführt" fühlen, sondern sich heiklen Fragen zuwenden können, ohne das Gefühl zu haben, sich rechtfertigen oder verteidigen zu müssen. Falls das nicht der Fall ist, versuchen Sie es ohne Scheu mit einem anderen Coach.

# 6

# Die interne Option: Wie beeinflussen Sie Ihre Chancen zu bleiben?

Gleich ob Sie im Unternehmen bleiben wollen, wenn es irgendwie geht, oder ob Sie ernsthaft über einen Wechsel nachdenken, Sie sollten zunächst einmal alles daran setzen, Ihren heutigen Job zu sichern bzw. eine sichere Position in dem fusionierten Unternehmen zu erlangen. Denn dann agieren Sie erstens aus einer ungekündigten Position heraus, was im Zweifelsfall Ihre Attraktivität für potenzielle Arbeitgeber und Ihren Marktwert verbessert, zweitens stehen Sie bei der Suche nach einem neuen Job nicht unter Zeitdruck, und drittens sind Sie in einer deutlich besseren Verhandlungsposition, wenn es um die Konditionen Ihres neuen Vertrags geht.

Aber was können Sie tun, um Ihren Job zu behalten oder um zumindest eine adäquate neue Aufgabe zu bekommen? Genau darum geht es in diesem Kapitel.

Bitte beachten Sie: Alles, was im Folgenden gesagt wird, gilt nur dann, wenn Ihre heutige Position in einem der „Synergiefelder" (vgl. Abschnitt 2.1) angesiedelt ist. Wo es keine Überschneidungen zwischen den fusionierenden Unternehmen gibt, gibt es auch keine Notwendigkeit für ein Auswahlverfahren – und damit auch keinen Grund, sich Sorgen zu machen. Denn angesichts der Komplexität einer Fusion werden die Verantwortlichen wenig Neigung verspüren, noch zusätzliche Baustellen an anderer Stelle zu eröffnen.

# Ihre zweite Chance

Es gehört nicht viel Mathematik dazu, sich auszurechnen, wie die eigenen Chancen stehen, wenn es für eine zu besetzende Führungsposition zwei Kandidaten gibt.[11] Dass Ihre Chancen am Ende doch ein Stück besser sind als 50:50, liegt daran, dass man gute Leute nicht gerne ziehen lässt. Selbst wenn Sie im direkten Wettbewerb um den angestrebten Job unterliegen sollten, werden Top Management und Personalchef, sofern sie von Ihren Qualitäten überzeugt sind, nach Möglichkeiten suchen, Sie anderswo sinnvoll einzusetzen, und sich nur dann zu einer Trennung entschließen, wenn wirklich nichts Geeignetes zu finden ist.

**Für welche anderen Aufgaben kommen Sie in Frage?**

Demnach haben Sie zwei Chancen beim Wettlauf um eine Stelle in dem neuen Unternehmen: Erstens die, dass Sie sich überzeugend als der bessere Kandidat für die zu besetzende Position verkaufen, zweitens, und das wird häufig übersehen, die, dass Sie zu erkennen geben, für welche anderen Einsatzmöglichkeiten Sie im Falle des (Un-)Falles in Betracht kämen. Gehen Sie besser nicht davon aus, dass Top Management und Personalchef von sich aus all die Möglichkeiten sehen, für die Sie nach Qualifikation, Werdegang und Interessen einsetzbar wären.

Aber wie macht man das, ohne damit ein Signal von Verzagtheit und Selbstzweifeln zu setzen, das einem möglicherweise im unmittelbaren Auswahlprozess schadet? Manchmal ist eine solche Möglichkeit ganz offiziell im Auswahlverfahren vorgesehen – was ja auch sehr sinnvoll ist, weil es im besten Interesse beider Seiten liegt. Das kann zum Beispiel so aussehen, dass sich jeder Kandidat im Vorfeld des Auswahlprozesses für all die Funktionen bewerben kann, für die er aus eigener Sicht qualifiziert und motiviert ist. Natürlich sollten das dann nicht zu viele Positionen sein, aber zwei oder drei dürfen es ruhig sein, und vier wären wohl auch noch in Ordnung.

---

[11] Andererseits hilft alle Mathematik nicht, die Auswirkungen eventueller Weichenstellungen hinter den Kulissen auf die eigenen Erfolgsaussichten abzuschätzen.

Schwieriger ist, wenn dieser Weg offiziell nicht vorgesehen ist. Dann bleiben drei Möglichkeiten. Die erste ist, behutsam bei einer Vertrauensperson in der Personalabteilung oder im Top Management vorzufühlen. Die zweite, wenn das nicht möglich **Drei Mög-** ist oder zu keinen Ergebnissen führt, ist, einen der Ent- **lichkeiten** scheider ganz direkt und offen anzusprechen und ihn um Rat zu bitten. Die dritte Möglichkeit ist, gar nichts zu unternehmen und alles auf eine Karte zu setzen. Welches am Ende der erfolgversprechendste Weg ist, dafür gibt es keine Garantie. Doch spricht die Erfahrung dafür, dass sich der Mut zu einer durchdachten Initiative in vielen Fällen auszahlt.

# Verstehen Sie die Spielregeln der Stellenbesetzung

In Abschnitt 2.4 hatten wir festgestellt, dass die Fusionsstrategie auch das Verfahren bei der Stellenbesetzung prägt. Greifen wir diesen Gedanken noch einmal auf und untersuchen, welche Konsequenzen das für Sie hat.

## Bei einer Eingliederung bleibt Ihnen wenig Zeit

Wie wir festgestellt haben, werden bei der Fusionsstrategie „Eingliederung" in aller Regel auch die Führungspositionen top-down besetzt, wobei die Führungskräfte des übernommenen Unter-

**Top-Down-Besetzung**

nehmens die schlechteren Karten haben. Meist gelten die Manager des übernehmenden Unternehmens als „gesetzt". Das heißt, ihre Konkurrenten aus dem übernommenen Unternehmen kommen nur dort zum Zug, wo (1) die betreffende Funktion beim Übernehmer entweder nicht existiert oder wo (2) eine Position gezielt neu besetzt werden soll oder wo (3) ein einzelner übernommener Manager einen ganz besonders guten Ruf hat.

Die Stellenbesetzung geht bei einer Eingliederung in der Regel ziemlich schnell; danach herrschen für alle Beteiligten klare Verhältnisse – so oder so.

In der Praxis heißt das, dass Sie nur geringen Einfluss darauf haben, ob Sie ausgewählt werden oder nicht. Falls Sie dem übernehmenden Unternehmen angehören, sind Sie mit großer Wahrscheinlichkeit ohnehin gesetzt. Falls Sie es wider Erwarten nicht sein sollten, wird diese Entscheidung kaum zu korrigieren sein. Denn gleich was die Hintergründe sind, es ist äußerst unwahrscheinlich, dass es sich um ein Versehen handelt. Man kennt Sie ja und hat sich von daher auch bewusst entschieden.

Falls Sie aus dem übernommenen Unternehmen kommen, bleibt Ihnen, wenn überhaupt, nur eine sehr kurze Zeitspanne, in der Sie

die Entscheider auf sich aufmerksam machen können. Zö- **Ein mutiger**
gern und langes Nachdenken bringt hier wenig – was Not **Schachzug**
tut, ist eine schnelle Entscheidung zwischen zwei Möglichkeiten: entweder abzuwarten und zu hoffen oder die Initiative zu ergreifen.

Natürlich gehen Sie ein gewisses Risiko ein, wenn Sie von sich aus
auf den oder die Entscheider zugehen und für sich werben. Niemand
kann Ihnen garantieren, wie die Betreffenden einen solchen Vorstoß
aufnehmen werden. Die Frage ist nur, ob Ihre Chancen überhaupt so
groß sind, dass es sich lohnt, sich über eine mögliche Verschlechterung
Sorgen zu machen. Wenn man nichts mehr zu verlieren hat, überwie-
gen per Definition die Gewinnchancen.

Und außerdem – betrachten Sie es mal aus der anderen Perspektive: Nehmen Sie an, Sie seien einer der Entscheider. Plötzlich steht in
Ihrem Büro ein Mensch, der sich als Manager des von Ihnen übernommenen Unternehmens einführt, und sagt etwa Folgendes: „Ich wollte
mich kurz bei Ihnen vorstellen, weil Sie nach meiner Kenntnis momentan die Entscheidung über die Besetzung der Führungspositionen treffen. Ich bin seit 12 Jahren in der von Ihrem Hause übernommenen Firma tätig und denke, dass ich dort nachweisbar gute bis sehr gute
Arbeit geleistet habe. Ich bin diesem Unternehmen sehr verbunden
und habe großes Interesse daran, weiter für es tätig sein zu dürfen.
Und ich denke, dass Sie eine Entscheidung über meine Verwendung
am besten treffen können, wenn Sie mich kennen.“

Würden Sie sich in solch einem Fall wirklich die Dreistigkeit verbit-
ten und den Betreffenden aus dem Zimmer werfen? Oder würden Sie
eher sagen: „Hoppla, den hatte ich zwar nicht auf der Liste, aber der
Mann könnte interessant sein?“ – Die wahrscheinlichste Reaktion ist
im ersten Moment eine gewisse Verblüffung, jedenfalls bei dem ersten
Kandidaten, der sich auf diese Weise präsentiert, und vielleicht auch
noch bei dem zweiten. In die Verblüffung wird sich einerseits eine gewisse Abneigung gegen Sonderfälle und Sonderregelungen mischen,
zumal sie eine Abweichung von dem geplanten Vorgehen bedeuten
würde, andererseits aber auch ein Schuss Respekt und vor allem
Neugier.

Initiative und eine Portion Mut wird von den meisten Top Managern positiv bewertet – nicht nur in Sonntagsreden, sondern auch in der Praxis. Daher ist wahrscheinlich, dass Sie wenigstens ein kurzes Gespräch bekommen – und damit die Chance, sich für den Entscheider überhaupt sichtbar zu machen. Nutzen Sie die Zeit, um in knappen Worten drei Dinge anzubringen: Ihre erbrachte Performance, Ihr Commitment zum alten und neuen Unternehmen, und der Nutzen, den Sie dem Unternehmen für die Zukunft bieten können (vgl. Kapitel 5).

**Machen Sie sich sichtbar**

Erwarten Sie nicht, mit der Zusage aus dem Raum gehen, den Job zu haben. Ihr Ziel kann realistischerweise nur sein, einen so positiven Eindruck zu hinterlassen, dass über Sie noch einmal nachgedacht wird und dass man prüft, ob und ggf. wo man Verwendung für Sie haben könnte. Selbst wenn Ihnen dies voll gelungen ist, kann die Entscheidung immer noch negativ ausgehen. Doch dann haben Sie es zumindest versucht. Durch Ihre Initiative werden Sie zu einer konkreten, greifbaren und nicht uninteressanten Person – davor waren Sie für die Entscheider eine von vielen anonymen Schachfiguren. Nebenbei tun Sie damit auch noch etwas für Ihr Selbstvertrauen. Denn über eines können Sie sich sicher sein: So einen Schritt wagt nicht jeder.

Falls Sie spontan skeptisch sind, prüfen Sie die Risiken: Was kann bei einem solchen Vorstoß schlimmstenfalls passieren? Im schlimmsten Falle holen Sie sich eine ruppige Abfuhr und haben jede Chance verspielt. Doch selbst wenn: Was wäre damit verloren, da Ihre Chancen zuvor auch schon nahe Null waren?

**Das Risiko ist gering**

Wichtiger als die Reaktion von anderen ist, dass Sie selbst mit sich und Ihrem Vorgehen im Reinen sind. Es ist nichts Unanständiges daran, dass man um seinen Job kämpft. Und wenn man dabei etwas mutiger ist als andere, liegt darin noch kein Verstoß gegen den Gleichheitsgrundsatz.

Bleiben noch ein paar technische Details. Erstens, wie finden Sie überhaupt heraus, wer die Entscheider sind? Fragen Sie diejenigen Personen aus Ihrem alten Unternehmen, die an der Vorbereitung der Fusion und des Integrationsprozesses beteiligt waren bzw. sind. Falls Sie auf diesem Weg keine brauchbaren Hinweise erhalten sollten, sprechen Sie die Beauftragten des übernehmenden Unternehmens an, die die Kontaktpersonen zu Ihrer Firma sind. Oder – die schlechteste Möglichkeit – sie wenden sich an den- oder diejenige/n, der/die in den Medien als verantwortlich für den Integrationsprozess genannt wurden.

Zweitens, wie stellen Sie den Kontakt her? Direkter Kontakt geht hier vor indirekter Kommunikation. Schriftliche Anfragen sind ziemlich aussichtslos, denn die Entscheider stehen in dem Integrationsprozess so unter Strom, dass sie darauf entweder gar nicht reagieren werden oder ihre Anfrage an irgend jemanden aus ihrer Umgebung weitergeben: „Rufen Sie den mal an und fragen Sie, um was es geht!" Daraus kann eine eher peinliche Situation entstehen, wenn Sie dann die Sekretärin, dem Vorstandsassistenten oder die Personalabteilung am Telefon haben und stammelnd versuchen, einen plausiblen Grund für ihren Anruf oder Ihr Schreiben zu (er)finden.

**Direkte Kontaktaufnahme**

Suchen Sie deshalb, falls das in der Kultur Ihrer Branche möglich ist, einen der Entscheider entweder ohne lange Ankündigung in seinem Büro auf. Oder wenn das nicht geht, versuchen Sie, ihm irgendwo zu begegnen. Falls das auch schwierig ist, versuchen Sie die „Headhunter-Methode" und rufen Sie nach Feierabend der Sekretärin an. (Achtung: Vorstandssekretärinnen machen in der Regel nicht um 17 Uhr Feierabend!) Bei Produktionsmanagern und in manchen Verwaltungsfunktionen kann auch ein Anruf vor 8:00 Uhr oder 8:30 Uhr erfolgversprechend sein.

## „Best of Both Worlds" heißt Auswahlverfahren

Wenn als Fusionsstrategie „Best of Both Worlds" ausgerufen wurde (und dies nicht bloß eine Beruhigungsformel ist), müssen Sie sich auf ein Auswahlverfahren einstellen, bei dem alle Kandidaten in den Überlappungsbereichen nach einem einheitlichen Verfahren beurteilt werden. Denn irgendwie muss man ja herausfinden, wer die Besten sind. Und dies sollte, wenn „Best of Both Worlds" ernst gemeint ist, mit einem möglichst fairen und objektiven Verfahren geschehen. Dass das gar nicht so einfach ist und außerdem das Unternehmen für geraume Zeit lähmt, haben wir in Abschnitt 2.4 gesehen. Aber das liegt nicht in Ihrer Hand – Sie können es nur zur Kenntnis nehmen.

**Drei mögliche Konzepte**

Es gibt im Wesentlichen drei Möglichkeiten, wie eine solche Auswahl durchgeführt werden kann, und Sie sollten möglichst rasch herauszufinden suchen, welche von Ihrem Unternehmen gewählt wurde:

1. Beratungen des Top Managements hinter verschlossenen Türen, bei denen die vorhandenen Daten und Erfahrungen zu den einzelnen Führungskräften bewertet und verglichen werden und auf dieser Basis die Besetzungsentscheidungen getroffen werden;

2. Ein sogenannter „Management Audit" (oder „Management Appraisal"), bei dem externe Berater – meistens von einer der namhafteren Personalberatungsfirmen – mit allen Kandidaten Gespräche führen und danach ihre Empfehlungen abgeben (wobei das letzte Wort natürlich das Top Management hat);

3. Ein einheitliches, formalisiertes Auswahlverfahren, in dem zum Beispiel durch Gespräche, Assessment Center oder Arbeitsproben versucht wird, die Qualität der zur Wahl stehenden Führungskräfte zu bestimmen und die Besten aus beiden Welten herauszusieben.

Zuweilen werden auch Mischformen gewählt – schon deshalb, weil vor allem die ersten beiden Ansätze schnell an Grenzen stoßen: Das erste Modell scheitert häufig daran, dass nicht zu allen Kandidaten genügend aussagekräftige Informationen zu Verfügung stehen, die zwischen den fusionierenden Unternehmen vergleichbar sind. Und ein Management Audit wird selten als alleinige Methode eingesetzt, weil man sich vernünftigerweise scheut, die künftige Besetzung der Führungspositionen von ein paar Gesprächen mit Externen abhängig zu machen, die – bei aller Kompetenz, die sie haben mögen – weder das Geschäft kennen noch die besonderen Anforderungen, auf die es bei den zu besetzenden Positionen ankommt.

Häufig wird die dritte Variante, also ein formalisiertes Auswahlverfahren gewählt, erstens, weil man den betroffenen Führungskräften so einen transparenten, schlüssigen Prozess präsentieren kann und jeden Anschein von Mauschelei oder „Geheimdiplomatie" vermeidet, zweitens – weil man den Aufwand für eine solche Auswahlprozedur oftmals völlig unterschätzt. Vermutlich würden sich nur wenige Vorstände und Geschäftsführungen für diesen Weg entscheiden, wenn sie ahnten, **Auswahlprozesse dauern lange** dass sie ihr neu entstandenes Unternehmen damit für 3 bis 6 Monate weitgehend lahm legen.

Aus der Position eines Betroffenen können Sie das nicht ändern, sondern nur zur Kenntnis nehmen – und die Nerven bewahren. Vor allem, wenn Sie auf einer der mittleren Führungsebenen angesiedelt sind, kann es geraume Zeit dauern, bis Sie überhaupt an der Reihe sind. Das heißt, dass Sie die Ungewissheit einige Monate ertragen müssen, weil erst die Ebenen über Ihnen besetzt sein müssen, bevor der Auswahlprozess für Ihre Ebene stattfinden kann. Der Vorteil an dieser unangenehm langen Wartephase ist, dass Sie entsprechend mehr Zeit für eine gründliche Vorbereitung haben, einschließlich der Klärung Ihrer beruflichen Prioritäten (Kapitel 4), der Sondierung Ihres Marktwerts und der Entwicklung einer Marketing-Strategie in eigener Sache (beides Kapitel 5).

# Der Auswahlprozess aus Unternehmenssicht

Für eine optimale Vorbereitung ist es nützlich, wenn man weiß, wie sich solch ein Auswahlprozess aus Unternehmenssicht darstellt. Wenn Sie die innere Logik der „anderen Seite" verstehen, können Sie ihr ein bisschen in die Karten schauen und Ihre eigene Strategie optimal ausrichten.

In der Regel hat das Unternehmen mit einem solchen Auswahlprozess auch nicht viel mehr Übung als Sie. Denn so häufig fusioniert man ja auch wieder nicht. Nicht jede Unstimmigkeit, Unsicherheit oder nachträgliche Korrektur von Aussagen ist deshalb gleich als Zeichen von böser Absicht oder von mangelnder Wertschätzung der eigenen Führungskräfte zu bewerten. Selbst wenn Ihr Arbeitgeber, was Ihnen wie dem Unternehmen zu wünschen ist, auf die Unterstützung erfahrener Berater zurückgreift, können gelegentliche Holprigkeiten im Prozess, auch wenn sie noch so ärgerlich sind, vorkommen. Machen Sie sich darüber nicht zu viele Gedanken – meist ist dies nur Ausdruck mangelnder Erfahrung.

Mit oder ohne die Hilfe von Beratern hat sich das Management also ein Konzept für die Stellenbesetzung zurecht gelegt, das sowohl die Vorgehensweise als auch die Anforderungen absteckt. Wenn die Berater gut waren, haben sie darauf gedrungen, dass die Anforderungen nicht nur auf der Ebene wohltönender Schlagworte definiert, sondern „operationalisiert", d.h. in konkrete, beobachtbare Indikatoren übersetzt wurden, und dass sowohl das Verfahren als auch die Kriterien klar kommuniziert werden.

Es ist ein ziemlich mühseliger Weg, bis ein Auswahlverfahren schließlich steht. Deshalb besteht beim Top Management in der Regel wenig Neigung, dieses Konzept in Frage stellen zu lassen. Selbst wenn es dafür sachlich gute Gründe gibt, hat es daher wenig Sinn, das Verfahren insgesamt anzugreifen – damit würden Sie sich nur unbeliebt machen, ohne letztlich etwas zu bewirken. Allenfalls kleine Verbesserungen im Ablauf können Sie unter Umständen erreichen, aber selbst da sollten Sie sich fragen, ob die resultierende Verbesserung die Mühe wirklich lohnt.

Die einzelnen Elemente des Auswahlverfahrens – Gespräche, Fallstudien (Case Studies), Arbeitsproben und Assessment-Aufgaben –

sollen ganz einfach Daten zu den definierten Kriterien liefern. Den Interviewern und „Assessoren" (so werden die Beobachter in einem AC
genannt) stehen dabei im Wesentlichen fünf Informationsquellen zu
Verfügung:

- Ihre Antworten auf Fragen sowie Ihre Aussagen aus Interviews
  und ggf. AC-Diskussionen;

- die Fakten über Ihre Qualifikationen, Leistungen und Erfolge, die
  Sie im Laufe der Gespräche eingebracht haben;

- die Qualität Ihrer Problembearbeitung bei Testaufgaben, Case Studies und AC-Aufgaben;

- konkrete (Verhaltens-)Beobachtungen aus Interviews, Aufgaben
  und ACs;

- der Gesamteindruck, der bei den Interviewern (bzw. im AC: den
  Beobachtern) entsteht und der eine (undefinierbar gewichtete)
  Zusammenführung aller wahrgenommenen Einzelheiten ist, ein-
  schließlich persönlicher Sympathie oder Antipathie.

In der Regel legen sowohl die Berater als auch die Unternehmen
selbst Wert darauf, dass die oberen Führungsebenen des Unternehmens maßgeblich an der Auswahl beteiligt sind. Die Externen steuern
in der Regel nur den Ablauf, moderieren Assessment Center und
Auswertungsdiskussionen und liefern technisch-organisatorische Unterstützung.

Das heißt, der Großteil der am Auswahlverfahren beteiligten Personen sind mit großer Wahrscheinlichkeit keine Personalfachleute, sondern obere und oberste Führungskräfte. Sie haben in der Regel weniger Übung mit Auswahlverfahren, aber einen schärferen Blick auf
geschäftsbezogene Dinge und werden neben den offiziellen Auswahlkriterien vermutlich das eine oder andere eigene Zusatzkriterium haben, das es zu erspüren und zu beantworten gilt. Auf der anderen
Seite neigen Top Manager oft zu einem weniger einheitlichen, systematischen Vorgehen – das heißt, Sie haben bei geschickter Kommunikation bessere Chancen, die Punkte zu platzieren, die Ihnen besonders wichtig sind.

## Wie fair ist der Prozess?

Aus naheliegenden Gründen machen sich vor dem Auswahlverfahren alle, insbesondere aber die betroffenen Führungskräfte aus dem übernommenen Unternehmen, Sorgen, wie fair der Prozess abläuft. Wie wir in Abschnitt 2.4 gesehen haben, gibt es zwar Warnsignale, doch ist diese Frage nicht ganz einfach zu beurteilen.

Lassen Sie sich nicht von Gerüchten oder von Tatsachen aus zweiter oder dritter Hand, die im Kollegenkreis kolportiert werden, verrückt machen! Haarsträubende Schauergeschichten und himmel-

**Schauer-geschichten**

schreiende Ungerechtigkeiten, die Ihnen aufgeregt zugetragen werden, beweisen relativ wenig – außer dass einige, die in der ersten Runde gescheitert sind, sich ungerecht behandelt fühlen. Und da alle nach Informationen gieren, fahren viele auf fast jede Story ab, wenn sie nur schauerlich und empörend genug ist.

Von den Teilnehmern der ersten Runde(n) ist eine brauchbare Einschätzung der Fairness kaum zu bekommen. Diejenigen, die „durchgekommen" sind, werden das Verfahren ganz in Ordnung finden, während diejenigen, die gescheitert sind, manches daran auszusetzen haben, von methodischen Mängeln über hinterhältige Fragen bis zu absurden Aufgabenstellungen. Wer hat schon die Größe zu sagen: „Das Verfahren war schon ganz in Ordnung, nur ich war einfach nicht gut genug"?

Um die Fairness des Verfahrens objektiv zu beurteilen, könnten Sie theoretisch die Zahl der erfolgreichen Kandidaten aus Ihrem Ursprungsunternehmen mit der des Fusionspartners verglei-

**Ein analytisches Verfahren**

chen. Wenn der Prozess fair ist, würde man erwarten, dass die Quote der „Durchgekommenen" bei beiden Unternehmen etwa die gleiche ist. Wobei plausibel wäre, wenn das wirtschaftlich erfolgreichere Unternehmen auch einen höheren Anteil der erfolgreichen Kandidaten stellen würde. Dagegen kann man wiederum einwenden, dass der wirtschaftliche Erfolg nur dann ein gültiger Maßstab sein kann, wenn er tatsächlich auf eigene Leistung und nicht auf „unverschuldete Vorteile" (etwa aus der Vermarktung eines Patents) zurückgeht. Oder dass eine dominante Marktposition auch schwachen Leuten große Erfolge ermöglicht. Oder dass manche Funktionen – wie Finanzen, Logistik, Personal – auch bei hoher Professionalität nur begrenzten Einfluss auf den Geschäftserfolg haben. Und so weiter, und so fort.

Sie sehen: Auch eine objektive Analyse ist schwierig. Bevor Sie sich Mühe damit machen, sollten Sie sich die Frage stellen, was das Ganze eigentlich bringt: Angenommen, Sie wüssten exakt, wie fair der Prozess läuft, was würde es helfen? Welche Schlussfolgerungen könnten Sie daraus ableiten, außer denen, die wir ohnehin bereits besprochen haben? Falls es so sein sollte, dass der Prozess nicht fair ist, dann wären zwei Dinge unbedingt empfehlenswert: Zum einen sollten Sie sich dann gut auf das Verfahren vorbereiten, zum anderen sollten Sie frühzeitig Ihren Marktwert sondieren und prüfen, welche beruflichen Alternativen es für Sie gibt. Wenn der Prozess fair ist, sollten Sie genau das Gleiche tun.

**... bringt auch nicht viel**

Also lassen Sie uns keine Zeit mehr mit Spekulationen über Fairness oder Unfairness verlieren – fangen wir mit der Vorbereitung an!

## 6.3
# So bereiten Sie sich
# auf ein Auswahlverfahren vor

Irgendwann wird der vorgesehene Auswahlprozess den betroffenen Führungskräften vorgestellt. Mit ziemlicher Sicherheit wird dann einer der Teilnehmer fragen, was man denn tun könne, um sich auf das Auswahlverfahren vorzubereiten. Mit fast genau so großer Sicherheit wird dann einer der Verantwortlichen antworten, dass eine spezielle Vorbereitung nicht erforderlich sei; die langjährige fachliche und Führungserfahrung der Teilnehmer sei Vorbereitung genug. Worauf alle hörbar aufatmen. Und viele so naiv sind, die beruhigenden Worte tatsächlich zu glauben.

Das ist schon eine merkwürdige Sache. Wenn es darum ginge, Produkte bei einem wichtigen Kunden zu verkaufen, käme niemand auch nur im Traum auf die Idee, danach zu fragen, ob eine **Professio-** Vorbereitung erforderlich sei – geschweige denn, sich **nalität** bereitwillig davon abbringen zu lassen. Mit völliger **heißt gute** Selbstverständlichkeit würde sich jeder Profi sorgfältig vor-**Vorberei-** bereiten, sich detailliert über den Kunden und seine Beson-**tung** derheiten informieren, das eigene Produkt mit den Wettbewerbsprodukten vergleichen, die Präsentation von dessen besonderen Stärken genauso ausfeilen wie die Argumentation zu möglichen Einwänden, und auch sonst jede Möglichkeit zum erfolgreichen Abschluss ausschöpfen. Ausgerechnet dann, wenn wir selbst das „Produkt" sind, benehmen wir uns wie blutige Anfänger und stellen ernstlich die Frage, ob eine Vorbereitung erforderlich sei.

Natürlich ist richtig, dass die vorhandene Berufserfahrung in gewisser Weise eine Vorbereitung war – immerhin war sie das Trainingsfeld für die Kompetenzen, die nun geprüft werden sollen. Und zweifellos fördert es die Chancengleichheit, wenn alle gleich schlecht vorbereitet sind.[12] Die entscheidende Frage ist jedoch, ob diese freiwillige Selbstbeschränkung in Sachen Vorbereitung wirklich in Ihrem Interesse liegt. Denn für Sie geht es ja nicht um die Optimierung des Auswahlverfahrens, sondern darum, den Job zu bekommen. Und da gilt eindeutig:

**Von zwei vergleichbar starken Kandidaten setzt sich der durch, der besser vorbereitet ist!**

Wie groß der Vorteil ist, den die Vorbereitung bringt, hängt einerseits von der Qualität der Vorbereitung ab, andererseits von der Güte des Auswahlverfahrens. In jedem Fall ist er groß genug, um Ihnen bei einem knappen Abstand den spielentscheidenden **Größe des** Vorsprung zu bescheren. Auch das ist genau wie beim Ver- **Vorteils** kauf eines Produkts: Die Chancen eines guten Verkäufers sind umso besser, je präziser er sich auf den Kunden eingestellt hat – und je weniger systematisch der Kunde bei seinem Entscheidungsprozess vorgeht.

Bitte verwechseln Sie Vorbereitung nicht mit Verstellung oder gar Schauspielerei! Sie hat damit nichts, aber auch gar nichts zu tun. Wenn jemand versucht, eine Rolle zu spielen und Eigenschaften und Kompetenzen vorzutäuschen, die er nicht **Keine** besitzt, kann dies im Gegenteil zu einem fatalen Eigentor **Schau-** werden. Je länger die Beobachtungsdauer währt, desto un- **spielerei!** wahrscheinlicher ist, dass er solch ein Schauspiel stimmig und überzeugend durchhalten kann. Vor allem in Assessment Centern besteht daher die Gefahr, dass das Verhalten inkonsistent, sprunghaft und unglaubwürdig wirkt, weil sich authentisches und vorgetäuschtes Verhalten zu einem zweifelhaften Gebräu vermengen.

Gute Beobachter – wie zum Beispiel erfahrene Personalleute und -berater – bekommen so etwas oft schon in den ersten Minuten mit – etwa daran, dass Sprache und Körpersprache **Inkonsistenz** nicht zusammen passen, oder daran, dass manche Dinge **weckt** etwas zu dick aufgetragen und etwas zu markig betont wer- **Misstrauen** den. So etwas erweckt Misstrauen: Erstens weil unklar bleibt, wo die jeweilige Person wirklich steht, zweitens weil man ver-

---

12 Bei genauerer Betrachtung benachteiligt mangelnde Vorbereitung diejenigen, die sich schwerer tun, sich spontan auf eine Situation einzustellen und sich in einem ungewohnten Umfeld wirkungssicher zu bewegen. Was methodisch in Ordnung wäre, wenn genau diese Fähigkeit geprüft werden soll. Doch in der Regel ist das nicht die entscheidende Anforderung an operative Führungskräfte.

muten kann, dass ein Mitarbeiter, der einen im Interview zu täuschen versucht, es auch bei anderen Gelegenheiten tun wird. Besonders verheerend wirkt sich ein solches Misstrauen aus, wenn der Interviewer es nicht bewusst reflektiert, sondern nur „irgendwo im Bauch" empfindet. Dann sinken die Chancen des betreffenden Kandidaten gegen Null.

Deshalb lautet die Empfehlung: Seien Sie authentisch! Bleiben Sie der, der Sie sind – aber verwechseln Sie Echtheit nicht mit Naivität oder gar Nachlässigkeit. Gut vorbereitet zu sein, steht nicht im Widerspruch zu Authentizität, sonst wäre im Umkehrschluss schlechte Vorbereitung ein Nachweis besonders hoher Echtheit.

## Gute Vorbereitung: „Pflicht" und „Kür"

Gute Vorbereitung hat zwei zentrale Aspekte. Der eine ist, eine klare Vorstellung davon zu entwickeln, wie Sie Ihre Gesprächspartner davon überzeugen wollen, dass Sie die definierten Auswahlkriterien erfüllen; der andere ist, dass Sie den Nutzen, den Sie dem Unternehmen bieten können, bestmöglich verkaufen. Ersteres ist sozusagen die „Pflicht", letzteres die „Kür".

Und was ist wichtiger – Pflicht oder Kür? Bei normalen Bewerbungen, wenn es nur um die Besetzung einer einzelnen Position geht, kann es durchaus eine erfolgversprechende Strategie sein, sich voll auf die Kür zu fokussieren, also auf den besonderen Nutzen, den man dem Unternehmen dank seiner Stärken bieten kann. Bei einem formalisierten Auswahlverfahren hingegen gewinnt die „Pflicht", das Erfüllen der definierten Auswahlkriterien, an Bedeutung. Denn hier werden am Ende die Ergebnisse der Kandidaten zu den festgelegten Kriterien verglichen, und bei der Endabrechnung zählt zunächst einmal das Resultat dieses Vergleichs; Ihre Besonderheiten kommen nur als zusätzliches Argument ins Spiel, und welches Gewicht sie letztlich haben, ist kaum vorherzusagen.

**Erfüllung der definierten Auswahlkriterien ist unerlässlich**

Damit Ihr strategischer Wettbewerbsvorteil zur Wirkung kommen kann, müssen Sie daher zunächst einmal bei der „Pflicht" eine annehmbare Figur machen. Vermutlich wird man Ihnen leichte Schwächen bei den definierten Auswahlkriterien durchgehen lassen, wenn Sie davon überzeugen konnten, dass Sie dem Unternehmen mit Ihren besonderen Stärken einen entscheidenden Nutzen bringen. Doch sollten Sie sich in einem formalisierten Auswahlverfahren sicherheitshalber keine gravierenden Mängel bei den Kriterien leisten, sonst könnte es trotz aller Vorteile eng werden.

## Wie Sie Ihren Nutzen für das Unternehmen verkaufen

Werfen wir trotzdem zunächst einen Blick auf die „Kür". Denn hier brauchen wir nur die Vorarbeiten aus Kapitel 5 abschließen. Wenn Sie die besonderen Stärken, die Ihren strategischen Wettbewerbsvorteil ausmachen, bereits sauber herausgearbeitet haben, geht es jetzt „nur noch" darum, sie überzeugend zu verkaufen. Das heißt, dies ist, sofern die analytische Vorarbeit geleistet ist, in erster Linie ein rhetorisches bzw. kommunikatives Problem.

Es besteht aus zwei Teilaufgaben: Die erste Aufgabe ist, Ihren strategischen Wettbewerbsvorteil präzise und überzeugend auf den Punkt zu bringen. Wenn Sie also – was im Interview durchaus vorkommen kann – nach Ihren besonderen Stärken gefragt werden, sollten Sie dazu in der Lage sein, Ihren besonderen Nutzen für das Unternehmen mit maximal drei Sätzen so zu vermitteln, dass der Interviewer entweder gleich einen dicken Pluspunkt für Sie notiert oder interessiert weiter nachfragt.

**Ihr USP in maximal drei Sätzen**

Es ist erstaunlich, wie wenig durchdachtes Zeug man auf solche Fragen selbst von oberen und obersten Führungskräften zu hören bekommt. Natürlich ist es schön, wenn jemand nach eigener Einschätzung „Durchsetzungsvermögen besitzt", „belastbar ist" oder „gut zuhören kann". Trotzdem wäre es besser, auf diese Frage nicht selbstgefällig seine Lieblingseigenschaften vorzuzeigen, sondern dem Interviewer zu zeigen, welchen besonderen Nutzen das Unternehmen bekommt, wenn es einem die Stelle gibt.

Das erfordert ein Stück Vorarbeit, bei der ein wohlwollend-kritisches Feedback von Menschen hilfreich sein kann, die Sie beruflich kennen, ohne in dem Auswahlprozess direkte oder indirekte Konkurrenten zu sein. Von ihnen sollten Sie zum einen **Feedback einholen** Rückmeldung holen, wie prägnant, griffig und attraktiv Sie Ihren Nutzen formuliert haben, zum anderen sollten sie beurteilen, wie realistisch ihnen diese Aussage erscheint. Denn Bescheidenheit und Understatement sind hier ebenso wenig angebracht wie dicke Übertreibungen. (Ein bisschen Übertreibung darf sein – das wird in Auswahlverfahren ebenso vermutet wie in Verkaufsgesprächen.)

Ihre zweite Aufgabe ist, Ihren Nutzen und Wettbewerbsvorteil so aufzubereiten, dass Sie ihn auch dann verkaufen können, wenn Sie nicht direkt danach gefragt werden. Dafür ist es nützlich, **Ihren Nutzen aktiv verkaufen** wenn Sie das eine oder andere Beispiel aus den letzten Jahren parat haben, an dem Sie beispielhaft Ihre besonderen Stärken und Ihren Nutzen darstellen und belegen können. Solche kurzen Geschichten können Sie im Interview etwa dadurch einführen, dass Sie auf eine passende Frage antworten: „Darf ich das an einem konkreten Beispiel erläutern?" Auch Fragen, die auf wichtige/kritische/schwierige Aufgaben der Vergangenheit zielen, sind eine gute Gelegenheit, solche Storys anzubringen. Die Interviewer werden das in der Regel so lange in Ordnung finden, wie ein erkennbarer Zusammenhang zwischen der Frage und Ihrer Antwort vorhanden ist – ärgerlich werden sie in der Regel nur dann, wenn sie das Gefühl bekommen, jemand dränge ihnen, ohne wirklich auf ihre Fragen einzugehen, penetrant seine Lieblings-Messages auf. (Dafür gibt es dann Punktabzüge bei „Kommunikationsfähigkeit".)

## So analysieren Sie die Anforderungen

Um in der „Pflicht" gut abzuschneiden, müssen Sie in erster Linie verstehen, anhand welcher Kriterien die Kandidaten beurteilt werden und mit welchen konkreten Fakten Sie belegen können, dass Sie diese Anforderungen erfüllen. Im zweiten Schritt geht es, genau wie zuvor bei der Kür, darum, wie Sie dies aktiv und überzeugend verkaufen können.

Häufig werden die Auswahlkriterien – was fair ist – **Die** vorab veröffentlicht. Zuweilen werden sie auch geheim ge- **Kriterien** halten oder gar tabuisiert, als ob es etwas Unanständiges **verstehen** wäre, wenn man die Kriterien kennen möchte, von denen die eigene Zukunft abhängt. Doch selbst dann besteht kein Grund zur Beunruhigung, denn Sie können die Kriterien mit hoher Treffsicherheit erraten. (Dazu gleich mehr.)

Falls die Auswahlkriterien bekannt gegeben wurden, dann wahrscheinlich in Form der Schlagworte, mit denen Eigenschaften von Führungskräften üblicherweise beschrieben werden, wie „Unternehmerisches Denken", „Ergebnisorientierung", „Durchsetzungsvermögen", „Soziale Kompetenz" etc. Das kommt einem dann auch ganz vertraut vor und wirkt irgendwie beruhigend – was sollte man gegen „Soziale Kompetenz" oder „Unternehmerisches Denken" schon einzuwenden haben?

Erst wenn man versucht, sich auf diese Anforderungen **Was** vorzubereiten, merkt man, dass das alles sehr viel unklarer **bedeutet** ist als es klingt. Denn wie können Sie jemandem in einem **das** anderthalbstündigen Gespräch oder in einem Assessment **eigentlich?** Center überzeugend vermitteln, dass Sie unternehmerisches Denken, soziale Kompetenz, Durchsetzungsvermögen besitzen und dazu diverse weitere Kriterien erfüllen?

„Unternehmerisches Denken" kann man nicht sehen – es spielt sich, wie Denken sonst auch, im Kopf ab, und der ist von außen nicht einsehbar. Auch „Soziale Kompetenz" ist ein **Und woran** Abstraktum, das man nicht direkt beobachten kann. Kein **erkennt** Mensch hat jemals „Soziale Kompetenz" gesehen – was wir **man es?** sehen können, sind lediglich einzelne Verhaltensweisen, die wir dann in unserem Kopf Oberbegriffen wie „Unternehmerisches Denken", „Durchsetzungsvermögen" oder „Sozialer Kompetenz" zuordnen.

Die Krux ist, dass jeder glaubt, genau zu wissen, was mit diesen und ähnlichen Begriffen gemeint ist. Wie subjektiv dieses „Wissen" jedoch ist, zeigt sich daran, dass die Meinungen bei der Beurteilung konkreter Personen oft weit auseinander gehen. Die unterschiedliche

**Vielfältige Interpretationsmöglichkeiten**

Auslegung der Begriffe fällt so lange nicht auf, wie alle nur den allgemeinen Begriff verwenden. Dann sind sich alle einig, dass „Unternehmerisches Denken", „Durchsetzungsvermögen" oder was auch immer wichtig sind (wobei natürlich jeder seine Interpretation des Begriffs zugrunde legt).

Die Interpretationsunterschiede sind zum Teil so gering, dass sie vernachlässigbar sind; zum Teil sind sie aber auch ganz erheblich. Im Extrem versteht der eine unter Durchsetzungsvermögen den robusten Einsatz der Ellenbogen, der andere geschickte Manipulation, und der dritte das einfühlsame Ausräumen von Vorbehalten des Gesprächspartners. Dann ist kein Wunder, dass sie bei der Beurteilung einer konkreten Person zu sehr unterschiedlichen Urteilen kommen. Was in der Konsequenz aber nicht anderes bedeutet, als dass die Einigkeit über die Wichtigkeit von „Durchsetzungsvermögen" ein nutzloser Scheinkonsens war.

Um das Problem dieser vielfältigen Auslegungsmöglichkeiten in den Griff zu bekommen, werden die Auswahlkriterien üblicherweise „operationalisiert", das heißt, es wird festgelegt, anhand

**Operationalisierung**

welcher beobachtbarer Verhaltensweisen und anderer nachprüfbarer Fakten („Indikatoren") entschieden werden soll, ob ein Kandidat die Anforderungen erfüllt oder nicht.

**„Indikatoren"**

Zum Beispiel legen diese Indikatoren eindeutig fest, welche Art von Durchsetzung gemeint ist. So liefern sie den Interviewern/Beobachtern konkrete Anhaltspunkte, woran sie das Vorliegen der definierten Kriterien festmachen sollen. (Wie solche Indikatoren aussehen, sehen Sie in dem Kasten auf Seite 147.)

Das Problem ist nun, dass diese Indikatoren in der Regel weder bekannt gegeben werden noch auf legalem Weg in Erfahrung zu bringen sind. Also bleibt uns nichts anderes übrig, als uns mit einer Schätzung zu behelfen. Man kann diese Indikatoren mit einiger Treffsicherheit annähern, wenn man sich einfach die Frage stellt, an welchen beobachtbaren Merkmalen man selbst festmachen würden, ob ein Kandidat zum Beispiel „Kundenorientierung", „Überzeugendes Auftreten" oder andere für die Auswahl wesentliche Kriterien erfüllt. Nach aller Erfahrung erreicht man auf diese Weise eine 70–80prozentige Übereinstimmung mit den offiziellen Kriterien, und das ist für praktische Zwecke genau genug.

Um Ihre Schätzung weiter zu verbessern, sollten Sie sich in die Personen hineindenken, die den Auswahlprozess in Ihrem Hause durchführen: der Personalchef, das Top Management, und möglicherweise externe Berater. Unterschätzen Sie dabei den Einfluss der Berater nicht: Die haben in der Regel erheblichen Einfluss darauf, wie die Anforderungen operationalisiert (d.h. in nachprüfbare Formulierung übersetzt) werden – erstens weil sie mehr Erfahrung mit solchen Auswahlverfahren haben als das Management, zweitens weil solche Vorarbeiten üblicherweise von den Beratern gemacht werden.

**Führungsverständnis der Auswählenden**

Einen ersten Eindruck von deren Menschenbild und Führungsverständnis können Sie sich bei der Vorstellung des Verfahrens bilden, an der die Berater vermutlich aktiv teilnehmen werden. Dort können Sie sich ein Bild davon machen, ob es sich eher um „Hardliner", um „Softies" oder um „Manipulateure" handelt. Zusätzliche Hinweise zur „Philosophie" der Beratungsfirma finden Sie mit großer Wahrscheinlichkeit auf deren Homepage im Internet.

Das letzte Wort darüber, wie die Kriterien formuliert und vor allem angewendet werden, hat indes das Management. Und dessen Führungsverständnis werden Sie ja kennen (bzw. in Erfahrung bringen können). Wobei entscheidend ist, nicht nur auf die Worte, sondern auch auf die Taten zu schauen.

## Unterschiedliche Aufgaben – unterschiedliche Anforderungen. Theoretisch.

Eigentlich müssten bei der Ausarbeitung der Anforderungen Unterschiede zwischen unterschiedlichen Führungspositionen berücksichtigt werden. Zum einen funktional, weil die Anforderungen an einen Manager im Vertrieb natürlich nicht dieselben sind wie die an einen im Controlling oder in der Produktion. Zum anderen vertikal, weil die

**Erfolgsfaktoren der jeweiligen Funktion**

Anforderungen an obere und oberste Führungspositionen sich in mancher Hinsicht grundlegend von denen an mittlere Führungsebenen unterscheiden.

(Darauf hebt etwa die Unterscheidung zwischen „Managing" und „Leading" ab, die in den letzten Jahren aus den USA zu uns gekommen ist und die zwar in der Formulierung etwas diskriminierend, aber im Kern durchaus treffend ist: Auf den obersten Ebenen geht es tatsächlich mehr darum, Visionen und strategische Ziele zu entwickeln und sie dann überzeugend und vor allem beharrlich in das Unternehmen hineinzutragen. Dagegen geht es auf den mittleren Ebenen mehr darum, die von oben vorgegebenen Ziele effizient und sozialverträglich umzusetzen.)

Statt diese Besonderheiten einzuarbeiten, wird, wie bei Auswahl- und Beurteilungssystemen auch, häufig versucht, einen einheitlichen Maßstab über das ganze Unternehmen hinweg zu definieren. Das ist zwar möglich – aber nur um den Preis, all die Dinge weg-

**Einheitliche Maßstäbe – und ihr Haken**

zukürzen, die das Besondere der jeweiligen Funktion ausmachen. Was zwar sehr gebräuchlich, aber im Grunde ein seltsames Vorgehen ist: Niemand würde auf die Idee kommen, einen Manager aus der Produktion erst in den Vertrieb, dann ins Controlling und schließlich in die Entwicklung zu versetzen. Doch bei Auswahl- und Beurteilungskriterien wird ganz selbstverständlich so getan, als gälten überall die gleichen Kriterien. Mit der Folge, dass man die besonderen Anforderungen bei der Auswertung der Ergebnisse „hineindiskutieren" muss, um zu verhindern, dass das gleichmacherische System allzu großen Unfug produziert.

Wie auch immer: Versuchen Sie zu klären, ob in den Kriterien Unterschiede zwischen verschiedenen Hierarchie- und Funktionsebenen gemacht werden oder ob alle über einen Kamm geschoren werden. Denn dann sollten Sie zwar in den Anforderungen, die für Ihre angestrebte Position wichtig ist, möglichst viele Punkte machen, dürfen sich aber auch in den Anforderungen, die für Ihren Job eher nebensächlich sind, keine gravierenden Schwächen erlauben.

## Wenn die Kriterien nicht bekannt sind

Der Vorteil, den sich Unternehmen bzw. manche Berater davon versprechen, dass sie die Auswahlkriterien geheim halten, ist, dass das Verfahren dann schwieriger zu durchschauen ist. Also sei es, so die Logik, auch schwieriger, sich gezielt vorteilhaft verkaufen.

Mit dieser Herangehensweise geben Management und Berater tiefen Einblick in ihr Führungsverständnis: Sie behandeln die nachgeordneten Führungsebenen als Schachfiguren, die sie durch vermeintlich clevere Nicht-Information steuern und kontrollieren wollen. Die unausgesprochene Instruktion lautet: „Geben Sie sich ganz einfach so wie sie sind – wir suchen uns dann diejenigen von Ihnen heraus, die uns am besten gefallen!" Natürlich ist ein solcher Appell in die Naivität der Teilnehmer in sich selbst recht naiv. Denn die Betroffenen werden keine Lust haben, sich wie Lämmer zur Schlachtbank führen zu lassen. Der tatsächliche Effekt solcher Geheimniskrämerei ist ein daher zusätzlicher und völlig unnötiger Anstieg von Ängsten, Gerüchten, Spekulationen und Aufregung – und zusätzliche Absetzbewegungen.

**Manipulatives Konzept**

Doch so ärgerlich und entlarvend es ist, wenn die Kriterien nicht bekannt gegeben werden, beunruhigen müssen Sie sich deswegen nicht. Denn diese Kriterien sind nicht so geheimnisvoll, dass man sie sich nicht mit einem bisschen gesundem Menschenverstand selber zusammenreimen könnte. Schließlich geht es um eine Fragestellung, die seit Jahrzehnten vielfach erforscht und untersucht worden ist, nämlich die, was erfolgreiche Führung eigentlich ausmacht und worauf es dabei ankommt. Und da hat sich im Laufe der Zeit in einer Mischung von Forschung und Zeitgeist ein Kanon von Kriterien herausgebildet, der mit an Sicherheit grenzender Wahrscheinlichkeit auch in Ihrem Auswahlverfahren zugrunde gelegt wird.

**Die Kriterien liegen auf der Hand**

## So erschließen Sie die Auswahlkriterien

Im Grunde sind Sie mit diesen Kriterien längst vertraut. Sie sind mit ihnen nicht nur in dem einen oder anderen Führungs- und Kommunikationstraining in Berührung gekommen, sondern auch in mehr oder weniger jedem Heft der Management-Magazine, die Sie jemals in die Hand gekommen haben. Dazu kommt Ihre eigene Führungserfahrung, die Sie ja auch an der einen oder anderen Stelle gelehrt hat, was funktioniert und was nicht. Zusätzlich haben Sie sich mit diesen Kriterien auseinander gesetzt, wenn Sie jemals an der Auswahl von Führungskräften oder Führungsnachwuchs mitgewirkt haben. Doch selbst wenn nicht: Eine gewisse Vertrautheit mit dem Thema dürfen Sie sich ruhig zubilligen.

Mit ziemlicher Sicherheit ist denen, die diese geheimgehaltenen Kriterien zusammengestellt haben, auch nichts fundamental Neues eingefallen. Allenfalls haben sie die altvertrauten Kriterien ein bisschen neu abgemischt und in ein modischeres Gewand gekleidet. Statt von „Sozialer Kompetenz" ist dann vielleicht von „Emotional Intelligence" die Rede – was soll's. An den Indikatoren ändert sich dadurch ohnehin nichts.

In dem Kasten auf den folgenden drei Seiten finden Sie eine Übersicht der gebräuchlichsten Anforderungen/Erfolgskriterien für Führungskräfte sowie jeweils einige Indikatoren. Die allermeisten werden Sie – in leicht unterschiedlicher Formulierung – in den Auswahl- und Beurteilungskriterien der meisten größeren Unternehmen wiederfinden. Lassen Sie sich von unterschiedlichen Begrifflichkeiten nicht irre machen. Der wichtigste Unterschied in der Praxis dürfte sein, dass das Modell bei den einen etwas „softer" und bei den anderen etwas „tougher" gespielt wird. Das heißt, bei den „harten Kerlen" tauchen Begriffe wie „Empathie" und „Wertschätzung" nicht auf, bei den „Softies" fehlen Begriffe wie „Durchsetzungsvermögen" und „Kontrolle".

**Die gebräuchlichsten Anforderungen**

# Typische Anforderungen an Führungskräfte

Hier sind die wichtigsten Anforderungen an Führungskräfte zusammengestellt, die bei der Auswahl und Beurteilung häufig verwendet werden. Die in Klammern genannten Formulierungsvarianten sind zum Teil fast bedeutungsgleich, zum Teil verschieben sie auch die Schwerpunkte, oder sie decken zusätzliche Aspekte mit ab oder klammern andere aus. Zu jeder Anforderung werden beispielhaft einige Indikatoren angegeben, also beobachtbare Verhaltensweisen oder andere nachprüfbare Fakten, an denen sich die Erfüllung der Kriterien festmachen lässt. Diese Liste ist nicht vollständig. Zu jedem Kriterium lassen sich theoretisch beliebig viele Indikatoren benennen; die aufgeführten Beispiele sollen Ihnen den Charakter und Aufbau von Indikatoren veranschaulichen.

## Analytisches Denken und Arbeiten
(verwandt: Problemlösen, Urteilsvermögen, Strategisches Denken)
- Entscheidet wichtige Dinge nicht spontan, sondern erst, wenn er die wesentlichen Fakten und Zusammenhänge kennt.
- Entwickelt Analyseansätze, um Problemen auf den Grund zu gehen.
- Strukturiert Probleme so, dass Komplexität reduziert wird und praktikable Handlungsansätze entstehen.

## Unternehmerisches Denken und Handeln
(verwandt: Ergebnisorientierung, Biss)
- Setzt und begründet Ziele/Prioritäten orientiert am mittel- und langfristigen Ergebnis.
- Erkennt Entwicklungen frühzeitig, entwickelt entsprechende Strategien und Maßnahmen und setzt sie so um, dass daraus Wettbewerbsvorteile entstehen.
- Probiert neue Dinge aus; übernimmt gute Ideen von anderen schnell und passt sie auf die eigene Situation an.

## Eigeninitiative
(auch: Innovationsfähigkeit, innovatives Handeln)
- Erkennt von sich aus Verbesserungspotenziale und ungelöste Probleme und macht sie bei Mitarbeitern und Kollegen zum Thema.
- Entwickelt von sich aus neue Ideen, Methoden und Lösungen, die zur Verbesserung von Prozessen und Ergebnissen beitragen, und treibt deren Realisierung voran.
- Bezieht Mitarbeiter, Kollegen und Kunden in die Entwicklung von Lösungen sowie in deren Umsetzung ein, und schafft in seinem/ihrem Umfeld ein Klima, das zu innovativem Denken und Handeln ermutigt.

## Entscheidungsfähigkeit
(auch: Entscheidungsbereitschaft, Risikobereitschaft)
- Trifft Entscheidungen sachorientiert und nutzt das vorhandene Know-how; die aufgewendete Sorgfalt entspricht der Tragweite der jeweiligen Entscheidung.

- Bezieht andere in die Entscheidungsfindung ein, übernimmt aber die Verantwortung für die endgültige Entscheidung.
- Stellt sicher, dass Entscheidungen zügig umgesetzt werden.

## Kundenorientierung
(auch: Serviceorientierung)
- Betrachtet Aufgaben und Problemstellungen aus dem Gesichtspunkt, inwieweit sie dem Kunden nützen.
- Setzt Prioritäten nach dem Kriterium, was den größten Effekt auf die Leistung im Markt/beim Kunden hat.
- Spricht mit Kunden darüber, wie sich ihre Bedürfnisse weiterentwickeln, und strebt danach, neuartige Lösungen mit zusätzlichem Nutzen für sie zu finden.

## Selbstsicherheit
(auch: Selbstvertrauen, überzeugendes Auftreten)
- Äußert Wünsche und Erwartungen klar und ohne „Weichmacher"/Abschwächungen.
- Reagiert auf Widerspruch gelassen und ohne eilfertige Anpassung.
- Sucht Mängel und Versäumnisse nicht ausschließlich bei anderen, sondern ist auch bereit, eigene Fehler einzugestehen und dort, wo er/sie der Kritik beipflichtet, Korrekturen vorzunehmen.

## Kommunikationsfähigkeit
(verwandt: Kontaktfreude, Kontaktfähigkeit, Networking)
- Geht auf Menschen zu; ist häufig derjenige, von dem im Kontakt die Initiative ausgeht.
- Gilt als eine Person, mit welcher man gern zusammenarbeitet.
- Erfährt neue Entwicklungen frühzeitig aus seinem/ihrem Kontaktnetzwerk.

## Überzeugungsvermögen
(aggressiver: Durchsetzungsvermögen)
- Stellt seine Argumentation auf die Interessen und den Nutzen seiner Gesprächspartner ab.
- Greift die Einwände und Vorbehalte seiner Gesprächspartner auf, geht ihnen auf den Grund und räumt sie durch sorgfältige und punktgenaue Argumentation aus.
- Gesprächspartner fühlen sich verstanden und persönlich angesprochen.

## Führungskompetenz
- Mitarbeiter kennen und teilen die mittelfristigen Zielvorstellungen ihrer/s Vorgesetzten und des Unternehmens; sein/ihr Handeln ist für die Mitarbeiter nachvollziehbar.
- Mitarbeiter wissen, was konkret der/die Vorgesetzte an ihnen schätzt bzw. nicht schätzt und wo er/sie Verbesserungen erwartet.
- Verlangt vollen Einsatz und ständige Weiterentwicklung von den Mitarbeitern („Fördern durch Fordern").

## Zielbildung, Delegation, Kontrolle

(zuweilen in Führungskompetenz enthalten)

■ Vereinbart Ziele mit den Mitarbeitern; die vereinbarten Ziele sind nachprüfbar und terminiert, erreichbar und anspruchsvoll.

■ Seine/ihre Mitarbeiter arbeiten weitgehend eigenverantwortlich; sie kennen ihre Kompetenzen und nutzen sie. Versuche von Rückdelegation sind selten und erfolglos. Erteilt keine unerbetenen Ratschläge.

■ Kontrolliert die Aufgabenerfüllung in Abhängigkeit von der Brisanz des Themas und dem Leistungsniveau des Mitarbeiters; seine/ihre Kontrolle ist nicht demotivierend, sondern unterstützend und ermutigend.

## Motivation

(zuweilen in Führungskompetenz enthalten)

■ Mitarbeiter sehen den Sinn ihrer Aufgabe und identifizieren sich mit ihm.

■ Versteht persönliche Ziele der Mitarbeiter und bringt sie in sinnvolle Verbindung mit den Gesamtzielen.

■ Schont Mitarbeiter nicht, sondern fordert sie immer wieder neu.

■ Nimmt besondere Leistungen wahr und würdigt sie.

## Konfliktfähigkeit

■ Klärt Erwartungen und lässt keine falschen Erwartungen entstehen.

■ Spricht insbesondere bei Problemen nicht über Menschen, sondern mit ihnen.

■ Steht auch zu unpopulären Entscheidungen und versteckt sich nicht hinter Vorgesetzten oder Gremien.

■ Erkennt Widerstände frühzeitig und setzt sich aktiv mit ihnen auseinander.

## Veränderungskompetenz

(auch: Change Guidance, Management von Veränderungsprozessen)

■ Ist aufgeschlossen für Veränderungen und gestaltet sie aktiv mit; verharrt nicht im Bestehenden, sondern richtet sein/ihr gesamtes Handeln auf die veränderte Situation aus.

■ Artikuliert bei Veränderungen nicht nur Risiken und Schwierigkeiten, sondern sucht nach dem Nutzen und nach möglichen Wegen der Realisierung.

■ Gewinnt Mitarbeiter und Kollegen dafür, Veränderungen mitzutragen.

## Lernbereitschaft/Weiterentwicklung

■ Reagiert interessiert auf Feedback und Kritik, hört aufmerksam zu und fragt klärend nach; fragt von sich aus nach Anregungen, Kritik, Feedback und setzt sich damit auseinander.

■ Entwickelt sich tatsächlich weiter (= Veränderungen, die von der Umgebung bemerkt werden).

■ Formuliert selbständig seinen/ihren Entwicklungsbedarf und bespricht ihn mit dem/der Vorgesetzten.

■ Bildet sich in Eigeninitiative weiter.

## Vorbereitung auf die Kriterien:
## Eine Mischung aus Empathie und Fleißarbeit

Für jedes Kriterium, das Ihnen entweder offiziell kommuniziert wurde oder das Sie, wie zuvor beschrieben, erschlossen **Eine** haben, sollten Sie eine Strategie haben, wie Sie mit Fakten **Strategie** davon überzeugen, dass sie es erfüllen. Das setzt voraus, **der** dass Sie sich erstens mit den möglichen Indikatoren ausein- **„Beweis-** ander gesetzt haben und sich zurecht gelegt haben, welche **führung"** Belege Sie für seine Erfüllung anbieten können – sei es in **entwickeln** der Art, wie Sie auf Fragen oder Aufgabenstellungen reagieren, sei es durch Vorerfahrungen oder Beispiele, die Sie aktiv von sich aus anführen, wenn sich eine günstige Gelegenheit dazu ergibt.

Nicht bei jedem Kriterium müssen Sie es darauf anlegen, zu beweisen, dass Sie zur absoluten Spitze zählen. Wichtiger ist, dass Sie sich keinen Totalausfall leisten. Mit dem ehrlichen Eingeständnis, auf einem bestimmten Gebiet schwach zu sein, würden Sie sich eher schaden. Entwaffnende Ehrlichkeit mag Einzelpersonen **Auf jedes** beeindrucken – in einem formalisierten Auswahlprozess, **einzelne** an dessen Ende die Punkte zusammengezählt werden, **Kriterium** reduziert sie den Gesamtwert. Also bereiten Sie sich auf die **vorbereiten** Kriterien, die nicht Ihr Heimspiel sind, besonders sorgfältig vor. Sammeln Sie dort Pflichtpunkte – und räumen Sie dort, wo Ihre Stärken liegen, die Maximalpunktzahl ab.

Arbeiten Sie für jedes einzelne Kriterium die folgenden Fragen durch:

- Welche Anhaltspunkte dafür, dass Sie das Kriterium erfüllen, ergeben sich aus Ihrem Werdegang oder können daraus abgeleitet werden?

- Welche konkreten Beispiele aus den letzten Jahren belegen, dass Sie auf diesem Gebiet gut sind?

- Woraus könnte man bei Ihrer Beantwortung von Fragen und/oder der Bearbeitung von Testaufgaben oder Fallstudien Rückschlüsse auf die Erfüllung der Kriterien ziehen?

- An welchen beobachtbaren Verhaltensweisen im Gespräch könnte sich der Interviewer ein Bild davon machen, wie gut Sie das Kriterium erfüllen?

- Welche beobachtbaren Verhaltensweisen könnten in einem Assessment Center Anhaltspunkte für die Erfüllung geben?

Längst nicht alles Material, das Sie auf diese Weise sammeln, werden Sie im Auswahlverfahren tatsächlich anbringen können. Und das sollten Sie auch gar nicht anstreben, weil Sie sonst in der Gefahr sind, übereifrig, musterschülerhaft und nervig zu wirken. Doch hilft Ihnen diese Vorbereitung, sich optimal auf die Kriterien einzustellen und für die unterschiedlichsten Situationen im Auswahlverfahren genügend Pfeile im Köcher zu haben.

## Wie Sie mit Katastrophen-Phantasien umgehen

Möglicherweise wird es Ihnen im Vorfeld des Auswahlverfahrens so gehen wie früher bei der Vorbereitung auf Prüfungen: Sie liegen nachts wach und quälen sich mit der Vorstellung, wie wenig beherrschbar die Situation ist und was für Konsequenzen es haben kann, wenn Sie scheitern. Nach einer Weile versuchen Sie, sich zu beruhigen, indem Sie sich einreden, dass Ihre Chancen so schlecht ja auch wieder nicht sind.

Doch die Katastrophen-Phantasien kommen wieder: Was, wenn Sie nach dem Auswahlverfahren auf der Straße stehen? Um sich einfach zur Ruhe zu setzen, reichen Ihre Ersparnisse nicht aus. Das Haus ist noch nicht abbezahlt. Kinder und Ehepartner haben Ansprüche, und auch Sie selbst haben sich an einen gewissen Lebensstandard gewöhnt. Gut, für eine Weile würde das Geld reichen, aber nach ein paar Monaten droht der Absturz.

Freunde, denen Sie von Ihren Sorgen erzählen, versuchen Sie aufzumuntern. „Mach dir nicht so viele Gedanken, das haben schon ganz andere überstanden!" Manche meinen es besonders gut und versichern Ihnen, dass sie an Sie glauben: „Du bist doch gut! Ich bin hundertprozentig sicher, dass du es schaffst!" Das tut gut und wirkt für eine Weile beruhigend. Doch bald macht es zusätzlichen Druck: Wie enttäuscht werden diese Leute von Ihnen sein, wenn Sie doch versagen!

Um die lähmende Wirkung von Katastrophen-Phantasien aufzulösen, hilft das Verleugnen der Bedrohung ebenso wenig wie Beschwörungsformeln. Hilfreich ist der umgekehrte Weg, nämlich, sich der Bedrohung zu stellen und sie zu Ende zu denken. Nützlich dafür sind die folgenden drei Schritte[13]:

---

13 Nach Dr. Hermann Bayer, Die Sprache Lehr- und Forschungsgesellschaft GmbH

1. **Den schlimmsten denkbaren Fall als reale Möglichkeit akzeptieren.**
Das heißt, den Tatsachen ins Gesicht zu sehen, statt weiter vergeblich zu versuchen, sie zu verdrängen: „Ja, es kann sein, dass ich in dem Auswahlprozess scheitere und hinterher ohne Job dastehe." Wie wahrscheinlich dies ist, steht auf einem anderen Blatt, aber an der Tatsache, dass es passieren kann, führt kein Weg vorbei.

2. **Den schlimmsten Fall in aller Konsequenz zu Ende denken.**
Angenommen, Sie fallen durch und verlieren Ihren Job, wie geht es dann weiter? Möglicherweise finden Sie relativ schnell einen neuen Job – aber das ist dann nicht der schlimmste Fall. Der schlimmste ist, dass Sie entweder länger suchen müssen oder gar keinen adäquaten Job mehr finden.

Auch wenn es Sie erschreckt, diesen Gedanken so offen auszusprechen, haben Sie den Mut, sowohl die finanziellen als auch die persönlichen Konsequenzen, die das für Sie hätte, bis zu Ende zu durchdenken. Mit Sicherheit wäre das sehr unschön; Sie wären zu drastischen Einsparungen in Ihrer Lebensführung gezwungen und müssten auch manches, was Ihnen wichtig ist, aufgeben. Aber vermutlich müssten Sie dennoch nicht unter Brücken schlafen.

Es ist durchaus empfehlenswert, einmal alleine oder zusammen mit Ihrem Ehepartner und Ihrer Familie einen „Notfallplan" für den schlimmsten Fall zu machen. (Machen Sie sich keine Sorgen, Ihren Partner damit zu beunruhigen – mit großer Wahrscheinlichkeit ist er längst zutiefst beunruhigt, weil er Ihre Ängste spürt, und spricht es nur nicht an, um Sie nicht zusätzlich zu belasten.)

Durchdenken Sie auch die persönlichen Konsequenzen, die eine längere Arbeitslosigkeit auf Sie hätte. Vermutlich würden Sie es nicht befriedigend finden, jeden Tag nur darauf zu warten, dass es dunkel wird. Worin könnten neue Ziele und Aufgaben für Sie bestehen?

So erschreckend diese Fragen und Gedanken zunächst sein mögen, wenn Sie sich intensiver damit auseinander gesetzt haben, werden Sie spüren, dass allmählich eine gewisse Beruhigung in Ihnen einkehrt. Wenn Sie „den Boden gefunden" haben, löst sich die unterschwellige Panik auf, ins Bodenlose zu fallen. Und Ihr Kopf wird damit wieder frei für neue Gedanken.

3. **Alles erforderliche tun, um einen positiven Verlauf zu erreichen.**
Wenn diese innere Entlastung erreicht ist – und erst dann! –, wenden Sie sich wieder ihrer Vorbereitung zu, wie in diesem Buch beschrieben, und tun auf diese Weise alles, damit nicht der schlimmste, sondern der beste Fall Wirklichkeit wird.

# Tipps für das Auswahlverfahren selbst

Auch wenn die Bedeutung des ersten Eindrucks manchmal etwas übertrieben dargestellt wird: Richtig ist schon, dass die ersten Minuten eine wichtige Weichenstellung sind. Zwar entscheidet sich in dieser Anfangsphase nicht das Ergebnis des Gesprächs, aber immerhin die persönliche Beziehung zwischen den Gesprächspartnern: Sympathie und Antipathie, Befürchtungen und Hoffnungen, Gleichwertigkeit oder Asymmetrie der Beziehung usw. Und das hat natürlich einigen Einfluss auf Verlauf und Ergebnis des Gesprächs, auch wenn es dieses noch lange nicht vorweg nimmt.

## Wie Sie den ersten Eindruck gestalten

Wenn der erste Eindruck, wie immer wieder behauptet wird, unveränderlich wäre, gäbe es wohl weniger Scheidungen und Trennungen auf der Welt. Doch ist klar, dass Sie eine sehr viel bessere Ausgangsbasis haben, wenn Sie auf einen positiven ersten Eindruck aufbauen können, als wenn Sie gegen wechselseitige Antipathie oder sonstige Spannungen ankämpfen müssen.

Aber hat man auf den ersten Eindruck überhaupt einen Einfluss? Entzieht sich das, was sich da emotional in den ersten Sekunden und Minuten abspielt, nicht unserer Kontrolle? In der Tat ist der erste Eindruck das Resultat einer sehr komplexen Interaktion, in der innerhalb kürzester Zeit eine Fülle von Beziehungsbotschaften wahrgenommen und gesendet werden. Im Grunde handeln die Beteiligten in dieser kurzen Zeitspanne aus, wie sie zueinander stehen und wie sie miteinander umgehen wollen. Finden sie einen gemeinsamen Nenner, mit dem beide zufrieden sind, nennt man das Sympathie, Arbeitsbeziehung oder zumindest positive Neutralität; finden sie ihn nicht oder ist einer von beiden mit dem Ergebnis unzufrieden, nennen wir das, je nachdem, Antipathie, Abneigung, Rivalität oder ein aus anderen Gründen „gespanntes Verhältnis".

**Eine vorbewusste „Vertragsverhandlung"**

Obwohl diese „Vertragsverhandlungen" weitgehend unbewusst bzw. vorbewusst ablaufen, sind sie maßgeblich beeinflusst von der Art, wie wir über die andere Person denken und wie wir uns ihr gegenüber fühlen. (Und umgekehrt.) Während wir aber auf die Art, wie der andere uns wahrnimmt, keinen unmittelbaren Einfluss haben, können wir durchaus ein Stück weit steuern, wie wir selbst ihn wahrnehmen und behandeln. Und damit besitzen wir indirekt auch einen gewissen Einfluss auf sein Verhalten. Denn wenigstens ein Teil seines Verhaltens ist seine Reaktion auf unser Beziehungsangebot – also das Echo unserer eigenen Signale.

Was heißt das konkret? Es heißt vor allem, den ersten Eindruck nicht einfach geschehen zu lassen, sondern ihn aktiv zu gestalten. Bei einem wichtigen neuen Kunden oder einer attraktiven Person des bevorzugten Geschlechts würden wir den ersten Eindruck ja auch nicht dem Zufall überlassen, sondern uns aktiv um eine positive Wirkung bemühen – angefangen mit der Wahl der Kleidung und anderen dekorativen Maßnahmen. Weiter würden wir uns bemühen, durch eine aufrechte, zugewandte Körperhaltung, strahlendes Lächeln und charmantes Auftreten einen positiven Ersteindruck zu hinterlassen.

**Den ersten Eindruck aktiv gestalten**

Übertragen Sie das ruhig auf die Interview-Situation. Es macht absolut Sinn, auf den Interviewer etwa in der gleichen Weise zuzugehen wie auf einen neuen Kunden, den Sie gerne für sich gewinnen würden. Das heißt selbstbewusst, freundlich, zugewandt, interessiert, ohne Anbiederung und Unterwürfigkeit, aber auch ohne Arroganz und Wurstigkeit.

Das mag selbstverständlich klingen, jedenfalls wenn Sie Vertriebserfahrung haben. Doch unter Druck, wenn sie unsicher sind und sich bedroht fühlen, verhalten sich viele Menschen völlig anders. Ihr erstes Auftreten ist defensiv: Statt zu versuchen, den anderen für sich zu gewinnen, sind sie eher bestrebt, Zurückweisungen und andere unangenehme Erfahrungen zu vermeiden. Das heißt, sie verhalten sich abwartend, vorsichtig, kühl bis abweisend, uncharmant und tendenziell humorlos. Oder sie spielen den starken Mann, tun so, als ob ihnen die ganze Sa-

**Unter Druck defensive Tendenzen**

che zutiefst gleichgültig wäre, und wirken teilnahmslos, desinteressiert oder sogar überheblich. Manche lassen sich auch deutlich anmerken, dass sie die Situation als persönliche Zumutung empfinden, oder verhalten sich lauernd, wie ein unterlegener Boxer, der einen Angriff erwartet. So oder so – die allerbeste Voraussetzung für einen guten ersten Eindruck ist das natürlich nicht.

Haben Sie daher keine Scheu, aktiv und freundlich auf Ihren Interviewer zuzugehen. Er darf Ihnen ruhig anmerken, dass Sie den Job wollen – damit vergeben Sie sich ebenso wenig etwas wie wenn der Kunde merkt, dass Sie den Auftrag wollen. Selbst wenn er mitbekommt, dass Sie ein bisschen nervös sind, ist das kein Nachteil – viel interessanter ist, wie Sie mit der Stresssituation umgehen. Hier haben Sie die Chance, bei Auswahlkriterien wie Kommunikationsfähigkeit und Belastbarkeit schon die ersten Punkte zu sammeln.

**Auf den anderen zugehen**

## Der zweite erste Eindruck und seine Risiken

Etwas anders stellt sich die Sache dar, wenn Sie den Interviewer schon kennen – sei es, dass er aus dem gleichen Unternehmen kommt wie Sie oder dass Sie ihm bei einer anderen Gelegenheit schon begegnet sind. Gemäß dem englischen Sprichwort, dass man keine zweite Chance habe, einen guten ersten Eindruck zu machen, könnte man meinen, dass die Sache in diesem Falle schon passé sei. Doch das ist nur die halbe Wahrheit. Zwar ist der erste Eindruck in diesem Fall in der Tat schon gelaufen. Bei dem „zweiten ersten Eindruck" geht es nun darum, ob man eine tragfähige Basis findet, gemeinsam mit der ungewohnten Situation umzugehen, und ob man sich gegenseitig in der besonderen Rolle akzeptiert.

**Wenn Sie den Interviewer bereits kennen**

Das kann vor allem dann kritisch werden, wenn der Interviewer auf einer ähnlichen hierarchischen Stufe ist wie Sie und/oder Sie ihm innerlich das Recht absprechen, über Ihre Fähigkeiten und Ihre Eignung für den angestrebten Job zu urteilen. Auch wenn Sie es nicht offen sagen, wird dies im Zweifelsfall in Ihrem Verhalten zum Ausdruck kommen – z. B. dadurch, dass Sie spätestens auf die zweite insistierende Frage mit einem leicht indignierten oder patzigen Unterton reagieren.

Das birgt die Gefahr, unversehens in einen Konflikt hineinzustolpern, der ziemlich unangenehme Folgen für Sie haben kann. Denn wenn Sie dem Interviewer zeigen, dass Sie ihn in seiner **Konflikt-** Rolle nicht akzeptieren, zwingen Sie ihn förmlich dazu, sei-**potenzial** ne Position zu behaupten und sich durchzusetzen – notfalls mit brachialen Mitteln. Und selbst wenn Sie einen Punktsieg erzielen sollten, wird er Ihnen dies mit einiger Wahrscheinlichkeit bei der Auswertung der Interviews heimzahlen. Dagegen können Sie theoretisch protestieren – ob Ihnen das viel nützt, ist allerdings sehr fraglich; Sie kommen dadurch allenfalls in den Geruch, jemand zu sein, der „die Regeln nicht akzeptiert".

Gerade wenn Sie den Interviewer kennen, sollten Sie daher vom ersten Moment an durch verbindliches und kooperatives Verhalten deutlich machen, dass Sie die Situation so, wie sie ist, akzeptie-**Die Rollen-** ren und nicht vorhaben, die Rolle Ihres Interviewers in **verteilung** Frage zu stellen. Das wird Ihnen dann am besten gelingen, **akzeptieren** wenn Sie sich mit der Situation schon im Vorfeld auseinander gesetzt haben – in der Regel werden Sie einige Zeit vor den Gesprächen erfahren, wer Ihre Interviewer sein werden – und sich definitiv entscheiden, die Situation, so wie sie ist, zu akzeptieren. Gleich was Sie von der Kompetenz des Interviewers halten: Im Moment hat er den Job, eine Beurteilung Ihrer Eignung abzugeben, und es verschlechtert nur Ihre Chancen, wenn Sie dies in Frage stellen.

## So stellen Sie sich auf den Interviewer ein

Die meisten Interviewer (und desgleichen die meisten Beobachter in einem eventuellen Assessment Center) werden, wie schon erwähnt, Mitglieder des oberen und obersten Managements sein. Diese Spezies ist in der Regel dominant, ungeduldig und nicht sonderlich an Details interessiert. Es ist daher empfehlenswert, in der eigenen Argumentation schnell auf den Punkt zu kommen; weiter empfiehlt sich, vor allem auf klare Strukturierung und das „Big Picture" zu achten und nur dann ins Detail zu gehen, wenn der Interviewer sein Interesse daran signalisiert.

**Rasch auf den Punkt kommen**

Dominanz geht in der Regel mit einem hohen Redeanteil und der Tendenz, andere zu unterbrechen, einher. Werden Sie daher nicht nervös, wenn der Interviewer viel redet und Ihnen kaum Gelegenheit gibt, Ihre Punkte an den Mann zu bringen. Fügen Sie die Belege für Ihre Eignung dann am besten als kurze zustimmende Statements an seine Aussagen an. Andere Kandidaten werden bei diesem Interviewer auch nicht mehr zu Wort kommen – am Schluss zählt nicht die absolute Zahl der gemachten Punkte, sondern Ihre Differenz zu anderen Kandidaten.

**Die Differenz zählt**

Doch damit enden die Gemeinsamkeiten auch schon. Manche Interviewer werden sich sehr verbindlich geben, andere eher ruppig; manche werden sich relativ eng an die vorgegebene Struktur halten, andere werden das Gespräch weitgehend nach eigenem Gusto gestalten; einige werden Sie vielleicht einem strengen Examen unterziehen, während andere bemüht sein werden, jeden Prüfungscharakter zu vermeiden.

Möglicherweise hat die Person auf der anderen Seite des Tisches ein genau so großes Unbehaben wie Sie, Führungskräfte aufgrund eines ein- bis zweistündigen Gespräches auswählen zu müssen. Möglicherweise hat sie gerade erst vor ein paar Wochen ein ganz ähnliches Auswahlverfahren selbst durchlaufen und kann sich daher nur allzu gut in Ihre Lage versetzen. Unterstützen Sie Ihren Interviewer, wenn er Ihnen dazu Raum lässt, durch aktives, aber nicht zu ausführliches Kommunizieren dabei, sich davon zu überzeugen, dass Sie die Anforderungen erfüllen.

Die Kunst besteht darin, sich flexibel auf die unterschiedlichen Stile der Interviewer einzustellen, ohne dabei die eigene Persönlichkeit zu verleugnen oder sich gar zu verbiegen. Dazu kann es hilfreich sein, sich schon im Vorfeld mit unterschiedlichen Interviewer-Typen auseinander zu setzen.

**Flexibilität ohne Selbstverleugnung**

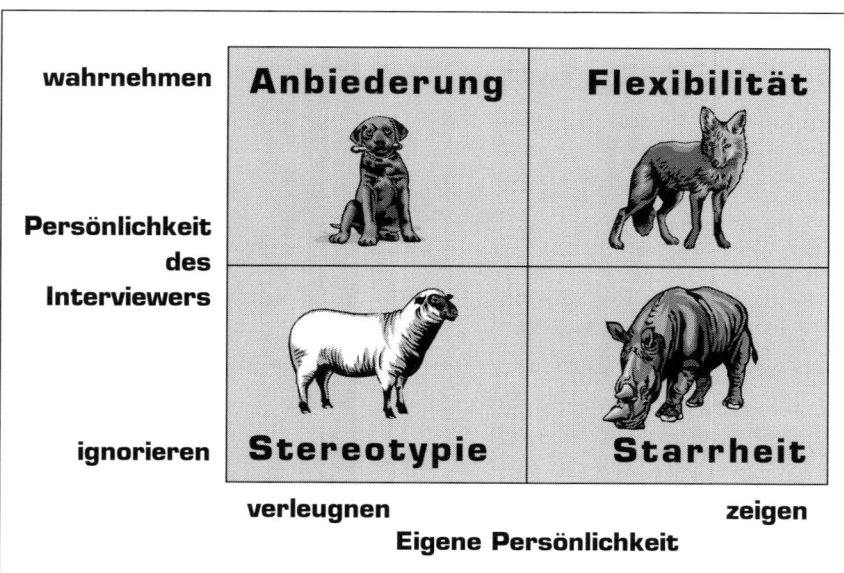

| | Anbiederung | Flexibilität |
|---|---|---|
| **wahrnehmen** | | |
| **Persönlichkeit des Interviewers** | | |
| **ignorieren** | **Stereotypie** | **Starrheit** |

verleugnen · zeigen

**Eigene Persönlichkeit**

Finden Sie den Stil des Interviewers heraus und stellen Sie sich auf ihn ein, indem Sie zum Beispiel auf folgende Gesichtspunkte achten:

- Wie ausführlich sind die Antworten, die der Interviewer von Ihnen erwartet? Wo reagiert er eher mit Ungeduld, worauf steigt er mit Zusatzfragen oder eigenen Anmerkungen ein?

- Erwartet der Interviewer eher Statements (d.h. Behauptungen ohne Begründung – „So ist es!") oder eher eine begründende Argumentation? (Ersteres testet eher „Business Judgement/Urteilsvermögen", letzteres eher „Analytisches Denken".)

- Misst er Aussagen primär an der Übereinstimmung mit seiner eigenen Sichtweise („Vorurteilskonformität") oder ist er interessiert an abweichenden Positionen und neuen Argumenten?

- Kann man mit ihm diskutieren oder will er eher seinen Fragenkatalog abarbeiten?

- Ist er neugierig auf persönliche Besonderheiten oder geht es ihm in erster Linie um Ihren Fit mit den definierten Kriterien?

Je nach Interviewer-Typ sollten Sie Ihre Belege dafür, dass Sie die Auswahlkriterien erfüllen, unterschiedlich einkleiden: Bei einem kommunikativen Gesprächspartner kann es genau die richtige Strategie sein, wenn Sie dies mit der einen oder anderen passenden Anekdote belegen – bei einem Interviewer, der dazu neigt, Sie spätestens im zweiten Satz zu unterbrechen, wird dies kaum möglich sein. Hier müssen Sie Ihre Belege eher mit kurzen Statements verkaufen.

## Der letzte Schritt: Loslassen

Sie haben nun eine Menge dafür getan, sich optimal auf das Auswahlverfahren vorzubereiten. Nun fehlt nur noch ein letzter mutiger Schritt: Treten Sie einen Schritt zurück und vertrauen Sie darauf, dass die geleistete Arbeit ihre Wirkung entfaltet. Immerhin gehen Sie vermutlich mit einer sehr viel besseren Vorbereitung ins Rennen als die allermeisten Ihrer Konkurrenten. Und genau wie es bei Prüfungen ist es auch in diesem Fall nicht sinnvoll, bis zur letzten Minute zu lernen, weil man sonst in die Gefahr gerät zu verkrampfen. Irgendwann ist der Punkt erreicht, an dem es besser ist, etwas Abstand zu gewinnen und dem Unbewussten die Chance zu geben, seinen Teil der Arbeit zu tun.

Viel Erfolg!

# 7

# Wie Sie die externe Option optimal verfolgen

Spätestens nach Durcharbeiten des 2. Kapitels werden Sie ein Gefühl dafür haben, wie bedroht – oder umgekehrt: wie sicher – Ihr Job angesichts der Fusion oder Umstrukturierung ist. Möglicherweise mussten Sie bei nüchterner Betrachtung feststellen, dass Sie Ihren Job mit großer Wahrscheinlichkeit verlieren werden. Vielleicht kommen Sie nach Ihrer Analyse der Situation auch „nur" zu der Feststellung, dass Ihr Job nicht verloren, aber bedroht ist. Die Handlungsempfehlung ist in beiden Fällen die gleiche:

## Schauen Sie sich nach Alternativen um!

Nur die Dringlichkeit ändert sich: Während Sie es im zweiten Fall etwas ruhiger angehen können, sollten Sie im ersten Fall so schnell wie möglich alle Fühler ausstrecken, um Ihre Alternativen ken- **Alternativen** nen zu lernen, bevor Sie sich für eine neue Beschäftigung **bringen** entscheiden. Denn wenn Ihnen ein konkretes neues Ange- **Sicherheit** bot vorliegt und zugleich der alte Job zu Ende geht, kommen Sie in Zugzwang, und zwar umso mehr, je weniger Sie den Markt und Ihren Marktwert kennen. Dann wird es Ihnen aus reinen Sicherheitsüberlegungen schwer fallen, ein Angebot abzulehnen – selbst wenn es keine Begeisterung auslöst oder Sie sogar deutliches Unbehagen damit empfinden.

Entspannt zurücklehnen können Sie sich eigentlich nur dann, wenn Sie sich ziemlich sicher sein können, dass Sie Ihren Job behalten bzw. einen attraktiven neuen bekommen werden. Doch selbst dann ist ein bisschen Marktkenntnis kein Schaden – erstens, weil ein Blick über den Tellerrand immer gut ist, zweitens weil Fusionen und Umstrukturierungen Zeiten voller Überraschungen sind und ein gewisses „Restrisiko" in vielen Fällen bleibt.

Damit wir uns nicht missverstehen: Die Empfehlung, sich nach Alternativen umzuschauen, bedeutet nicht, dass Sie das Verfolgen Ihrer internen Chancen vernachlässigen sollten – im Gegenteil. Und noch weniger heißt es, dass Sie von sich aus kündigen sollten, sobald Sie Aussicht auf einen neuen Job haben (siehe Kapitel 9). Wie wir in Kapitel 6 festgestellt haben, liegt es keinesfalls in Ihrem Interesse, vor einer endgültigen Entscheidung die Zahl Ihrer Alternativen zu reduzieren. Sie werden sowohl an einem eventuellen Auswahlverfahren in Ihrem Unternehmen als auch an Verhandlungen mit Ihrem bisherigen oder möglichen neuen Arbeitgebern sehr viel unverkrampfter und selbstsicherer teilnehmen, wenn Sie wissen, dass Sie mindestens eine echte Alternative besitzen.

**Dafür sorgen, dass Sie Alternativen haben**

Für welche Alternative Sie sich am Ende entscheiden, ist die eine Sache – dafür zu sorgen, dass Sie überhaupt Alternativen haben, ist die andere und vorrangige.

# So entwickeln Sie eine Suchstrategie

Ein bisschen umgehört haben Sie sich inzwischen ja wahrscheinlich schon. Doch nun wird es ernst. Im ersten Schritt geht es jetzt darum, eine systematische Suchstrategie zu entwickeln. Denn wenn Sie nicht auf Zufallstreffer hoffen wollen, müssen Sie den für Sie relevanten Teil des Marktes möglichst genau ausleuchten. Das heißt, Sie müssen sicherstellen, dass Sie die für Sie interessanten Alternativen tatsächlich entdecken. Nichts wäre ärgerlicher, als wenn Sie kurz nach der Unterschrift unter einen neuen Vertrag feststellen müssten, dass Sie von einigen der interessantesten Jobs nicht rechtzeitig erfahren haben.

**Den relevanten Markt ausleuchten**

Eine systematische Suchstrategie besteht aus mehreren Elementen:

- Die geduldige und beharrliche Auswertung aller Quellen, die Hinweise auf interessante Jobs enthalten könnten;

- die Aktivierung Ihres Netzwerks;

- die Kontaktaufnahme zu ausgewählten Personalberatern;

- die direkte Ansprache von Unternehmen, denen Sie besonders großen Nutzen bieten können (Initiativbewerbungen).

Sehen wir uns diese Bausteine einmal etwas genauer an:

## Systematische eigene Recherchen

Dass Sie jeden Samstag die Stellenanzeigen in den wichtigsten überregionalen Zeitungen studieren, versteht sich von selbst. Je nachdem, in welcher Branche und Funktion Sie tätig sind, lohnt es sich, auch andere Kanäle in Ihre Recherchen einzubeziehen: Fachmagazine, internationale Presse, aber in wachsendem Ausmaß auch das Internet. Wobei Sie nicht nur auf die Jobbörsen schauen sollten, von denen fast wöchentlich neue aus dem Boden sprießen, sondern auch die Websites der Firmen, die für Sie in Frage kommen. Denn dort werden immer häufiger auch offene Stellen ausgeschrieben. Das sind zwar nicht die allerobersten Führungsebenen, doch die „obere Mitte" kann durchaus noch dabei sein.

Zahlreiche Hinweise auf interessante Jobs finden Sie aber nicht nur im „Stellenmarkt" am Wochenende, sondern bei aufmerksamem Lesen auch Tag für Tag im Wirtschaftsteil. Dort wird regelmäßig berichtet, welche Unternehmen größere Veränderungen planen und durchführen. Und da ist nicht nur von Kostensenkungsprogrammen die Rede, die beschäftigungsmäßig allenfalls für Einkäufer und Controller von Interesse sind, sondern zum Beispiel auch von der Gründung von Tochtergesellschaften (was, übersetzt in Jobs, den Neuaufbau einer Führungsmannschaft bedeutet), Joint Ventures (bedeutet häufig Ergänzungsbedarf), Umstrukturierungen (heißt veränderte Anforderungen, u.U. personelle Veränderungen sowie Ergänzungsbedarf). So betrachtet, sind zum Beispiel das *ManagerMagazin* oder die *Wirtschaftswoche*, obwohl sie kaum Stellenanzeigen enthalten, ebenso nützliche Quellen wie die Samstagsausgabe der *FAZ*.

**Den Wirtschaftsteil aufmerksam lesen**

Gewöhnen Sie sich deshalb an, alle Veränderungsvorhaben, von denen Sie in Zeitungen und Magazinen lesen, auf deren personelle Konsequenzen abzuklopfen: Für welche Funktionen dürfte diese Veränderung nachteilig sein? Für welche Qualifikationen könnte zusätzlicher Bedarf entstehen? Welche Anforderungen entstehen vermutlich neu?

Überall dort, wo Sie einen wachsenden oder neu entstehenden Bedarf für (ungefähr) Ihr Kompetenzprofil entdecken, besteht die Chance zu einer Initiativbewerbung (siehe unten, Abschnitt 7.3). Wenn Sie diese Unternehmen ansprechen, besteht zwar das Risiko, dass man Sie auf die offizielle Stellenausschreibung vertröstet; es besteht aber auch die Chance, dass Sie, gerade weil Sie vor der offiziellen Ausschreibung in Erscheinung treten, mit offenen Armen empfangen werden und dabei fast ohne Konkurrenz zu einem neuen Job kommen.

**Wer hat Bedarf für Ihr Profil?**

Denn in der Praxis ist es häufig so, dass die Unternehmen bei solchen „Umbaumaßnahmen" sehr darunter leiden, dass die benötigten Führungskräfte aufgrund von Suchaufwand, Auswahlverfahren und

Kündigungsfristen oft erst viel zu spät zu Verfügung stehen. Wenn ausgerechnet in einer solchen Phase ein geeigneter Manager von sich aus anklopft, werden manche dies als Geschenk des Himmels ansehen. Natürlich würden sie trotzdem niemanden einstellen, an dessen Eignung sie Zweifel haben. Doch wenn Ihr Profil passt und Sie persönlich überzeugen, dann stehen die Chancen gut, dass Sie den Job bekommen, ohne überhaupt ein formales Auswahlverfahren durchlaufen zu müssen.

**Den Vorsprung nützen**

## Aktivieren Sie Ihr Netzwerk!

Im Laufe Ihres Berufslebens haben Sie unzählige Leute kennen gelernt. Zu einigen davon ist vermutlich auch eine persönliche Beziehung entstanden, die über reine Geschäftsroutine hinausgeht. Das muss nicht heißen, dass man sich privat trifft oder miteinander in Urlaub fährt – es genügt auch schon, dass man ein gutes Verhältnis zueinander hat und sich auf den nächsten Kontakt freut.

Es ist gut möglich, dass der eine oder andere aus diesem Personenkreis von Jobs weiß, die für Sie interessant sein könnten, oder innerhalb der nächsten Wochen davon erfahren wird. Und vermutlich wären die meisten davon bereit, Sie in solch einem Fall zu informieren, vielleicht auch einen Kontakt herzustellen, sofern sie – und das ist der springende Punkt – überhaupt Bescheid wissen, dass Sie erstens „auf der Suche" sind und zweitens, wonach Sie suchen. Mit Sicherheit hat der eine oder andere auch Kontakt zu Personalberatern und kann Ihnen dort einen Kontakt vermitteln. Wie wir im nächsten Abschnitt sehen werden, spielt eine solche Empfehlung vor allem bei den renommierten Personalberatern eine wichtige Rolle.

**Informationen über Jobs**

Machen Sie sich also eine Liste der Kollegen und Geschäftsfreunde, die Sie in den nächsten Tagen und Wochen ansprechen und um Unterstützung bitten wollen. Und berücksichtigen Sie bei der Auswahl zwei Gesichtspunkte: Erstens, ist der Betreffende überhaupt in einer Position, in der er mit einer gewissen Wahrscheinlichkeit von Stellen erfährt, die für Sie von Interesse sein könnten? Zweitens, kann Ihnen die Information

**Netzwerk-Liste** irgendwelche Nachteile bringen? Der letzte Gesichtspunkt ist vor allem dann wichtig, wenn Sie in ungekündigter Stellung tätig sind und vorerst nicht wollen, dass Ihr Arbeitgeber von Ihren Aktivitäten erfährt; außerdem dann, wenn Ihr möglicher Ansprechpartner ein sehr gesprächiger Zeitgenosse ist, sodass Sie damit rechnen müssten, dass innerhalb kürzester Zeit die ganze Branche – möglicherweise mit negativem Unterton – von Ihren „Absetzbewegungen" erfährt.

Scheuen Sie sich nicht, auch Personen anzurufen, mit denen Sie lange keinen Kontakt mehr hatten. Natürlich kann es sein, dass der andere sich denkt: „Jahrelang lässt er nichts von sich hören, aber jetzt, wo er mich braucht, kommt er gelaufen!" Womit er ja auch Recht hätte. Also stehen Sie dazu, und sprechen Sie es gleich zu Beginn des Gesprächs an! Sie können dabei nur gewinnen, und der eine oder andere wird sicher bereit sein, für Sie sein Netzwerk zu aktivieren.

Letztlich ist schwer vorherzusagen, von wem Sie wie viel Unterstützung erhalten werden. Vermutlich werden Sie dabei auch die eine oder andere Überraschung – im negativen wie im positiven Sinne – erleben, die Ihnen hilft, Ihre Freunde genauer kennen zu lernen. Neben gutem Willen spielt dabei natürlich auch der Zufall eine gewisse Rolle: Wer in der fraglichen Zeitspanne von keinem einschlägigen Job hört, kann Ihnen auch nicht konkret helfen. Trotzdem werden Sie aus der Art der Reaktionen merken, wem Ihre Situation – auch bei vordergründiger Zuwendung – zutiefst gleichgültig ist und wer sich ernstlich bemüht, Sie mit seinen Möglichkeiten zu unterstützen. (Merken Sie es sich für später!)

Heben Sie die „Netzwerk-Liste" auf, die Sie für diesen Schritt angelegt haben. Denn zumindest den Leuten, die sich ernsthaft bemüht haben, Sie zu unterstützen, sollten Sie, sobald Sie einen neuen Job haben, **Geben Sie Nachricht!** unbedingt mitteilen, was aus Ihnen geworden ist, und sich für die Unterstützung bedanken. Das ist zum einen eine gute Möglichkeit, die Beziehungen zu vertiefen, weil es Ihren Freunden und Bekannten deutlich macht, dass Sie sie nicht nur als „Einweg-Partner" benutzt haben, und zum anderen sind Ihre Geschäftsfreunde und Kollegen dann auf dem neuesten Stand, wo Sie geblieben sind und wie sie Sie erreichen können.

# Zusammenarbeit mit
# Personalberatern („Headhuntern")

Ein großer Teil der Top-Positionen ab etwa 100.000 Euro aufwärts wird besetzt, ohne dass der Job jemals in den Stellenanzeigen der Zeitungen auftaucht. Dies läuft über die „Direktansprache" von Personalberatern („Headhuntern"). Das sind Beratungsfirmen von unterschiedlicher Größe, die auf die Besetzung von oberen und obersten Führungspositionen spezialisiert sind. Zu den wichtigsten großen Adressen[14], die ihr Geschäftsfeld vornehm „Executive Search" nennen, zählen im deutschsprachigen Raum:

- Egon Zehnder International GmbH (EZI) (www.zehnder.com)

- Heidrick & Struggles Mülder & Partner (www.heidrick.com)

- Korn/Ferry Hofmann Herbold International
  (www.hofmann-herbold.de)

- Kienbaum Consultants International GmbH (www.kienbaum.de)

- Ray & Berndtson (www.ray-berndtson.de)

- Baumgartner/TMP Worldwide (www.baumgartner.de)

Diese Namen sollten Sie erkennen und einordnen können, wenn das Telefon klingelt. Neben diesen Großen gibt es unzählige mittlere, kleinere und kleinste Anbieter, bis herunter zum Ein-Mann-Unternehmen (die dennoch absolut seriös sein können und von denen manche bis hinauf in absolute Top-Positionen tätig sind). Darüber hinaus gibt es eine Reihe von Branchen-Spezialisten, die insgesamt nur im Mittelfeld rangieren, aber in ihren Zielbranchen zu den Platzhirschen zählen.

Da der Markt sehr unübersichtlich ist, ist es schwierig, sich ein Bild von der Seriosität einzelner Anbieter zu verschaffen. Keine Qualitätsgarantie, aber doch eine gewisse Sicherheit verspricht die Mitgliedschaft

---

[14] Umsätze 2000 um oder über 50 Mio. DM

in einem anerkannten Berufsverband, da sie an die Einhaltung gewisser Mindeststandards gebunden ist. Zu nennen sind hier:

- Bundesverband Deutscher Unternehmensberater, Fachgruppe Personalberatung (www.bdu.de/fachgliederungen/uebersicht/default.htm)
- Vereinigung Deutscher Executive Search Berater (www.vdesb.de).

Natürlich bedeutet das nicht, dass im Umkehrschluss alle anderen Firmen unseriös wären. Es bedeutet nur, dass Sie bei diesen Ihren Qualitätscheck selbst machen müssen.

## Wie Sie die Seriosität eines Personalberaters abschätzen

Bevor Sie sich zur Zusammenarbeit mit einer Ihnen nicht bekannten Personalberatung entschließen, sollten Sie sich deshalb genau deren Arbeitsweise erklären lassen. Denn es gibt zwei grundverschiedene Arten, Personalberatung zu betreiben: angebotsgetrieben und nachfragegetrieben. Im ersten Fall versucht die Personalberatung, die Kandidaten zu „verkaufen", die sie auf ihrer Liste hat; im letzteren zielt sie darauf, einen konkreten Suchauftrag zu erfüllen.

Dieser kleine Unterschied hat große Folgen. Denn das angebotsgetriebene „Verkaufen" läuft fast zwangsläufig so ab, dass Listen mit kurzen Steckbriefen der verfügbaren Kandidaten an Perso-

**Vorsicht vor „Vermittlern"**

nalabteilungen verschickt werden; diese können bei näherem Interesse einen anonymisierten Kurz-Lebenslauf abfordern. Wobei anonymisiert häufig nur heißt, dass Name, Geburtsdatum und hoffentlich noch der letzte Arbeitgeber geschwärzt sind. Zwar werden Sperrvermerke in der Regel berücksichtigt, allerdings erst beim Versenden der Kurz-Lebensläufe. Denn kaum eine Firma wird sich die Mühe machen, wegen der Sperrvermerke ihrer Kandidaten für jedes Unternehmen in ihrem Verteiler eine eigene Liste zu erstellen. Wenn eine Personalabteilung einen angeforderten Lebenslauf also wegen eines Sperrvermerks nicht erhält, wird sie mit einigem Recht vermuten, dass es sich um einen der eigenen Leute handelt. Da die meisten Funktionen im Unternehmen aber nur einmal existieren – einen „Leiter Finanz- und Rechnungswesen" zum Beispiel wird es nicht mehrfach geben –, ist die „Enttarnung" einfach.

Dazu kommt, dass es den Empfängern der Liste natürlich auffällt, wenn ein- und dasselbe Kurzprofil über mehrere Wochen oder Monate „im Angebot ist". Der betreffende Kandidat bekommt dann leicht den Ruch, „schwer verkäuflich" zu sein. Was unweigerlich zu der Spekulation führt, dass dies schon seine Gründe haben werde ... Mit anderen Worten, solche Listen bieten vor allem in engen Märkten nicht nur positive, sondern auch negative Karrierechancen.

**Schwer verkäuflich?**

Wohltuend diskret ist hingegen das nachfragegetriebene Vorgehen. Personalberater, die nur auf der Basis konkreter Suchaufträge tätig werden, werden Ihr Profil nur nach vorheriger Rücksprache an Kunden weitergeben, sodass es nur sehr wenige Personen überhaupt zu Gesicht bekommen. Deshalb ist diese Vorgehensweise bei seriösen Personalberatungsfirmen Standard. So legt die Vereinigung Deutscher Executive Search Berater in ihren „Voraussetzungen für die Aufnahme von Mitgliedern" ausdrücklich fest: „Die Mitgliedsunternehmen handeln ausschließlich im Exklusivauftrag eines Unternehmens. Ein ‚Hausieren' mit den Unterlagen eines Kandidaten – möglicherweise ohne dessen Wissen – entspräche dem Ethos der Vereinigung in keiner Weise."

**Basis konkrete Suchaufträge**

## So machen Sie Headhunter auf sich aufmerksam

Am komfortabelsten ist es natürlich, wenn die Headhunter bei Ihnen anrufen. Falls Sie mehrmals im Monat Anrufe von verschiedenen Personalberatern erhalten, können Sie diesen Abschnitt getrost überblättern.

Ob Sie solche Anfragen erhalten, hängt im Wesentlichen von zwei Faktoren ab. Erstens davon, ob Sie in der Kartei der Personalberater stehen, zweitens davon, ob diese entsprechende Suchaufträge haben.

Auf letzteres haben Sie wenig Einfluss, wohl aber auf ersteres. Wenn Sie die „externe Option" verfolgen oder auch nur ernsthaft sondieren wollen, tun Sie daher gut daran, sich in das Suchfeld einiger namhafter und seriöser Personalberater zu bringen. Wobei Sie berücksichtigen müssen, dass die meisten Headhunter erst ab bestimmten Gehaltsgruppen tätig werden. Die Untergrenze liegt bei einem Jahreseinkommen von ca. 70–100.000 Euro; manche – wie z. B. Egon Zehnder – setzen nach eigenen Angaben erst deutlich darüber ein.[15]

Der einfachste Weg, Headhunter auf sich aufmerksam zu machen, ist, sie direkt anzurufen und sich vorzustellen. Dazu müssen Sie wissen, dass die meisten größeren Personalberatungsfirmen nicht nach Regionen oder Funktionen gegliedert sind, sondern nach Branchen. Es kann daher gut sein, dass nicht das geografisch nächstgelegene Büro die richtige Adresse für Sie ist, sondern eines irgendwo anders in der Republik – typischerweise das, in dem der Partner seinen Sitz hat, der für Ihre Branche zuständig ist. Sie müssen sich also zunächst einmal zu dem Büro und dem Berater durchfragen, der Ihre Branche betreut.

**Einfach anrufen**

Mit diesem führen Sie dann ein kurzes Gespräch, erkundigen sich, ob er gerade einschlägige Suchaufträge bearbeitet, erläutern kurz Ihren beruflichen Werdegang und Ihre besonderen Wettbewerbsvorteile. In der Regel wird das Gespräch mit der Vereinbarung enden, dass Sie ihm Ihren tabellarischen Lebenslauf (CV) zusenden. Oft wird Ihnen Ihr Gesprächspartner zum Abschluss noch den Hinweis geben, dass Sie sich keine Gedanken machen sollen, wenn Sie längere Zeit nichts von ihm hören sollten; er habe zur Zeit keine Suchaufträge für Ihr Kompetenzfeld vorliegen und könne Ihnen auch nicht sagen, wann dies der Fall sein werde. Obwohl sich das nach Vertröstung anhört, ist es eher eine gute Nachricht. Denn es heißt erstens, dass der Berater tatsächlich nur auf Basis konkreter Suchaufträge tätig wird, und dass er Ihnen zweitens reinen Wein einschenkt. Und wenn er das schon im ersten Gespräch tut, können Sie

**Kontaktgespräch**

---

[15] Detaillierte Informationen hierzu finden Sie im Internet in den vergleichenden Aufstellungen, die von verschiedenen Zeitschriften mehr oder weniger regelmäßig erstellt werden, z. B. unter www.focus.de, Suchstichwort „Headhunter".

davon ausgehen, dass er es auch im Laufe der weiteren Zusammenarbeit so halten wird.

Da jede Personalberatung ihre eigenen Suchaufträge hat, zwischen denen es kaum Überschneidungen gibt – die wenigsten Firmen setzen mehrere Personalberater gleichzeitig auf eine Stelle an –, ist es absolut sinnvoll, mit mehreren Firmen Kontakt aufzunehmen. Auf eine „exklusive Zusammenarbeit" zu setzen, wäre hier unsinnig, weil es eine Zusammenarbeit in diesem Sinne ja gar nicht gibt. Sie informieren den Berater lediglich darüber, dass Sie auf der Suche nach einem neuen Job in seinem „Jagdrevier" sind und dass er Sie bei Bedarf gerne ansprechen kann. Wenn gerade diese Beratungsfirma innerhalb der nächsten Monate keinen einschlägigen Auftrag hereinbekommt, weil die entsprechenden Suchaufträge an die Konkurrenz gegangen sind, werden sie von dort auch keine Anfragen erhalten. Von diesen Jobs werden Sie nur erfahren, wenn Sie auch bei der anderen Firma in der Kartei stehen.

**Mit mehreren Personalberatungen Kontakt halten**

All dies gilt, wie gesagt, nur für Personalberatungsfirmen, die ausschließlich auftragsbezogen arbeiten. Falls Sie daran Zweifel haben und Ihnen Ihr Gesprächspartner auch auf direkte Fragen nur ausweichende Antworten gibt, überlegen Sie sich, ob Sie ihm überhaupt einen Lebenslauf schicken wollen. Natürlich können Sie darauf vermerken: „Weitergabe nur nach schriftlicher Zustimmung!" Doch kontrollieren können Sie dies letztendlich nicht. Selbst wenn Sie einen Verstoß nachweisen könnten, was täten Sie dann? Auch wenn die Firma alle Ihre Karrierechancen rückstandsfrei vernichtet hätte, dürfte es schwierig werden, dafür einen gerichtsverwertbaren Beweis zu führen und die Höhe des entstandenen Schadens zu beziffern.

**Ausschließlich auftragsbezogen**

Noch erfolgversprechender als der direkte Anruf ist eine andere Form der Kontaktaufnahme, nämlich die Empfehlung durch eine vertrauenswürdige Referenzperson. Das kann ein Kandidat sein, den der Headhunter vor einiger Zeit vermittelt hat, einer seiner Kunden oder sonst ein glaubwürdiger Geschäftsfreund, zum Beispiel ein Berater aus einer betriebswirtschaftlichen oder strategischen Beratungsfirma.

**Ein Referenzgeber als „Türöffner"**

Zwar erklären inzwischen viele Headhunter, dass Sie die direkte Kontaktaufnahme von Kandidaten völlig in Ordnung finden. So meinte einer gegenüber dem *Focus* sogar: „Die guten Manager nehmen ihr Schicksal selbst in die Hand!" Dennoch hebt Sie die Empfehlung eines kompetenten und glaubwürdigen Referenzgebers aus der anonymen Masse derer hervor, die, wie in den vorigen Absätzen beschrieben, von sich aus Kontakt aufgenommen haben.

**Positive Vorinformation** Die Personalberater erkundigen sich bei ihren Referenzgebern in der Regel eingehend nach deren Einschätzung der Kandidaten – was den Vorteil hat, dass sie im Falle einer insgesamt positiven Auskunft gleich ein belastbares Fremdurteil vorliegen haben und sich der Qualität des jeweiligen Kandidaten deshalb sehr viel sicherer sein können. Dies kann Ihre Chancen, in die engere Wahl gezogen zu werden, erheblich verbessern, insbesondere in Märkten, wo es viele Kandidaten gibt.

Hören Sie sich deshalb in Ihrer Umgebung um, wer Kontakte zu namhaften Personalberatern besitzt. Insbesondere bei Personalleuten (natürlich nicht aus Ihrem eigenen Unternehmen) sowie bei Unternehmensberatern dürften Sie hier fündig werden. Noch höheres Gewicht (selbstverständlich im übertragenen Sinne) besitzen Personen aus den obersten Führungsebenen, denn das sind die Kunden, bei denen die Personalberater selbst landen wollen – was sie im konkreten Fall durchaus zu zusätzlichen Anstrengungen veranlassen kann.

Natürlich könnten Sie Ihren Lebenslauf nach dem telefonischen Vorgespräch nun einfach „wie besprochen und mit freundlichen Grüßen" an den Personalberater senden. Als guter Verkäufer in eigener Sache werden Sie stattdessen die Gelegenheit nutzen, Ihren besonderen Wettbewerbsvorteil noch einmal knapp und auf den Punkt im Anschreiben hervorzuheben. Halten Sie das Anschreiben jedoch bei maximal einer Seite – alles andere wirkt übereifrig bis „klebrig". Zwei bis drei Sätze sollten genügen, um Ihre wesentlichen Vorteile und Stärken zu kommunizieren und vor allem den besonderen Nutzen deutlich zu machen, den ein potenzieller Arbeitgeber von Ihrer Einstellung hätte. Stützen Sie sich dabei auf Ihr Kurzprofil, wie Sie es in Kapitel 5 erarbeitet haben.

**Verkaufen Sie Ihren Wettbewerbsvorteil**

# Wie geht es danach weiter?

Was danach passiert, ist zu einem guten Teil Glücksache. Vielleicht erhält der Personalberater schon in den nächsten Tagen oder Wochen einen Suchauftrag, für den Ihr Profil passt. Dann kann es ziemlich schnell gehen: Sie erhalten einen Anruf, in dem **Alles hängt** Sie gefragt werden, ob Ihre Veränderungsabsicht noch ak- **am** tuell ist – wenn ja, wird sofort ein Gesprächstermin verein- **Suchauftrag** bart. In der Regel wird das ein Vier-Augen-Gespräch mit dem Headhunter (und eventuell einem seiner Mitarbeiter) sein, in dem er sich davon überzeugen will, dass Sie fachlich und persönlich geeignet sind, Sie seinem Kunden zu präsentieren.

Wenn Sie diese Hürde nehmen, sind Sie bereits in der engeren Wahl – nämlich typischerweise einer von zwei oder drei Kandidaten, die dem Kunden vorgestellt werden. Möglicherweise wird Ihnen der Personalberater sogar ein paar Tipps geben, um **In der** Sie auf dieses Gespräch mit dem Kunden, Ihrem potenziel- **engeren** len Arbeitgeber, vorzubereiten. Denn es liegt auch in sei- **Wahl** nem Interesse, dass Sie dort eine gute Figur machen – er möchte schließlich nicht riskieren, von seinem Kunden gefragt zu werden, wie er denn auf die Idee kam, so jemanden überhaupt vorzuschlagen.

Wenn auch das Unternehmen Gefallen an Ihnen findet, folgen weitere Gespräche, die dann allmählich in Vertragsverhandlungen übergehen.

Das war die positive Variante. Die negative ist, dass der **Ohne Such-** Personalberater in den nächsten Monaten keinen einschlä- **auftrag** gigen Suchauftrag erhält. Dann warten Sie – unabhängig **passiert gar** von Ihrer Qualifikation und Eignung! – vergeblich auf einen **nichts** Anruf. Fangen Sie also, wenn der Anruf ausbleibt, nicht zu grübeln an, was Sie falsch gemacht haben: Wahrscheinlich liegt es an der Auftragslage des Personalberaters, und auf die haben Sie nun wahrlich keinen Einfluss.

In diesem Fall hat es auch wenig Sinn, telefonisch nachzuhaken. Denn wenn der Berater keinen Auftrag hat, hilft es auch nicht, sich in

Erinnerung zu bringen. Schon aus blankem Eigeninteresse würde er sich umgehend melden, wenn er einen Suchauftrag hat, für den Sie geeignet sein könnten. Und dass er Sie vergessen hat, obwohl Sie ein für ihn interessantes Profil haben, ist angesichts des ausgeprägten Eigeninteresses eher unwahrscheinlich.

Wegen dieser Abhängigkeit von konkreten Suchaufträgen ist es nicht ratsam, ausschließlich auf die Karte Headhunter zu setzen, gleich bei wie vielen Sie in der Kartei stehen. Verfolgen Sie parallel dazu Ihre eigenen Recherchen weiter, denn je mehr Eisen Sie im Feuer haben, desto größer ist die Wahrscheinlichkeit, dass Sie in vernünftiger Zeit zum Ziel kommen.

# Bewerbungen auf eigene Faust

Mindestens genau so wichtig wie die Auswertung von Stellenanzeigen und das Gespräch mit Personalberatern ist, dass Sie sich intensiv darüber Gedanken machen, für wen ein Mensch mit Ihren Fähigkeiten eigentlich interessant ist. Diese Frage knüpft unmittelbar an unsere Überlegungen aus Kapitel 5 zu Ihrem Wettbewerbsvorteil und Ihrem Nutzen für potenzielle Arbeitgeber an. Also:

**Wer hat die Art von Problemen, die Sie besonders gut lösen können?**

Je genauer Sie eingrenzen können, für welche Unternehmen Ihr Kompetenzprofil von besonderem Nutzen ist, desto besser sind Ihre Chancen, durch Initiativbewerbungen zu einem neuen Job zu kommen. Ideal ist, wenn Sie nicht nur die entsprechenden Unternehmen identifizieren, sondern auch noch die Funktion oder Stelle in diesen Unternehmen herausfinden können, für die Ihre Fähigkeiten von besonderem Interesse sind. Wenn Sie beispielsweise wissen, dass Sie für den Vertriebsvorstand oder für den Leiter Controlling interessant sein könnten, ist es eine ernsthafte Option, die betreffende Person in Ihren Zielunternehmen direkt anzusprechen, statt den „Umweg" über die Personalabteilung zu machen.

**Ihre Adressaten eingrenzen**

Im Prinzip haben Sie dann zwei Möglichkeiten: Sie können das Unternehmen (bzw. die betreffende Person) anschreiben, oder Sie können dort anrufen.

**Kontaktaufnahme**

Die telefonische Kontaktaufnahme hat in diesem Fall gewisse Vorteile: Am Telefon wissen Sie erstens sehr viel schneller Bescheid, ob es Sinn hat, die Sache weiter zu verfolgen, zweitens kann am Telefon eine erste persönliche Beziehung entstehen, während im anderen Fall nur ein anonymes Schreiben irgendwo herum liegt, das möglicherweise unter anderen Papieren verschwindet, und drittens – vielleicht am Wichtigsten – ist der Antwortaufwand für Ihren Gesprächspartner am Tele-

**Anrufen ist besser als schreiben**

fon sehr viel niedriger als bei einem Brief. Dass Ihnen jemand am Telefon einen Termin gibt, ist sehr viel wahrscheinlicher, als dass er Ihnen zurückschreibt und Sie zu einem Gespräch einlädt.

Falls Sie sich dennoch zum Schreiben entscheiden, dann verschicken Sie keine komplette Bewerbungsmappe, sondern nur einen einfachen Brief. Eine Bewerbungsmappe würde vermutlich schon von der Sekretärin an die Personalabteilung weitergeleitet – das heißt, der angestrebte direkte Kontakt zu Ihrer Zielperson käme gerade nicht zustande.

**Keine Bewerbungsmappe!**

Und schreiben Sie Ihren Adressaten in jedem Fall namentlich an! Ein Schreiben, das an „Geschäftsführung" oder „Vorstand Vertrieb" gerichtet ist, wird entweder sofort an die Personalabteilung weitergeleitet oder als Rundschreiben eingestuft und weggeworfen. Dagegen hat ein namentlich adressierter Brief, der zusätzlich mit dem Vermerk „vertraulich" gekennzeichnet ist, gute Chancen, von Ihrem Wunsch-Ansprechpartner tatsächlich gelesen zu werden.

**Personalisieren!**

## Sie haben 30 Sekunden Zeit

Gleich ob Sie schreiben oder anrufen, Sie haben rund 30 Sekunden Zeit, Ihr Anliegen vorzubringen. Dann trifft Ihr Adressat eine Entscheidung, wie er mit Ihrer Anfrage weiter verfahren will, und diese Entscheidung wird er kaum noch ändern. Sie müssen ihm also, wenn Sie eine Chance bekommen wollen, innerhalb dieses kurzen Zeitfensters verkaufen, dass es sich für ihn (und nicht für Sie!) lohnt, sie Sache weiter zu verfolgen.

**Erstes Ziel: Interesse wecken**

Dreißig Sekunden sind verdammt wenig Zeit, wo man doch so viel sagen müsste. Im Brief heißt das maximal eine Seite – alles, was darüber hinaus geht, *verschlechtert* Ihre Chancen, weil der Gesprächspartner sich dann schon festlegt, bevor er Ihre Argumentation vollständig zur Kenntnis genommen hat. Allenfalls ein kurzgefasster Lebenslauf darf noch hinzukommen. (Wobei der, genau genommen, nicht mehr in die Entscheidung einfließt, sondern zur Bestätigung der bereits getroffenen Entscheidung dient: „Habe ich mir doch gleich gedacht, dass der Mann interessant ist!")

Am Telefon entsprechen 30 Sekunden etwa 2–3 Sätzen. Auch wenn Sie ein sehr kontaktfähiger Mensch sind, sollten Sie das nicht spontan versuchen. Um in dieser kurzen Zeit Ihren Punkt zu machen, müssen Sie nicht nur wissen, was Sie sagen, sondern **Vorbereiten** vor allem, was Sie erreichen wollen. Also: Was ist eigentlich das konkrete Ziel Ihres Anrufs (oder Schreibens)? Klar, Sie wollen einen Job. Aber selbst bei optimalem Verlauf werden Sie den am Ende des Telefonats nicht bekommen – das wäre kein realistisches Ziel. Was Sie im besten Falle erreichen können, ist **Ihr Ziel:** ein Gesprächstermin, bei dem über alles Weitere gespro- **Ein Termin** chen wird. Und genau das, ein Gesprächstermin, ist Ziel Ihres Anrufs.

Lassen Sie Ihren Gesprächspartner nicht raten, was Sie von ihm wollen, sondern nennen Sie Ihr Ziel gleich zu Anfang.

Hier ein Vorschlag – in Klammern finden Sie jeweils die Gedanken, die dem Gesprächspartner zu Ihren Sätzen vermutlich durch den Kopf gehen. „Guten Tag, Herr Meier, hier ist Huber. (Wer ist das? Müsste ich den kennen?) Ich bin Marketingleiter bei **Eine** der XY AG (Oh, die Konkurrenz! Was will der denn von **Gesprächs-** mir?) und rufe Sie an, weil ich Sie um einen Gesprächster- **skizze** min bitten möchte. (Aha. Und worum soll es gehen?) Ich habe gehört, dass Sie einen neuen Produktbereich aufbauen wollen (Stimmt, aber was geht die das an?), und da ich gerade darüber nachdenke, mich zu verändern (Ach, von da weht der Wind!), würde ich gerne mal mit Ihnen sprechen, ob meine Erfahrung da für Sie von Nutzen sein könnte. (Eigentlich haben wir für den Job ja einen Nachwuchsmann im Auge. Aber so ganz glücklich bin ich mit dieser Lösung nicht – vielleicht sollten wir uns wirklich einmal die Alternativen anschauen.)"

Auch wenn das Gespräch danach noch ein paar Minuten weitergeht: Eine erste Entscheidung ist an dieser Stelle bereits gefallen. Wenn er nicht unter Zeitdruck steht, wird Ihr Gesprächspartner nun wahrscheinlich versuchen, seine Vorentscheidung noch etwas abzusichern.

Dann wird er Sie als Nächstes fragen, was Sie denn bislang so gemacht haben. Das gibt Ihnen das weitere drei Minuten Zeit – eine willkommene Chance, Ihre Wettbewerbsvorteile an den Mann zu bringen. Und dann folgt der Griff zum Kalender. Versuchen Sie nicht, nun noch weitere Argumente vorzubringen – damit verschießen Sie nur Ihr Pulver für das persönliche Gespräch.

Nicht bei allen Anrufen werden Sie dieses Ziel eines Gesprächstermins erreichen. Sie müssen bei solchen Initiativbewerbungen sogar mit einer relativ hohen „Korbrate" rechnen, denn in etlichen **Hohe** Fällen werden Ihre Gesprächspartner schlicht keinen Job **„Korbrate"** frei haben. Und wenn am anderen Ende der Leitung ein **einplanen** Profi sitzt, wird er Ihnen einen Termin nur dann geben, wenn er wenigstens eine vage Chance sieht, Sie tatsächlich brauchen zu können. Anderenfalls würde er nur seine und Ihre Zeit verschwenden, unrealistische Erwartungen wecken und am Ende eine Enttäuschung produzieren – in Summe ein ziemlich schlechtes Geschäft. Wenn Sie daher die klare Aussage hören, dass Ihr Gesprächspartner derzeit keinerlei Verwendungsmöglichkeiten für Sie sieht, seien Sie nicht enttäuscht – und vor allem: Nehmen Sie es nicht persönlich. Am Ende erspart Ihnen die klare Aussage Zeit und falsche Hoffnungen.

Anders, wenn Ihr Gesprächspartner sich offenkundig nicht sicher ist, ob er tatsächlich eine Aufgabe für Sie hat, und deshalb zögert, Ihnen einen Termin zu geben. Dann schlagen Sie ein unver- **Ein unver-** bindliches Treffen vor und versichern, dass Sie nicht böse **bindliches** sein werden, wenn daraus kein Job wird – Sie hielten es in **Treffen** jedem Fall für gut, sich einmal kennen zu lernen. Wenn das Zögern nach diesem Vorschlag anhält, dürfen Sie es als Absage nehmen – mit einiger Wahrscheinlichkeit aber werden Sie einen Termin bekommen.

Das Risiko, durch solche gezielten Initiativbewerbungen seinen guten Namen zu verbrennen, ist relativ gering. Selbst wenn **Das Risiko** Sie sich ein paar Monate später – z. B. auf eine Anzeige – **ist gering** noch einmal bei dem gleichen Unternehmen bewerben, ist erstens keinesfalls sicher, ob das überhaupt auffällt, und zweitens muss das, selbst wenn es bemerkt wird, durchaus nicht negativ ausgelegt werden: Angenommen, Sie wären Top Manager oder Personalchef dieses Unternehmens, würden Sie es einem Kandidaten wirklich verübeln, dass er frühzeitig die Initiative ergriffen und schon vor der offiziellen Ausschreibung auf sich aufmerksam gemacht hat?

# Keine voreilige Entscheidung zur Selbständigkeit

Angesichts der immer neuen Erschütterungen der eigenen Lebensplanung, die sich aus Fusionen, Umstrukturierungen und anderen Veränderungen ergeben, aber auch angesichts der vielfältigen Abhängigkeiten und Frustrationen, die sie als Angestellte erleben müssen, träumen viele Menschen von der Selbständigkeit – besonders dann, wenn sie es wieder einmal ganz besonders satt haben. Sie malen es sich als wunderbar aus, endlich ihr eigener Herr zu sein und nicht mehr von Vorgesetzten abhängig zu sein, nicht mehr ewig um Entscheidungen ringen zu müssen, die dann doch irgendwo in den Mühlen von Bürokratie und Politik hängen bleiben ...

**Der Traum von der Selbständigkeit**

Um sich ein böses Erwachens zu ersparen, ist wichtig, sorgsam zwischen Traum und Realität zu trennen. Lassen Sie uns deshalb, nachdem so viel von den Vorzügen der Selbständigkeit gesprochen wird, einmal über die Risiken reden.

## Selbständigkeit als Falle

Vor allem in Geschäftsfeldern, in denen es weder von der rechtlichen noch von der finanziellen Seite große Eintrittsbarrieren gibt, wie zum Beispiel bei Journalisten, Trainern und Unternehmensberatern, findet sich ein hoher Anteil von „unfreiwilligen Selbständigen". Das sind im Wesentlichen drei Kategorien von Menschen: Die ersten haben nach dem Studium keinen Job gefunden und sich daher nolens–volens zur Selbständigkeit entschlossen.

**Unfreiwillige Selbständige**

Die zweiten sind ehemalige Manager, die – oftmals in der Altersgruppe über 50 – irgendwann einmal „abgebaut" wurden und danach keine adäquate Position mehr gefunden haben. Die dritten sind Menschen, die ihre Anstellung irgendwann einmal hingeschmissen haben, dann mit Ihrer Selbständigkeit in Schwierigkeiten gerieten, aber den

Weg zurück in eine Festanstellung aus den unterschiedlichsten Gründen nicht gefunden haben.

Besonders gefährdet, die eigenen Marktchancen zu überschätzen, sind Führungskräfte aus angesehenen Großunternehmen, die überall, wo sie bei Kunden und Lieferanten hinkommen, mit offenen Armen empfangen und hofiert werden. So erging es einem ehemaligen Regionalvertriebsleiter einer Top-Marke: Er hatte die hohe Aufmerksamkeit und Wertschätzung, die ihm in seiner Funktion entgegen gebracht worden war, offenbar persönlich genommen. Nachdem er sich entschlossen hatte, sich als Dienstleister für genau diese Kundengruppe selbständig zu machen, musste er mit Schrecken feststellen, dass er plötzlich auf recht reservierte Reaktionen traf und größte Mühe hatte, Termine, geschweige denn Aufträge zu bekommen. Glücklicherweise hatte er den Mut, sich seinen Irrtum einzugestehen und ihn zu korrigieren; er fand wenig später eine angemessene Position bei einem anderen renommierten Markenartikler.

**Eigene Marktchancen realistisch einschätzen**

Doch vor allem für Ältere ist dieser Schritt zurück in die Festanstellung schwierig. Um zu vermeiden, dass man sich aus einer Fehleinschätzung der eigenen Chancen heraus selbständig macht und dann sozusagen in der Falle sitzt, ist es wichtig, sich erstens nur dann selbständig zu machen, wenn man ein klares Konzept besitzt, das man auf seine Tragfähigkeit getestet hat, und wenn man sich zweitens sicher ist, dass man der richtige Typ für die Selbständigkeit ist.

**Essenziell: Ein belastbares Konzept**

## Die Risiken einer Selbständigkeit

Die vermeintliche Unsicherheit einer selbständigen Tätigkeit ist eine relative Sache: Wenn man erst einmal im Geschäft ist, lebt man als Selbständiger im Grunde sicherer als viele Angestellte.

Denn wenn man als Selbständiger einen Kunden verliert, ist das zwar ärgerlich, aber – sofern es nicht der einzige war – sehr viel weniger existenzbedrohend als wenn man als Angestellter seinen Job verliert.

**Vier Risikofelder**

Die wirklichen Risiken einer Selbständigkeit liegen

a) in der Strategie: Gibt es für genügend Nachfrage für Ihre Angebote?

b) in der Ökonomie: Kommt (vor allem in den ersten Jahren) genügend Geld herein, um Ihre laufenden Kosten und Kreditverpflichtungen zu decken?

c) in der Gesundheit: Was geschieht, wenn Sie Ihre Tätigkeit wegen einer Krankheit oder eines Unfalls nicht mehr ausüben können?

d) in der Psychologie: Sind Sie der Typ dafür, auch mit den weniger angenehmen Aspekten der Selbständigkeit zurecht zu kommen?

## Kauf, Beteiligung oder Neuaufbau?

Dabei muss man zwei Formen von Selbständigkeit unterscheiden, nämlich einerseits den schrittweise Aufbau einer selbständigen Existenz, andererseits den Kauf oder die Beteiligung an einem Unternehmen. Ersteres ist der mühsamere und in der Regel langwierigere Weg; letzteres setzt erstens gewisse Reserven voraus und zweitens den Mut, ein erhebliches Risiko bei der Anlage seiner Rücklagen einzugehen. Denn auch bei sorgfältigster Prüfung weiß man letzten Endes nie hundertprozentig, was man sich da einkauft.

**Überlegenswerte Alternativen**

Mit anderen Worten, beim Kauf eines Unternehmens oder einer Beteiligung spielt insbesondere das ökonomische Risiko eine entscheidende Rolle: Man gibt wesentliche Teile seines Vermögens für etwas aus und verschuldet sich zusätzlich, ohne sich völlig sicher sein zu können, dass das Unternehmen in den nächsten Jahren so viel an Erträgen abwirft, dass sich der Schritt ins Unternehmertum wirklich lohnt.

Auf der anderen Seite liegt der große Vorteil des Einstiegs in ein bereits etabliertes Unternehmen darin, dass man die mühseligen Jahre der Aufbauarbeit „überspringt". Das Unternehmen ist bereits im Markt etabliert, hat einen Kundenstamm und ein Produkt- oder Leistungsangebot, das erwiesenermaßen marktfähig ist und, hoffentlich, ein erhebliches Zukunftspotenzial. Oft stehen solche Unternehmen einfach deshalb

**Überspringen der Aufbaujahre**

zum Verkauf, weil der Inhaber entweder verstorben ist oder sich zurückziehen möchte und es aus der Familie keinen geeigneten Nachfolger gibt.

Doch die vier genannten Risiken betreffen auch jede andere Art von Selbständigkeit. Sehen wir uns etwas genauer an, worin sie bestehen und wie Sie sich vor ihnen schützen können.

## Das strategische Risiko

Das strategische Risiko besteht in der Ungewissheit, ob man für die Leistungen, die man anbietet, genügend Nachfrage findet. Dahinter stehen bei genauerer Betrachtung zwei verschiedene Probleme. Das eine ist, dass es keinen so richtigen Bedarf für Ihr Angebot gibt, weil es sich nicht scharf genug von der Konkurrenz abhebt oder weil für die Lösung, die Sie anbieten, zu wenige Leute das passende Problem haben. Das andere ist, dass Ihr Produkt eigentlich gut und marktfähig ist, dass Sie aber keinen wirkungsvollen und bezahlbaren Weg finden, an Ihre potenziellen Kunden heranzukommen; in diesem Fall liegt das Problem in der Vertriebs- und Marketing-Strategie.

**Findet Ihr Angebot genügend Nachfrage?**

Das strategische Risiko ist insbesondere dann groß, wenn man sich aus einem von außen kommenden oder selbst geschaffenen Zugzwang heraus selbständig macht. Dann bleibt nicht genügend Zeit, ein durchdachtes Konzept auszuarbeiten und es auf seine Tragfähigkeit zu testen (vgl. Kapitel 5). Das ist gefährlich, denn wir leben in einem überfüllten Markt, in dem neue Angebote nur dann eine Chance haben, wenn sie ein brennendes Problem ihrer Zielgruppe besser lösen als alle anderen bereits vorhandenen Angebote.

Das erfordert die konsequente Spezialisierung auf einen zentralen Nutzen für eine bestimmte Kundengruppe. Es ist besser, in einer kleinen Marktnische Erster zu sein, als ein breites Angebotsspektrum zu haben und damit bei allen Ausschreibungen die „Silbermedaille" zu gewinnen. Auch die konsequenteste Spezialisierung nutzt allerdings nur dann, wenn die Kunden die eigenen Angebote wirklich als besser ansehen und annehmen. So wichtig gute

**Konsequente Spezialisierung**

analytische Vorarbeit ist, bleibt doch ein Rest von Ungewissheit, der selbst nach sorgfältigen Markttests letzten Endes nur durch Ausprobieren, also durch die Aufnahme des Geschäfts, zu beseitigen ist.

Auch das zweite strategische Problem, nämlich die Frage, wie Sie sich bei Ihren potenziellen Kunden bekannt machen und wie Sie akquirieren wollen, muss ein wesentlicher Bestandteil Ihres Konzepts sein. Denn so manches großartige Konzept und manche geniale Erfindung scheitern daran, dass der größte Teil der Kunden niemals davon erfährt, weil die Anbieter weder das Geld für aufwändige Marketing-Kampagnen haben noch eine andere taugliche Vertriebsstrategie finden. Auch hier gilt: Denken ist gut – Ausprobieren ist besser!

Eine ernstzunehmende Option ist daher ein nebenberuflicher Start in die Selbständigkeit. Das geht nicht in jedem Beruf, und es geht nicht auf jedem Gebiet. Doch dort, wo es möglich ist, sollten Sie **Neben-** es ernsthaft in Erwägung ziehen. Das wird zwar ein biss- **beruflicher** chen stressig, aber auf diese Weise können Sie gleich mal **Start** testen, wie Sie mit der hohen Arbeitsbelastung eines Selbständigen und Termindruck an mehreren Fronten zurechtkommen. Vor allem aber haben Sie den Vorteil, dass Sie Ihr Geschäft ohne existenziellen Druck Schritt für Schritt aufbauen und erst dann voll in die Selbständigkeit wechseln, wenn es das nötige Volumen erreicht hat, um Sie und Ihre Familie zu ernähren.

## Das ökonomische Risiko

Ein ökonomisches Risiko besteht auch dann, wenn Ihr Geschäftskonzept gut und marktfähig ist. Es liegt darin, dass es unter **Vorfinanzie-** Umständen eine ganze Weile dauern kann, bis Ihr Geschäft **rung kostet** mehr Geld abwirft als es verbraucht. Je nachdem, wie es **Reserven** um Ihre Rücklagen steht, kann die Durststrecke bis zum **und Nerven** Break-Even-Point nicht nur wirtschaftlich schwierig sein, sondern auch Nerven kosten – nicht nur bei Ihnen selbst, sondern auch bei Ihrer Familie.

Um sich gegen dieses unternehmerische Risiko zu schützen, sind drei Dinge wichtig: Erstens eine vorsichtige Planung, zweitens ausreichende Rücklagen und drittens ein behutsames Kosten-Management. Was die Planung betrifft, ist es durchaus in Ordnung, einen Business-Plan zu machen, der von „realistischem Optimismus" geprägt ist (siehe „Literaturhinweise"). Doch Ihre Finanzplanung sollten Sie, um Ihre Nerven zu schonen, eher auf einem „Worst-Case-Scenario" aufbauen, also auf der Annahme einer ungünstigen Geschäftsentwicklung.

Da Ihre Rücklagen kurzfristig nicht beeinflussbar sind, empfiehlt sich außerdem größte Zurückhaltung beim Aufbau von Kosten, insbesondere von dauerhaften Belastungen wie Mieten oder Kredite. Wenn Sie in repräsentativen Geschäftsräumen in der besten Lage residieren, wird das Sie selbst und Ihre künftigen Ex-Kollegen ohne Zweifel sehr beeindrucken – Ihr Konto allerdings auch. Halten Sie es deshalb besser mit dem Prinzip, erst den Umsatz hochzufahren und dann die Kosten. Das ist zwar etwas weniger repräsentativ, aber Sie werden damit sehr viel besser schlafen.

**Erst die Umsätze, dann die Kosten**

## Das gesundheitliche Risiko

Auf lange Sicht liegt ein erhebliches wirtschaftliches Risiko für Selbständige darin, durch Krankheit oder Unfall dauerhaft berufsunfähig zu werden. Das kann zwar auch Angestellten passieren und ist auch für sie ein erhebliches wirtschaftliches Risiko. Doch als Selbständiger lebt man weitgehend außerhalb des sozialen Netzes; es gibt weder Lohnfortzahlung im Krankheitsfall noch Kündigungsschutz. Das heißt, zumindest so lange, wie das neu aufgebaute Unternehmen noch nicht für längere Zeit ohne Chef funktioniert, ist man voll auf seine Arbeitskraft angewiesen.

**Berufsunfähigkeit**

Dagegen kann und muss man sich durch eine Berufsunfähigkeitsversicherung in ausreichender Höhe absichern. Schließen Sie diese Versicherung, falls Sie sich zur Selbständigkeit entscheiden, möglichst noch als Angestellter ab. Denn schon ab mittleren Versicherungssummen verlangen die Versicherungen einen Einkommensnachweis, um sicherzustellen, dass die monatliche Rente nicht höher liegt als Ihr Nettoeinkom-

**... muss unbedingt abgesichert werden**

men. Infolgedessen kann es gerade in der ersten Zeit schwierig werden, einen adäquaten Versicherungsschutz zu bekommen.

Achten Sie außerdem darauf, nur einen Versicherungsvertrag zu unterschreiben, bei dem die sogenannte „abstrakte Verweisung" ausdrücklich ausgeschlossen ist. Denn sonst kann es Ihnen im **Keinen** Falle des Falles passieren, dass Sie statt der Berufsunfähig- **Vertrag mit** keitsrente, für die Sie jahrelang Ihre Beiträge gezahlt haben, **„abstrakter** nur den lapidaren Hinweis bekommen, Sie könnten trotz **Verweisung"** Ihrer gesundheitlichen Einschränkungen eine andere Tätig- **unter-** keit ausüben, die, wie es in § 2 (1) der Allgemeinen Versi- **schreiben!** cherungsbedingungen heißt, von dem Versicherten „aufgrund seiner Ausbildung und Erfahrung ausgeübt werden kann und seiner bisherigen Lebensstellung entspricht". Ob solche Stellen überhaupt existieren, muss die Versicherung ebenso wenig nachweisen wie, ob Sie die Chance haben, einen solchen Job zu bekommen und ihn erfolgreich auszuüben. Die theoretische Möglichkeit genügt – daher die Bezeichnung „abstrakte Verweisung".

Prüfen Sie außerdem, ob Sie wenigstens einen Teil Ihrer Berufsunfähigkeitsversicherung bis zum Endalter 65 laufen lassen wollen. Das ist zwar spürbar teurer (was versicherungsmathema- **Endalter 65** tisch ein deutlicher Hinweis darauf ist, dass gerade hier erhebliche Risiken liegen!) und wird auch nur von wenigen Versicherungen angeboten. Trotzdem ist es sinnvoll, weil Sie sonst zwischen dem Endalter 60 und dem Zahlungsbeginn der Rentenversicherung mit 65 möglicherweise eine Finanzlücke haben.

## Das psychologische Risiko

Als Selbständigem sind einem die wirtschaftlichen Risiken, in denen man lebt, sehr viel stärker bewusst sind als Angestell- **Höheres** ten. Das kann ein Vorteil sein, aber es ist auch eine emotio- **Risiko-** nale Belastung. Ähnlich ist es mit vielen anderen Punkten, **bewusstsein** die aus den vielfältigen Restriktionen einer angestellten **– höherer** Tätigkeit heraus verlockend scheinen, aber auch ihre **Druck** Schattenseiten haben.

So ist es in der Tat ein großer Vorteil der Selbständigkeit, dass man sein eigener Herr ist, fast unbegrenzte Gestaltungsmöglichkeiten hat und nur noch seinen Kunden verantwortlich ist. Der Nachteil ist, dass man dann auch gestalten muss. Da ist niemand mehr, der einen antreibt, niemand, der einem Entscheidungen und die Verantwortung für ihre Folgen abnimmt. Wenn Sie also nicht selbst die Initiative ergreifen und zum Beispiel akquirieren gehen, bekommen Sie zwar mit niemandem Ärger – aber Sie machen auch kein Geschäft.

**Gestalten können – und müssen**

Ein breites Aufgabenspektrum zu haben, hat den Nachteil, dass man sich von Werbung und Akquisition über Reisebuchungen und Controlling bis hin zur Leistungserbringung und dem Sichern von Qualität und Kundenzufriedenheit buchstäblich um alles kümmern muss – und darunter sind natürlich auch Aufgaben, die einem durchaus nicht auf den Leib geschneidert sind. Bei Mehrarbeit zu wissen, dass der Lohn dafür auf dem eigenen Konto sichtbar wird, ist ein außerordentlich erfreulicher Aspekt – die Mehrarbeit selbst freilich ist kaum steuerbar und kann gerade bei erfolgreicher Selbständigkeit sehr, sehr viel werden.

**Überwältigende Vielfalt**

Wenn Sie das Gefühl haben, sich schlecht verkaufen zu können, sollten Sie von einer Selbständigkeit besser die Finger lassen. Denn als Selbständiger haben Sie ständig damit zu tun, sich zu verkaufen – nicht nur gegenüber potenziellen Kunden, sondern auch gegenüber Banken, Vermietern und allen möglichen anderen. Und dabei haben Sie nicht mehr den schützenden und türöffnenden Namen eines etablierten Unternehmens im Rücken, sondern Sie selbst sind das Produkt – das heißt Sie haben permanent die Aufgabe, Ihre Gesprächspartner für das zu interessieren, was Sie anbieten wollen. Im Grunde wird jedes Gespräch zu einem Verkaufs- bzw. Marketing-Gespräch, denn Sie müssen sich ja bekannt machen, und das werden Sie kaum, wie es Großunternehmen tun, über teure Image-Kampagnen machen können.

**Ständiges Verkaufen**

All dies soll und muss Sie nicht abschrecken – es soll Sie veranlassen zu prüfen, ob Sie wirklich der Typ für die Selbständigkeit sind. Die wichtigste Frage in diesem Zusammenhang ist wahrscheinlich, ob Sie von sich aus genügend Initiative haben, sich gerade in die unangenehmen Aufgaben hineinzuknien, und ob Sie auf die Dauer dazu bereit sind, immer der Impulsgeber und immer der Antreiber zu sein.

## Selbständigkeit als Lebensweg

Wenn Sie trotz dieser langen Aufzählung von Risiken und Schwierigkeiten immer noch das Gefühl haben, dass Selbständigkeit der richtige Weg für Sie sein könnte, dann „Welcome to the Club"!

Sein eigener Herr zu sein, ist eine tolle Sache – sofern man bereit ist, den Preis zu bezahlen. Das ist hier im Grunde nicht anders als bei vielen anderen Dingen im Leben auch: Viele träumen von einer sportlichen Figur, aber nur wenige sind bereit, den Preis dafür zu bezahlen und regelmäßig Sport zu treiben. Viele würden gerne Italienisch können, aber nur wenige setzen sich auf den Hosenboden und lernen. Und so weiter.

**Sind Sie bereit, den Preis zu bezahlen?**

Ob Selbständigkeit für Sie der richtige Weg ist, sieht man nicht daran, wie sehnsüchtig Sie sich die Vorzüge auszumalen, sondern daran, ob Sie den Preis bezahlen, von dem in diesem Abschnitt die Rede war.

Falls Sie dazu bereit sind, dann machen Sie sich die Ausarbeitung und Erprobung Ihres Konzepts! Lesen Sie dazu Kapitel 5 noch einmal durch und entwickeln Sie Ihre Marketing-Strategie in eigener Sache. Lassen Sie sich, wenn das möglich ist, Zeit für eine gründliche Vorbereitung, insbesondere für die Ausarbeitung einer durchdachten Geschäftsidee und für die Erstellung und Überprüfung eines Business Plans (siehe Literaturhinweise). Und führen Sie schon im Vorfeld möglichst viele Gespräche mit Ihren Zielkunden und bitten Sie sie um ein erbarmungslos klares Feedback. Seien Sie dankbar für jede unangenehme Information, die Sie jetzt schon erhalten, denn sie erspart Ihnen eine Menge Geld und Nerven!

# 8

# Die Entscheidung

Sofern Sie in der glücklichen Lage sind, die Qual der Wahl zu haben, kommt irgendwann der Zeitpunkt, an dem Sie sich entscheiden müssen – möglicherweise zwischen den Alternativen „Bleiben" oder „Gehen", möglicherweise zwischen verschiedenen externen Angeboten, die Ihnen vorliegen.

# Wenn Sie mehrere Optionen haben

In dieser günstigen, aber anstrengenden Situation kommt Ihnen die Vorarbeit zugute, die Sie in Kapitel 4 geleistet haben. Je genauer Sie wissen, was Ihnen in Ihrem (Berufs-)Leben wichtig ist, desto klarere Kriterien haben Sie an der Hand, um die Alternativen zu bewerten.

Nun gibt es zwei Möglichkeiten: Entweder die Entscheidung ist so klar, dass sich jede Analyse im Detail erübrigt. Oder Sie sind sich unsicher, neigen mal zu der einen, mal zu der anderen Alternative, weil beide ihre Vor- und Nachteile haben. In diesem Fall sollten Sie aufhören zu grübeln und stattdessen ein paar Blätter Papier zur Hand nehmen und eine Bewertungstabelle anlegen. Denn wenn Sie versuchen, diese Bewertung nur im Kopf machen, werden Sie sich wahrscheinlich nach einer Weile im Kreise drehen.

**Zwischen einerseits und andererseits**

## Rational oder intuitiv entscheiden?

Möglicherweise fragen Sie sich jetzt, ob man eine so wichtige und komplexe Entscheidung tatsächlich so analytisch und rational treffen sollte oder ob man da nicht stärker „aus dem Bauch heraus" vorgehen sollte. Die richtige Antwort heißt „beides". Eine systematische analytische Vorgehensweise ist nicht der beste Weg, eine Entscheidung zu treffen. Aber sie ist der beste Weg, alle verfügbaren Informationen zu bilanzieren und damit eine optimale Entscheidung vorzubereiten.

Denn der Verstand ist nicht unfehlbar – und die Intuition leider auch nicht. Wenn Sie beide Quellen nutzen, steigen die Chancen auf ein optimales Ergebnis.

**Verstand + Intuition**

Dass rein rationale Entscheidungen, sofern es sie überhaupt gibt, auch ihre Schwächen haben, hat sich ja inzwischen herumgesprochen. Dass aber auch Entscheidungen „aus dem Bauch heraus" schlecht, ja sogar hundsmiserabel schlecht sein können, das geht hinter einer allgemeinen Glorifizierung der Intuition verloren. Bitte reden Sie sich deshalb

**Intuition ist nicht unfehlbar**

nicht ein und lassen Sie sich nicht einreden, dass intuitive Entscheidungen automatisch etwas Gutes sind. So zielen zum Beispiel viele Manipulationstechniken darauf ab, uns trickreich zu einer „falschen", d.h. für uns nachteiligen Intuition zu führen. Die wachsende Beliebtheit der Intuition hängt wohl auch damit zusammen, dass viele meinen, sich auf diese Weise die Anstrengung einer systematischen Analyse und sorgfältigen Nachdenkens ersparen zu können. Doch aus der Tatsache, dass jemand das Denken verweigert, folgt noch lange keine Gefühlstiefe.

Die Kunst besteht darin, Rationalität und Intuition optimal zusammen zu führen. Dazu muss man wissen, dass das, was wir „Intuition" nennen, keine übernatürliche Kompassnadel ist, die uns auf geheimnisvolle Weise unfehlbar den richtigen Weg **Intuition 2** weist. Intuition ist eine ganzheitliche Verarbeitung und Be-**ist besser** wertung der uns vorliegenden Daten, Wahrnehmungen, **als** Eindrücke und Erkenntnisse. Je nachdem, welche Informa-**Intuition 1** tionen und Eindrücke uns vorliegen, entstehen daher völlig unterschiedliche Intuitionen. Die intuitive Bewertung, die wir nach einer sorgfältigen Analyse aller Fakten entwickeln („Intuition 2") kann weit von unserer ersten „naiven" Intuition abweichen, die wir auf der Basis unvollständiger und womöglich einseitiger Informationen spontan entwickeln („Intuition 1").

Rationalität und Intuition sind unsere beiden sich ergänzenden Formen, die Welt zu begreifen. Das analytische Denken zerlegt, zergliedert, erforscht im Detail – das synthetische setzt die Vielzahl von Einzeleindrücken zu einem geschlossenen Ganzen **Was ist** zusammen. Wer eines davon ausblendet, verliert einen we-**besser:** sentlichen Teil seiner Orientierungsmöglichkeiten – gleich **Sehen** ob er sich dem rationalen oder dem emotionalen Teil ver-**oder** schließt. Aus Rationalität und Intuition einen Gegensatz zu **hören?** machen, ist ähnlich unsinnig wie einen Gegensatz zwischen Sehen und Hören zu konstruieren und dann zu fragen, was der „richtige" Weg der Wahrnehmung sei.

Daraus folgt eine Entscheidungsregel, die Verstand und Intuition auf genial einfache Weise zusammen bringt. Sie lautet: Analysieren Sie so rational wie irgend möglich alle verfügbaren Fakten. Und wenn Sie das alles durchgearbeitet und durchdrungen haben, lassen Sie es sich setzen – und entscheiden Sie dann „aus dem Bauch heraus"!

## Wie Sie Ihre Alternativen bewerten

Die Intuition ist immer schneller als der Verstand. Schon längst bevor Sie anfangen nachzudenken, wie Sie sich entscheiden sollen, gibt es irgendwo tief in Ihrem Inneren eine mehr oder weniger klare Tendenz in die eine oder in die andere Richtung. Oder Sie sind, lange vor allen Überlegungen, hin und her gerissen, haben, wie weiland Doktor Faustus, „zwei Seelen in Ihrer Brust". Nehmen Sie diesen Ausgangszustand (Ihre „Intuition 1"), so wie sie ist, bewusst zur Kenntnis. Sonst besteht die Gefahr, dass Ihnen Ihr uneingestandener Wunsch, dass Ihr bevorzugtes Ergebnis herauskommen soll, beim Bewerten der Alternativen die Feder führt. Doch wenn Sie die Punkte kunstvoll so verteilen, dass am Ende das „richtige" Ergebnis herauskommt, dann können Sie sich die Mühe einer systematischen Bewertung auch sparen.

**Die spontane, gefühlsmäßige Bewertung**

Versuchen Sie im ersten Schritt, Ihre „Intuition 1" zu verstehen, das heißt, die Gründe für Ihre Präferenz in die eine oder in die andere Richtung (bzw. für Ihr Dilemma) herauszufinden. Listen Sie dazu einfach auf, was für und was gegen die verschiedenen Optionen spricht. Setzen Sie Nebenaspekte in Klammern, und unterstreichen Sie die Punkte, die Ihnen besonders wichtig oder gar unverzichtbar sind – damit haben Sie bereits eine Dreiteilung in Muss-, Soll- und Kann-Anforderungen. Gleichen Sie diese Liste in einem zweiten Schritt mit den Anforderungen an künftige Jobs ab, die Sie in Kapitel 4 erarbeitet haben. Vermutlich wird es da viele Überlappungen geben; möglicherweise entdecken Sie aber auch noch einige Ergänzungen.

**Die Gründe für Ihre Präferenz nachvollziehen**

Der dritte Schritt besteht darin, eine Entscheidungstabelle anzulegen. Listen Sie alle Kriterien auf, die Ihnen wichtig sind: Zunächst die Muss-Kriterien, ohne die ein Job nicht in die engere Wahl kommt, dann die Soll- und am Schluss die Kann-Anforderungen. Wenn Sie möchten, können Sie statt-

**Entscheidungstabelle**

dessen auch eine Punkte-Gewichtung vornehmen. Und dann bewerten Sie mit Punkten (zum Beispiel auf einer Skala von 1–10), wie gut Ihre Optionen die einzelnen Kriterien erfüllen. Der Rest ist Punkt- und Strichrechnung (davon allerdings eine ganze Menge).

Nun kommt der spannende Moment: Wenn das Ergeb-nis Ihrer Analyse vorliegt, achten Sie darauf, welches Ge-fühl es bei Ihnen auslöst. In der Regel wird es eine von drei Möglichkeit sein:

**Welches Gefühl löst das Ergebnis aus?**

- Entweder spontane Zufriedenheit – dann stimmen Ana-lyse und Intuition überein, und Sie wissen, was Sie tun werden. (Das kann ein sehr starkes Gefühl sein, aber auch ein wenig ausge-prägtes, das einfach nur mit einer gewissen stillen Befriedigung Stimmigkeit feststellt.)

- Oder Enttäuschung – dann ist das Ergebnis unklarer, als Sie es sich erhofft hatten; das heißt, die „zwei Seelen in der Brust" spiegeln sich auch in der Auswertung.

- Oder ein deutliches Unbehagen – dann hat die Analyse ein anderes Resultat gebracht als Sie sich gewünscht haben. Dies wiederum kann nur zwei Gründe haben: Entweder Sie gewichten gefühls-mäßig einzelne Kriterien Ihrer Liste anders als es auf Ihrem Zettel steht – oder es fehlt auf Ihrem Zettel noch ein wichtiges Kriterium (bzw. mehrere). In jedem Fall ist diese Diskrepanz zwischen Ana-lyse und Intuition ein Signal, das Sie ernst nehmen sollten. Versu-chen Sie, ihre Ursache zu erkennen und prüfen Sie, was diese Dis-krepanz für Sie bedeutet.

Damit ist wahrscheinlich der Punkt erreicht, an dem Sie den Rest der Arbeit an Ihr Unterbewusstes delegieren müssen. Sie haben nun al-le erforderlichen Vorarbeiten gemacht – jetzt braucht „In-tuition 2" ein bisschen Zeit zum Reifen. Setzen Sie sich da-bei nicht zu sehr unter Zeitdruck. Zwar hat es keinen Sinn, ewig zu warten, aber es bringt auch nichts, sich nach dem Mythos, dass ein guter Manager immer schnell entscheidet, unter Zugzwang zu setzen. Immerhin geht es hier um eine Weichen-stellung, die Ihren weiteren Lebensweg maßgeblich beeinflussen wird.

**„Intuition 2" braucht Zeit zum Reifen**

## 8.2
# Wenn Sie nur eine Wahl haben

Wenn Sie keine ernstzunehmenden externen Alternative haben, ist die Entscheidung klar: Dann bleiben Sie, wenigstens bis auf weiteres. Das muss Sie nicht daran hindern, die Augen weiterhin offen zu halten und Ihr Netzwerk, wie in Kapitel 7 besprochen, aktiv zu halten. Wichtig ist dann nur, dass Sie trotz alles Nachdenkens über Alternativen Ihren heutigen Job so professionell und engagiert machen, dass Sie nicht von dieser Seite Probleme bekommen.

### Was, wenn Sie gehen müssen?

Sehr viel schwieriger ist die Situation, wenn Sie einerseits wissen, dass Sie gehen müssen, andererseits einen Job in einem anderen Unternehmen angeboten haben, der von Ihren Idealvorstellungen relativ weit entfernt ist. Dann sind Sie im „Spatz-in-der-Hand-Dilemma": Auf der einen Seite eine Sicherheit, von der Sie ahnen, dass sie Sie nicht zufrieden stellen wird, auf der anderen Seite die Chance, etwas Besseres zu finden, aber auch das Risiko, in Schwierigkeiten zu kommen oder später ein noch schlechteres Angebot akzeptieren zu müssen.

**Spatz oder Taube**

Was hier die richtige Wahl ist, ist nicht nur eine Frage Ihrer Risikobereitschaft, sondern vor allem eine Frage Ihres Marktwerts. (Genau aus diesem Grund haben wir in Kapitel 5 die Überprüfung Ihres Marktwerts und Ihrer Alternativen so betont.) Je besser Ihre Chancen sind, in vernünftiger Zeit eine gute Alternative zu finden, desto eher können Sie es sich leisten, den „Spatz in der Hand" fliegen zu lassen. Je ungünstiger Sie Ihre Chancen einschätzen, desto größer wird der Druck, trotz aller Abneigung in den sauren Apfel zu beißen.

In diesem Dilemma sollten Sie ernsthaft erwägen, den Rat einer erfahrenen Outplacement-Agentur in Anspruch zu nehmen (siehe Abschnitt 9.3). Denn in dieser Situation benötigen Sie dringend eine verlässliche Einschätzung Ihres Marktwerts. Außerdem wird es Ihnen unter diesem Entscheidungsdruck vermutlich gut tun, einen neutralen und kompetenten Ansprechpartner zu haben. Möglicherweise können Sie das als Bestandteil des Abfindungspaketes mit Ihrem Arbeitgeber aushandeln (vergl. Kapitel 9). Doch selbst wenn Sie die Rechnung selbst bezahlen müssen[16], ist das Geld im Zweifelsfall gut angelegt, wenn es Ihnen einige Jahre in einer beruflichen Sackgasse erspart.

**Outplace-ment-Beratung**

## Wenn Sie keine Option haben

Was, wenn Sie bereits wissen, dass Sie gehen müssen, aber noch keine Alternativen haben? Genau diese Situation wollten wir eigentlich mit der ganzen Vorarbeit der vorausgegangenen Kapitel vermeiden, denn dann kommen Sie natürlich unter Druck. Wenn die Situation dennoch eingetreten ist oder Sie dieses Buch einfach zu spät in die Hand bekommen haben, dann sind drei Dinge vordringlich:

**Sofortmaß-nahmen**

■ Wenn möglich, die Vereinbarung einer **Übergangszeit** mit Ihrem bisherigen Arbeitgeber, wonach Sie sich aus einem bestehenden Beschäftigungsverhältnis heraus bewerben und Ihr heutiges Büro und Ihre Telefon- und Faxnummer noch für einige Zeit behalten können; idealerweise außerdem die Vereinbarung eines Outplacement-Pakets. (Zu beidem mehr im nächsten Kapitel.)

■ Die unverzügliche Aufnahme der **Suche auf allen Kanälen** (siehe Kapitel 7).

■ Das **Erstellen eines Krisenplans**, möglichst gemeinsam mit Ihrer Familie.

Dahinter steht Folgendes: So lange Sie Ihren Marktwert und Ihre Alternativen nicht kennen, sollten Sie bei Ihrer wirtschaftlichen Planung sicherheitshalber davon ausgehen, dass es einige Zeit dauern könnte, bis Sie wieder in Lohn und Brot stehen. Da Sie aber vermutlich laufende Verpflichtungen haben und selbst ebenso wie Ihre Familie an

---

[16] Möglicherweise gewährt Ihnen die Outplacement-Firma einen Selbstzahler-Nachlass. In jedem Fall können Sie das Honorar als Werbungskosten von der Steuer absetzen.

ein bestimmtes Ausgabenniveau gewöhnt sind, könnte es passieren, dass Ihnen irgendwann in einigen Monaten das Geld ausgeht. Schon der Gedanke daran würde Sie emotional massiv unter Druck setzen – mit dem Risiko, dass Sie sich erstens schlecht und zweitens unter Wert verkaufen, weil Ihre Gesprächspartner Ihre unterschwellige Existenzangst spüren.

Setzen Sie sich deshalb mit Ihrer Familie zusammen, listen Einnahmen und Ausgaben auf und erarbeiten ein Kostensenkungsprogramm. Je früher Sie das tun, desto weniger radikal müssen die nötigen Streichungen sein. Und wenn es Ihnen gelingt, diese Diskussion konstruktiv und kooperativ zu führen, haben Sie damit auch Ihre Familie in die Bewältigung des Problems eingebunden, das ja in der Tat nicht allein Ihr, sondern auch deren Problem ist. (Wenn Sie dann schneller als erwartet einen neuen Job finden, können Sie gemeinsam überlegen, ob Sie die Ausgaben einfach wieder hochfahren oder ob Sie eine größere Rücklage aufbauen wollen.)

# Ein paar Entscheidungshilfen

Hier noch ein paar Gedanken zu Fragen, die Sie in Ihrem Entscheidungsprozess möglicherweise beschäftigen.

## Zum Thema Loyalität

Die Zeiten einer lebenslangen Verbundenheit zwischen Mitarbeiter und Unternehmen sind wohl für immer vorbei. Unternehmen trennen sich von Mitarbeitern, Mitarbeiter wechseln **Verbindung** mehrfach in ihrem Berufsleben den Arbeitgeber – das **auf Zeit** Nähere regeln die gesetzlichen und vertraglichen Kündigungsfristen, sofern sie nicht „im beiderseitigen Einvernehmen" durch einen Auflösungsvertrag weiter verkürzt werden.

Was also heißt Loyalität überhaupt, und woraus leitet sie sich ab? Wenn Loyalität keine Einbahnstraße sein soll, können Unternehmen von Mitarbeitern und auch von Führungskräften nicht mehr an Treue erwarten als sie ihnen entgegenbringen. Gerade **Treue?** bei Fusionen und Umstrukturierungen brauchen Unternehmen ihre „Loyalitäts-Guthaben" oft rasant und restlos auf. Eine moralische Loyalitätspflicht des Mitarbeiters gegenüber dem Unternehmen wäre da allenfalls in Sonderfällen begründbar.

Natürlich ist es für ein Unternehmen extrem ärgerlich, wenn ein Manager, dem im Zuge einer Fusion oder Umstrukturierung eine wichtige neue Aufgabe übertragen wurde, nach wenigen Wochen seine Kündigung einreicht oder um die Auflösung seines Vertrags bittet. Doch was für ernsthafte Alternativen hätte er denn gehabt? Hätte er mitten in einer laufenden Bewerbung, deren Ausgang zu diesem Zeitpunkt noch ungewiss war, die Versetzung oder Beförderung ablehnen sollen? Hätte er der Personalabteilung mitteilen sollen, dass er bereits mit einem Bein im Absprung ist? De facto hatte er kaum eine andere Wahl als die Beförderung anzunehmen und „so zu tun als ob". Auch wenn ihm das vermutlich selbst unangenehm war. Doch niemand kann realistischerweise erwarten, dass der Mitarbeiter seine eigenen Interessen völlig hinter denen des Unternehmens zurückstellt.

Am ehesten besteht Loyalität heute wohl noch zwischen Menschen, die durch eine enge und vertrauensvolle Arbeitsbeziehung miteinander verbunden sind. So kommt es vor, dass Manager ein attraktives Angebot ausschlagen, weil sie sich ihrem Team, das sie mit viel Engagement und Überredungskunst neu aufgebaut haben, verpflichtet fühlen, oder gegenüber ihrem Chef, der ihnen eine außergewöhnliche Chance gegeben hat. Oder dass sie sich zum Bleiben verpflichtet fühlen, weil ein wichtiges Projekt, an dem sie gemeinsam mit ihren Kollegen arbeiten, sonst in größte Schwierigkeiten kommen würde.

**Loyalität zwischen Menschen**

Falls Sie Loyalität überhaupt als Wert anerkennen, sollten Sie prüfen, ob Sie moralische Verpflichtungen dieser Art empfinden, und wenn ja, woraus sie sich ergeben und wie weit sie reichen. Dabei sollten Sie sich auch fragen, ob diese Verpflichtung nach den Fusions- bzw. Umstrukturierungswirren überhaupt noch einlösbar ist oder ob sich das Projekt ohnehin auf dem Abstellgleis befindet bzw. das Team in Auflösung.

**... und ihre Geltungsbedingungen**

Es mag bitter sein, so etwas zu sehen, doch es ist besser, es vor der eigenen Entscheidung wahrzunehmen als danach.

## Zum Thema Professionalität

Professionalität bedeutet, dass man eingegangene Verpflichtungen auch dann erfüllt, wenn sie nicht einklagbar sind. Das heißt zum Beispiel, dass man seinen Job auch unter schwierigen Rahmenbedingungen gut macht und die vereinbarte Gegenleistung für sein Gehalt bringt. Dazu zählt auch, dass man begonnene Aufgaben zu Ende führt und niemanden im Stich lässt, der auf einen angewiesen ist – selbst wenn einem das Nachteile bringt.

Wenn Manager ihr Unternehmen auf eigenen Wunsch verlassen, gibt es einen entscheidenden Unterschied: Oft geht das, auch wenn die Kündigung für das Unternehmen zu einem ungünstigen Zeitpunkt kam und schwer zu verkraften

**Ein sauberer Abgang**

ist, völlig in Ordnung – manchmal indes hinterlässt es einen üblen Nachgeschmack.

So in einem Fall, wo der interne Projektleiter eines zentralen Zukunftsprojekts das Unternehmen nach etwa zwei Drittel des Weges verließ. Er hatte den letztmöglichen Termin für seine Kündigung gewählt, bat um sofortige Vertragsauflösung, bestand aber in jedem Fall darauf, seinen angesparten Resturlaub noch zu nehmen, obwohl ihn das Unternehmen wenigstens noch um ein Übergangs-Management bat und eine großzügige finanzielle Ablösung des Urlaubsanspruchs anbot. Nach einem kurzen und unerfreulichen arbeitsrechtlichen Gerangel entschied sich das Unternehmen zähneknirschend, den Mann ziehen zu lassen, da Professionalität nicht erzwingbar ist. Da es keinen Ersatz gab, wurde das Projekt um mehrere Monate zurückgeworfen; der Wettbewerbsvorteil, den es hätte bringen sollen, war weitgehend dahin.

Kurzfristig hat der betreffende Manager durch diesem „schlechten Abgang" kaum Schaden genommen, wenn man davon absieht, dass der entstandene Ärger und die Empörung auch bis zu seinem neuen Arbeitgeber durchdrang. Mittelfristig könnte die **Mittelfristige** Sache für ihn trotzdem noch zum Eigentor werden. Denn **Rück-** keiner seiner früheren Kollegen würde ihm nach dieser Er- **wirkungen** fahrung eine positive Referenz ausstellen. Und in den meisten Branchen ist heute so viel Bewegung, dass es gut möglich ist, dass er den einen oder anderen seiner Ex-Kollegen in den nächsten Jahren in ganz anderen Positionen und Unternehmen noch einmal begegnen wird. Auch Personalberater zögern in der Regel spürbar, wenn sie über einen Kandidaten solche Vorgeschichten hören.

## Zum Thema
## Wunschdenken/Verliebtheit/Selbstbetrug

Verliebtheit macht blind. Und verliebt kann man nicht nur in Menschen sein, sondern auch Sachen – und in Jobs. Der Grund dafür kann ein sogenannter „Überstrahl-Effekt" sein: Irgendetwas an dem neuen Job spricht Sie so stark an, dass es alles andere in den Hintergrund drängt. Das können die unterschiedlichsten Aspekte sein – je nachdem, wo Ihre heimlichen Träume liegen: der Titel („Vorstand", CFO, „Geschäftsführer"), das erzielbare Einkommen, die Reputation des Unternehmens, aber auch vermeintliche Nebenaspekte wie die geographische Lage („Jedes Wochenende Segeln gehen!"), die Ausstrahlung des Büros ...

Die Verliebtheit kann so groß sein, dass Nachteile geflissentlich übersehen und selbst deutliche Warnsignale entschlossen ignoriert werden. Weil wir so versessen darauf sind, genau diesen **Ausblenden** Job zu haben, wollen wir die Fakten gar nicht mehr so ge**von Warn-** nau wissen, insbesondere dann nicht, wenn sie zu einer ne**signalen** gativen Bewertung der „einmaligen Chance" führen würden. Mit der möglichen Konsequenz, dass man sich einige Monate später verzweifelt fragt: „Wie konnte ich nur so blind sein?"

Doch das Problem war nicht Blindheit, sondern Wahrnehmungsverweigerung. Um einen großen Traum nicht fahren lassen zu **Selbst-** müssen, betrügen wir uns selbst – meistens mit einem un**betrug** guten Gefühl im Bauch. Gerade weil wir ahnen, dass das Ergebnis einer sorgfältigen Analyse anders ausfallen würde als wir es uns wünschen, wollen wir es gar nicht mehr so genau wissen.

In solchen Fällen ist wahrscheinlich Ihre einzige Restchance, dass Sie einen Deal mit sich selbst machen. Er lautet: Volles Ansehen der Wahrheit gegen das „Recht auf Unvernunft". Mit anderen **Ein Deal mit** Worten, sie vereinbaren sozusagen mit sich selbst, dass Sie **sich selbst** sich auch die Nachteile und Warnsignale genau anschauen, räumen sich aber „im Gegenzug" das Recht ein, sich, wenn Sie sich den Job auch dann noch unerschütterlich wünschen, auch gegen alle Vernunft für ihn entscheiden zu dürfen.

Ohne einen solchen Deal werden Sie das Dilemma wahrscheinlich nicht auflösen können, denn dann sitzen Sie in der „Wahrnehmungsfalle". Denn solange Sie sich selbst auf Vernunft verpflichten, andererseits aber den Job unbedingt wollen, dürfen Sie die Warnsignale nicht wahrnehmen. Um den Wunschtraum nicht aufgeben zu müssen, entscheidet man sich halb bewusst zum Selbstbetrug.

Doch bevor Sie sich selbst in die Tasche lügen und die Bewertung so vornehmen, dass am Ende das gewünschte Ergebnis herauskommt, ist es besser, Sie stehen dazu, dass Sie die Ergebnisse der Analyse gar nicht mehr wissen wollen, weil Sie sich innerlich schon entschieden haben.

## Zum Thema falsche Hoffnungen/überzogene Erwartungen

„Beim nächsten Mann wird alles anders", lautete vor einigen Jahren ein Buchtitel, der unrealistische Zukunftshoffnungen in liebenswürdiger Boshaftigkeit wunderschön auf den Punkt brachte. Ähnlich realistisch die Vorstellung: Beim nächsten Job wird alles anders!

Zwar ist ein Jobwechsel in der Tat die Chance zu einem Neuanfang. Doch wäre es grober Unfug zu hoffen, dass alles, was Sie an Ihrem bisherigen Job gestört hat, nun völlig anders wird. Denn erstens werden Sie auch dort auf Menschen treffen, **Neuanfang** mit allen ihren Fehlern und Unzulänglichkeiten, und zweitens nehmen Sie ja auch sich selbst mit, und damit auch Ihr persönliches Kommunikations- und Konfliktprofil.

Je höher und unrealistischer die Erwartungen an den **Unrealisti-** neuen Job, desto bitterer ist hinterher die Enttäuschung. **sche** Die Grundlage dafür wird bereits in der Bewerbungsphase **Erwartungen** gelegt, wo beide Seiten – wie beim Flirt – sich alle erdenkli- **produzieren** che Mühe geben, ihre Schokoladenseite vorzuzeigen und **Enttäu-** ihre Schwachpunkte zu verdecken. **schungen**

Bewahren Sie sich vor solchen Enttäuschungen durch eine gute Portion Pragmatismus: Genau wie Sie selbst hat mit großer Wahrscheinlichkeit auch Ihr potenzieller neuer **Pragmatis-** Arbeitgeber das eine oder andere ein bisschen zu rosig dar- **mus** gestellt – vielleicht sogar ein großes bisschen. Rechnen Sie das von vornherein mit ein, dann haben Sie die Chance, positiv überrascht zu werden!

## Zum Thema nostalgische Vision

Normalerweise sind Visionen in die Zukunft gerichtet. Von einer „nostalgischen Vision" spricht man dann, wenn sie in die Vergangenheit gerichtet ist und davon träumt, die „gute alte Zeit" in die Zukunft zu verlängern. In diese Gefahr kommen wir immer dann, wenn wir uns davon, wie es war, nur sehr schlecht lösen können; dann weigern wir uns innerlich, zur Kenntnis zu nehmen, dass diese schöne Zeit schlicht und einfach vorbei ist.

Gefährlich werden nostalgische Visionen dann, wenn sie unsere Entscheidungen in der Gegenwart bestimmen. So mag es viele gute Gründe geben, in Ihrem Unternehmen zu bleiben, doch die Hoffnung, dass nach den ganzen Turbulenzen alles wieder so wird wie früher, sollte nicht dazu gehören. Ebenso wenig sollte die Hoffnung, dass es bei einem neuen Arbeitgeber so sein wird wie es früher in Ihrem alten Unternehmen war, Auslöser für einen Wechsel sein.

**Die „gute alte Zeit"**

**... ist nicht wieder herstellbar**

**Ihre Gefährdung**

Um nicht in die Falle einer nostalgischen Vision zu gehen, prüfen Sie sich zunächst einmal, ob Sie innerlich noch der Zeit vor der Fusion oder Umstrukturierung nachtrauern. Wenn Sie mit der Veränderung Ihren Frieden gemacht haben, dann sind Sie hier wahrscheinlich nicht gefährdet. Je mehr Sie aber tief in Ihrem Inneren den Wunsch spüren, wenigstens einen Teil der damaligen Gegebenheiten in die Zukunft zu retten, desto mehr sollten Sie sich selbst auf die Finger schauen, damit Sie nicht eine falsche, weil an nostalgischen Träumen orientierte Weichenstellung vornehmen.

## Zum Thema Risiko

Das Unternehmen zu wechseln, ist ohne Zweifel ein Risiko: Niemand kann sicher sagen, wie gut Sie in der neuen Umgebung einschlagen und wie schnell und positiv Sie sich dort entwickeln werden. Sich selbständig zu machen, ist, wie wir im vorigen Kapitel gesehen haben, ein noch größeres Risiko. Doch auch das Bleiben kann ein Risiko sein – besonders dann, wenn die Fusionsstrategie „Konfliktvermeidung" war (vgl. Kapitel 2). Denn wie sich das Unternehmen nach der Fusion oder Umstrukturierung weiter entwickeln wird, ist ebenfalls ungewiss,

**Auch bleiben kann ein Risiko sein**

sowohl was die wirtschaftliche als auch was die atmosphärische Seite betrifft.

Wenn es aber stimmt, dass nichts im Leben ohne Risiko ist, dann ist der Versuch, jedes Risiko zu vermeiden, wahrscheinlich nicht die richtige Strategie. Gerade in solchen **Risiko-vermeidung hilft nicht** Umbruchssituationen hat es keinen Sinn zu warten, bis man sich absolut sicher ist – das ist, wie wenn man sagen würde: „Ich gehe erst ins Wasser, wenn ich schwimmen kann." Mit so viel Defensivität kommt man nie zum Ziel.

Angesichts all der Umbrüche, in denen wir nun einmal leben, kann es nur darum gehen, die richtige Balance von Chancen und Risiken zu finden. Eine anspruchsvolle, aber lösbare Aufgabe in einem neuen Umfeld kann dazu genauso zählen wie **Die richtige Balance finden** der nächste Schritt im (fusionierten) Ursprungsunternehmen. Deshalb an dieser Stelle noch einmal die Entscheidungsregel von oben: Analysieren Sie so nüchtern wie möglich alle Fakten – und entscheiden Sie dann intuitiv!

## Zum Thema Entscheidungsangst

Dass Ihnen eine Entscheidung von dieser Tragweite auch ein Stück Angst macht, ist nachvollziehbar und völlig normal. Es wäre eher ein Grund zur Beunruhigung, wenn dies nicht der **Angst ist normal** Fall wäre. Doch Angst macht defensiv – sie verleitet dazu, Entscheidungen zu vermeiden und am Bestehenden festzuhalten.

Doch keine Entscheidung ist auch eine Entscheidung. Wer sich aus Angst vor Risiken so lange vor einer Entscheidung drückt, bis die Zahl der Alternativen auf eine zusammengeschmolzen ist, hat sich damit faktisch für die konservativste Lösung entschieden. Nur hat er dies auf geradezu masochistische Weise getan. Denn die Tage und Wochen, in denen er **Keine Entscheidung ist auch eine Entscheidung** sich täglich vor einer Entscheidung gedrückt hat, bis am Ende – Gott sei Dank! – nur noch eine Alternative übrig ist, waren vermutlich alles andere als ersprießlich. In diesem Fall kann man sich viel Quälerei ersparen, indem man einfach beschließt: Ich bleibe.

Denn welchen Nutzen hat es wirklich, keine Entscheidung zu treffen? Das Gefühl, keinen Fehler gemacht zu haben, kann es kaum sein, denn natürlich kann das Unterlassen einer Entscheidung bedeuten, dass Sie die Chance Ihres Lebens verpasst haben.

## Zum Thema Perspektiven

Große Entscheidungen fallen oftmals deshalb so schwer, weil man zu sehr in der Gegenwart und der Angst vor dem Morgen verhaftet ist.

**Die mittel-fristige Perspektive** Angst macht konservativ – sie verleitet zum Festklammern am Bisherigen. Da kann es sehr hilfreich sein, gedanklich einen Zeitsprung in die Zukunft zu machen und sich zu überlegen, welche der verfügbaren Optionen Sie mittel- bis langfristig am meisten Ihren Lebens- und Berufszielen näher bringt. Was wird in fünf Jahren, rückblickend betrachtet, die bessere Entscheidung sein? Oder, um einen Gedanken aus Kapitel 4 noch einmal aufzugreifen: Wenn Sie einmal 70 sind und zurückblicken auf Ihr Berufsleben: Welche Wahl würde Sie zufrieden, welche unzufrieden machen?

# Die Konditionen
# Ihres Ausscheidens

Eine satte Abfindung ist eine schöne Sache – wenn man den neuen Arbeitsvertrag schon in der Tasche hat. Wenn nicht, relativiert sich das „Glück". Denn so viel Geld, dass man sich davon zur Ruhe setzen könnte, fließt allenfalls im Top Management, wo es **Abfindung** um die vorzeitige Auflösung von Zeitverträgen geht, oder dann, wenn einen der Trennungswunsch in den letzten Berufsjahren ereilt und man dem Unternehmen schon viele Jahre angehört. In diesem Fall mag die Trennung zwar persönlich schmerzen, doch wenigstens finanziell kommt ein Betrag zusammen, der mehr ist als ein Überbrückungsgeld: Die gängige Faustregel lautet ein halbes bis ein volles Monatsgehalt pro Jahr der Unternehmenszugehörigkeit.

Allerdings schlägt bei Abfindungen nicht nur die Steuer zu; ein Aufhebungsvertrag kann auch negative Auswirkungen auf das Arbeitslosengeld haben (siehe Abschnitt 9.2). Dieses steht selbstverständlich auch Führungskräften zu, erreicht allerdings, gemessen am bisherigen Gehalt, eine wenig tröstliche Höhe.

Dennoch besteht kein Grund zur Panik, wenn Ihr Arbeitgeber Ihnen im Zuge der Fusion oder Umstrukturierung mitteilt, dass er sich von Ihnen trennen will. Sie müssen nicht befürchten, vom einen auf den anderen Tag auf der Straße zu stehen. Viel- **Keine Panik** mehr wird man Ihnen einen Aufhebungsvertrag und eine Abfindung anbieten; oft wird man Ihnen außerdem eine angemessene Zeit einräumen, sich um eine neue Position zu bemühen, was den Vorteil hat, dass Sie sich aus einem bestehenden Beschäftigungsverhältnis heraus bewerben. Unter Umständen können Sie sogar Ihr Büro und Ihr Sekretariat noch für einen vereinbarten Zeitraum behalten.

Bevor wir uns der Frage zuwenden, wie Sie einen vorteilhaften Aufhebungsvertrag mit einer gepflegten Abfindung aushandeln, wenden wir uns den rechtlichen Rahmenbedingungen einer vom Arbeitgeber initiierten Beendigung des Arbeitsverhältnisses zu.

**Aufhebungs-
vertrag**

# Rechtliche Regelungen, die Sie kennen sollten

Obwohl die Trennung von Führungskräften in der Regel nicht über Kündigung, Betriebsrat und Arbeitsgericht erfolgt, sollten Sie die Rechtslage hierzu in den Grundzügen kennen. Denn sie steckt für beide Seiten sowohl den Rahmen als auch ihre beste Alternative zu einer Verhandlungsübereinkunft ab. Falls Ihnen – was eher unwahrscheinlich ist – Ihr künftiger Ex-Arbeitgeber nur eine Aufhebungsvereinbarung anbietet, der hinter Ihren Ansprüchen nach dem Sozialplan bzw. Ihre voraussichtliche Abfindung im Falle einer Kündigungsschutzklage zurückfällt, brauchen Sie nicht zu unterschreiben. In solch einem Fall hätten Sie die Möglichkeit, statt der Unterschrift unter eine nachteilige Vereinbarung ein Kündigung abzuwarten und dann in aller Ruhe eine Kündigungsschutzklage durchzuziehen.

## Das Kündigungsschutzgesetz

Entgegen weit verbreiteten Meinungen gilt das Kündigungsschutzgesetz (KSchG) auch für Führungskräfte. Ausgenommen sind nach § 14 (1) lediglich „in Betrieben einer juristischen Person (...) die Mitglieder des Organs, das zur gesetzlichen Vertretung der juristischen Person berufen ist", also üblicherweise die Geschäftsführer von GmbHs und die Vorstände von Aktiengesellschaften bzw. die entsprechenden Funktionen in Personengesellschaften. **Gilt auch für Führungskräfte**

Das Kündigungsschutzgesetz legt in seinem § 1, der mit „Sozial ungerechtfertigte Kündigungen" überschrieben ist, die Grundlinien fest: **§ 1 Kündigungsschutzgesetz**

(1) Die Kündigung des Arbeitsverhältnisses gegenüber einem Arbeitnehmer, dessen Arbeitsverhältnis in demselben Betrieb oder Unternehmen länger als sechs Monate bestanden hat, ist rechtsunwirksam, wenn sie sozial ungerechtfertigt ist.

(2) Sozial ungerechtfertigt ist die Kündigung, wenn sie nicht durch Gründe, die in der Person oder in dem Verhalten des Arbeitnehmers liegen, oder durch dringende betriebliche Erfordernisse, die einer Weiterbeschäftigung des Arbeitsnehmers in diesem Betrieb entgegenstehen, bedingt ist. (...)

(3) Ist einem Arbeitnehmer aus dringenden betrieblichen Erfordernissen im Sinne des Absatzes 2 gekündigt worden, so ist die Kündigung trotzdem sozial ungerechtfertigt, wenn der Arbeitgeber bei der Auswahl des Arbeitnehmers soziale Gesichtspunkte nicht oder nicht ausreichend berücksichtigt hat; auf Verlangen des Arbeitnehmers hat der Arbeitgeber dem Arbeitnehmer die Gründe anzugeben, die zu der getroffenen sozialen Auswahl geführt haben. (...)

**Soziale Gesichtspunkte**

**Kündigungsschutzklage**

**Antrag auf Aufhebung des Arbeitsverhältnisses**

Gegen eine Kündigung, die er für sozial ungerechtfertigt hält, kann der Arbeitnehmer binnen drei Wochen Kündigungsschutzklage beim Arbeitsgericht erheben (§ 4). Im Arbeitsgerichtsverfahren können sowohl der Arbeitnehmer als auch der Arbeitgeber den Antrag stellen, das Arbeitsverhältnis trotz unwirksamer Kündigung aufzulösen, wenn ihnen die Fortsetzung nicht mehr zumutbar ist (§ 9 (1)). In diesem Fall legt das Gericht die Höhe der Abfindung fest; nach § 10 (1) ist dies „ein Betrag von bis zu zwölf Monatsverdiensten"[17]. Darauf ist nach § 11 das Einkommen anzurechnen, das der Arbeitnehmer in der Zeit zwischen Kündigung und gerichtlicher Auflösung des Arbeitsverhältnisses erzielt hat (einschließlich Arbeitslosengeld).

Einen gesetzlichen Anspruch auf Abfindung gibt es nur im Rahmen dieser §§ 9 und 10 des Kündigungsschutzgesetzes. Auf dieser Grundlage hat sich allerdings eine gerichtliche wie außergerichtliche Ver-

---

[17] Bei älteren Arbeitnehmern gelten nach § 10 (2) höhere Obergrenzen: 15 Monatseinkommen, wenn der Arbeitnehmer über 50 ist und mindestens 15 Jahre beschäftigt war, und 18 Monatseinkommen, wenn er über 55 ist und mindestens 20 Jahre im Unternehmen war. Berechnungsgrundlage ist das Bruttogehalt, das dem Arbeitnehmer in dem Monat, in dem das Arbeitsverhältnis endet, bei der für ihn regelmäßigen Arbeitszeit (also ohne Überstunden-Vergütung) an Geld und Sachbezügen zusteht (§ 10 (3)).

gleichspraxis herausgebildet, der zufolge ungefähr ein halbes Monatsgehalt pro Jahr des Unternehmenszugehörigkeit
angeboten wird. Liegen die Chancen des Arbeitgebers gut,
einseitig die Kündigung durchzusetzen, wird er darüber
kaum hinausgehen. Leidet die Kündigung jedoch an einem
gravierenden Mangel, etwa an einem Fehler in der Sozialauswahl, oder genießt der Kündigungskandidat zum Beispiel wegen Schwerbehinderung besonderen Kündigungsschutz, so werden auch Beträge erzielt, die den Umfang
von einem Monatsgehalt pro Beschäftigungsjahr übersteigen. Und
natürlich wird der Betriebsrat bei den Verhandlungen über Interessenausgleich und Sozialplan immer versuchen, möglichst nahe an die
magische Eins heranzukommen, was gerade bei fusionsbedingtem
Personalabbau auch häufig gelingt.

**Faustregel: Ein halbes bis ein ganzes Monatsgehalt pro Beschäftigungsjahr**

Für „leitende Angestellte, soweit diese zur selbständigen Einstellung oder Entlassung von Mitarbeitern berechtigt sind" (und nur unter
dieser Voraussetzung!) gelten nach § 14 (2) die Regeln des
Kündigungsschutzgesetzes nur eingeschränkt: Hier muss
der Arbeitgeber seinen Antrag auf Auflösung des Arbeitsverhältnisses gegenüber dem Arbeitsgericht nicht begrün-
den. Was praktisch bedeutet, dass der Arbeitgeber keinen
Kündigungsgrund benötigt; das Arbeitsgericht entscheidet
auf seinen Antrag lediglich über die Höhe der Abfindung.
Wegen dieser günstigen Verhandlungsposition des Arbeitgebers ist es für Leitende oftmals schwierig, außergerichtlich eine Abfindung auszuhandeln, die die Abfindungshöhe nach § 10 KSchG über-
steigt. Einen Versuch ist es dennoch wert.

**Einge-schränkter Kündigungs-schutz für leitende Angestellte**

## Betriebsänderungen, Massenentlassungen und Sozialpläne

Wenn sich Ihr Arbeitgeber im Zuge einer Fusion oder Umstrukturierung von Ihnen trennen will, werden Sie wahrscheinlich
nicht der einzige Betroffene sein. Relativ schnell ist dann
die Grenze zu einer „Massenentlassung" erreicht, nämlich

**Massenent-lassungen**

dann, wenn er sich innerhalb von 30 Kalendertagen von 30 oder mehr Beschäftigten[18] trennen will. In diesem Fall ist er nach § 17 KSchG erstens verpflichtet, dem Arbeitsamt vorher (!) Anzeige zu erstatten, zweitens muss er rechtzeitig den Betriebsrat informieren mit ihm „die Möglichkeiten beraten, Entlassungen zu vermeiden oder einzuschränken oder ihre Folgen zu mildern." (§ 17 (2))

Dies gilt nicht nur für Kündigungen, sondern auch für Aufhebungsverträge. Das Gesetz bestimmt ausdrücklich: „Den Entlassungen stehen andere Beendigungen des Arbeitsverhältnisses gleich, die vom Arbeitgeber veranlasst werden." (§ 17 (1)) Lediglich fristlose Entlassungen sind nach § 17 (4) von diesen Regelungen ausgenommen. Beim Verstoß gegen diese Vorschriften leiden die entsprechenden Kündigungen wie auch Aufhebungsverträge unter einem „unheilbaren Mangel", auf den sich der Arbeitnehmer auch dann noch berufen kann, wenn er im Aufhebungsvertrag bzw. im gerichtlichen Vergleich einer beiderseitigen „Erledigungsklausel" (siehe unten) zugestimmt hat.

Nach den § 111 Betriebsverfassungsgesetz muss das Unternehmen „den Betriebsrat über geplante Betriebsänderungen, die wesentliche Nachteile für die Belegschaft oder erhebliche Teile der Be-

**Betriebs-
änderungen** legschaft zur Folge haben können, rechtzeitig und umfassend (…) unterrichten" und sie mit ihm beraten. Als Betriebsänderungen werden dabei in § 111 neben einigen anderen Aspekten ausdrücklich die „Verlegung des ganzen Betriebs oder von wesentlichen Betriebsteilen" und der „Zusammenschluss mit anderen Betrieben" genannt.

In diesen Fällen muss das Unternehmen mit dem Betriebsrat einen Interessenausgleich und einen Sozialplan abschließen, das heißt „eine Einigung über den Ausgleich oder die Milderung der wirt-

**Interessen-
ausgleich/
Sozialplan** schaftlichen Nachteile, die den Arbeitnehmern infolge der geplanten Betriebsänderung entstehen" (§ 112 (1)). Prinzipiell gelten die Regelungen des Sozialplans auch für Führungskräfte, außer wenn sie leitende Angestellte im Sinne des § 5 (3) BetrVG sind.

---

[18] Für Betriebe unter 500 Mitarbeitern gelten niedrigere Obergrenzen.

Kommt eine Einigung nicht zustande, entscheidet nach **Einigungs-**
§ 112 (4) die Einigungsstelle. Das ist ein Gremium, das sich **stelle**
paritätisch aus Arbeitgeber- und Arbeitnehmervertretern sowie einem unparteiischen Vorsitzenden, in der Regel einem (pensio-
nierten) Arbeitsrichter, zusammensetzt. „Der Spruch der Einigungsstelle
ersetzt die Einigung zwischen Arbeitgeber und Betriebsrat." (§ 112 (4))

Das Betriebsverfassungsgesetz gibt der Einigungsstelle in § 112 (5)
drei Grundsätze mit auf den Weg, von denen sie sich leiten lassen soll:

1. Sie soll beim Ausgleich oder bei der Milderung wirtschaftlicher
   Nachteile, insbesondere durch Einkommensminderung, Wegfall
   von Sonderleistungen oder Verlust von Anwartschaften auf betriebliche Altersversorgung, Umzugskosten oder erhöhte Fahrtkosten,
   Leistungen vorsehen (...)

2. Sie hat die Aussichten der betroffenen Arbeitnehmer auf dem Arbeitsmarkt zu berücksichtigen. Sie soll Arbeitnehmer von Leistungen ausschließen, die in einem zumutbaren Arbeitsverhältnis (...)
   weiterbeschäftigt werden können und die Weiterbeschäftigung ablehnen; (...)

3. Sie hat bei der Bemessung des Gesamtbetrages der Sozialplanleis-
   tungen darauf zu achten, dass der Fortbestand des Unternehmens
   oder die nach Durchführung der Betriebsänderung verbleibenden
   Arbeitsplätze nicht gefährdet werden.

## „Betriebsübergang" heißt: 1 Jahr Schonfrist

Die Übernahme eines Unternehmens durch ein anderes
stellt rechtlich in der Regel einen Betriebsübergang dar, der **§ 613a BGB**
unter den berühmten § 613a des Bürgerlichen Gesetzbuchs
(BGB) fällt:

(1) Geht ein Betrieb oder einen Betriebsteil durch Rechtsgeschäft auf
    einen anderen Inhaber über, so tritt dieser in die Rechte und Pflich-
    ten aus den im Zeitpunkt des Übergangs bestehenden Arbeits-
    verhältnissen ein. Sind diese Rechte und Pflichten durch Rechts-
    normen eines Tarifvertrags oder durch eine Betriebsvereinbarung
    geregelt, so werden sie Inhalt des Arbeitsverhältnisses zwischen

dem neuen Inhaber und dem Arbeitnehmer und dürfen nicht vor Ablauf eines Jahres nach dem Zeitpunkt des Übergangs zum Nachteil des Arbeitnehmers geändert werden. Satz 2 gilt nicht, wenn die Rechte und Pflichten bei dem neuen Inhaber durch Rechtsnormen eines anderen Tarifvertrages oder durch eine andere Betriebsvereinbarung geregelt werden. (...)

Das bedeutet faktisch, um zwei weitere beliebte Begriffe aufzugreifen, ein „Schlechterstellungsverbot" bzw. eine „Besitzstandswahrung", jedenfalls für ein Jahr – allerdings nur für Regelungen, die im Einzelvertrag vereinbart sind; Regelungen, die sich aus Tarifverträgen oder Betriebsvereinbarungen ergeben, rutschen sofort in die Rechtslage bei dem Erwerber hinein. Kritisch ist es, wenn Regelungen im individuellen Vertrag auf Regelungen in Tarifverträgen oder Betriebsvereinbarungen verweisen. Unter welchen Voraussetzungen solche Regelungen

**Besitz-
stands-
wahrung für
ein Jahr**

Bestand haben oder aber sofort unter die Geltung der neuen Bestimmungen fallen, gehört zu den derzeit umstrittenen Problemen in Schrifttum und Rechtssprechung.

Dass der neue Inhaber an die Stelle des alten Arbeitgebers tritt, all dessen Rechte und Pflichten übernimmt und daran das erste Jahr gebunden ist, gilt nach dem Gesetz ausdrücklich auch für Kündigungen:

(4) Die Kündigung des Arbeitsverhältnisses eines Arbeitnehmers durch den bisherigen Arbeitgeber oder durch den neuen Inhaber wegen des Übergangs des Betriebs oder eines Betriebsteils ist unwirksam. Das Recht zur Kündigung des Arbeitsverhältnisses aus anderen Gründen bleibt unberührt.

Angesichts dieser eindeutigen Rechtslage wäre der Arbeitgeber geradezu närrisch, wenn er mit Hinweis auf den Betriebsübergang kündigen würde. Doch nach der Rechtsprechung des Bundesarbeitsgerichts liegt eine Kündigung wegen des Betriebsübergangs auch dann vor, wenn es keinen anderen sachlichen Grund gibt, der die Kündigung aus sich heraus (!) rechtfertigt. Wie immer bei Juristen kommt es dabei auf die Umstände des speziellen Falles an. In jedem Fall kann dies ein Argument sein, das Sie unter anwaltlicher Beratung gegebenenfalls verwenden können, wenn es um die Höhe der Abfindung geht.

Im Gegensatz zu den ganzen vorgenannten Regelungen hat der § 613a BGB nichts mit Mitbestimmungsrechten zu tun. Er steht im Bürgerlichen Gesetzbuch im Abschnitt über den „Dienstvertrag", das heißt er bezieht sich auf die vertragliche Beziehung zwischen Arbeitgeber und Arbeitnehmer. Im Gegensatz zu einem Sozialplan sind Sie hier also nicht davon abhängig, was der Betriebsrat mit dem Arbeitgeber aushandelt, sondern können, wenn es Ihnen sinnvoll erscheint, auch auf eigene Faust auf die Wahrung des im Gesetz festgelegten Besitzstands klagen.

Die Fragen um Kündigungsschutz, Betriebsänderung und Betriebsübergang sind ein umfangreiches und kompliziertes Rechtsgebiet, das man als Nichtjurist möglichst nur in Begleitung eines im Arbeitsrecht nicht nur erfahrenen, sondern auch erfolgreichen Anwalts betreten sollte, der nach Möglichkeit Fachanwalt für Arbeitsrecht sein sollte. Nehmen Sie die vorausgegangenen Abschnitte daher nur als Basisinformation, aber holen Sie sich fachkundigen Rat, bevor Sie konkrete Schritte einleiten! **Anwaltliche Beratung nötig**

## Beratungs- und Prozesskosten

Arbeitsgerichtliche Verfahren sind in der ersten Instanz relativ preisgünstig, wohl weil der Gesetzgeber hier keine zu hohen Hürden aufbauen wollte.

Sowohl Gerichts- als auch Anwaltskosten richten sich nach dem Streitwert, der nach § 12 (7) des Arbeitsgerichtsgesetzes „bei Rechtsstreitigkeiten über das Bestehen, Nichtbestehen **Streitwert** oder die Kündigung eines Arbeitsverhältnisses" auf höchstens ein Viertel des Jahreseinkommens (ohne Abfindungen) festgelegt ist.

Die Gerichtskosten betragen in der ersten Instanz nach § 12 (2) Arbeitsgerichtsgesetz maximal 1.000 DM. Dieser Höchstbetrag ist ab einem Streitwert von DM 25.000, also im **Gerichts-** Kündigungsschutzprozess ab einem Jahreseinkommen von **kosten** DM 100.000 erreicht. (Diese Begrenzung gilt nur für Be- **maximal** endigungs-, nicht aber für Änderungskündigungen.) **1.000 DM**

Anwalts-
kosten nach
Gebühren-
ordnung

Erst-
beratung
350 DM
Dazu kommen die Anwaltskosten, die eine solche Begrenzung bedauerlicherweise nicht kennen – und die Sie in der
ersten Instanz in jedem Fall selbst tragen müssen. Relativ
preisgünstig (und von daher vorbehaltlos zu empfehlen) ist
die außergerichtliche Erstberatung, die nach der Bundes-
rechtsanwaltsgebührenordnung (BRAGO) auf DM 350 zuzüglich Mehrwertsteuer begrenzt ist.

Sehr viel teurer wird es, wenn die Sache weiter geht. Bei
einem Streitwert von DM 25.000 liegen die Kosten bei
DM 1.025, bei einem Streitwert von DM 50.000 bei DM 1.425 und
bei einem Streitwert von DM 100.000 bei DM 2.125, jeweils zuzüglich
Mehrwertsteuer. Diese Gebühren können pro Instanz mehrfach anfallen,
nämlich erstens als Beratungsgebühr (in Höhe von 5/10 bis 10/10),
zweitens als Verhandlungsgebühr (für die mündliche Verhandlung vor
Gericht) bzw. als Besprechungsgebühr (für die außergerichtliche Tätigkeit des Anwalts), drittens als Beweisgebühr. Auch beim Abschluss des
Prozesses durch Vergleich wird eine volle Gebühr fällig. (Allerdings
löst der arbeitsgerichtliche Vergleich in der ersten Instanz keine Gerichtskosten aus.) Im Internet sind Kostenberechnungssysteme auf
der Basis der BRAGO angeboten, zum Beispiel unter www.jurway.de/
anwalt/brago.htm.

Sowohl im außergerichtlichen als auch im gerichtlichen Verfahren
können Sie mit Anwälten auch eine von der Gebührenordnung abwei-
chende Vereinbarung treffen, zum Beispiel auf Basis eines

Honorar
nach
Verein-
barung

Kostenrisiko
höherer
Instanzen
Pauschal- oder Stundenhonorars (§ 3 BRAGO).

Das wirkliche Risiko bei Rechtsstreitigkeiten liegt indes
nicht darin, dass man verliert, sondern darin, dass man gewinnt – und der Prozessgegner die nächsthöhere Instanz
anruft. Zu den erneuten Anwaltskosten kommen dann stei-
gende Gerichtskosten. Das Landesarbeitsgericht kostet
knapp den 1,5-fachen, das Bundesarbeitsgericht knapp den
doppelten Gebührensatz – und zwar ohne „Deckelung" auf
einen Höchstbetrag. Was das Risiko zusätzlich erhöht, ist,
dass Sie ab der zweiten Instanz im Falle einer Niederlage auch die Anwaltskosten der anderen Seite bezahlen müssen.

## So suchen Sie Ihren Anwalt aus

Angesichts dieses kaum kalkulierbaren Kostenrisikos lohnt es sich, von vornherein eine gütliche Einigung anzustreben. Bei einem außergerichtlichen Vergleich erhält der Anwalt zwar die 1,5-fache Gebühr, dafür fallen aber keine Gerichtskosten an. Der **Besser ein** größte Vorteil eines Vergleichs ist jedoch, dass Sie danach **Vergleich** den Kopf für Ihre Zukunft frei haben. Selbst wenn Sie nicht das Maximum herausholen, haben Sie danach klare Verhältnisse – und ersparen sich den Stress eines möglicherweise langwierigen Rechtsstreits mit ungewissem Ausgang und erheblichem Kostenrisiko.

Wie Sie inzwischen wohl zu ahnen beginnen, ist das Arbeitsrecht rund um Kündigung und Aufhebungsvertrag eine ziemlich vertrackte Materie. Und wie immer, so schlägt auch hier **Fachanwalt** der Spezialist den Allrounder. Wenden Sie sich deshalb **für** nach Möglichkeit an einen Fachanwalt für Arbeitsrecht, **Arbeitsrecht** und zwar möglichst an einen, der auf die (meist außergerichtliche) Interessenwahrnehmung von Führungskräften spezialisiert ist.

Achten Sie daher bei der Wahl Ihres Anwalts auch darauf, sich möglichst keinen „Prozessanwalt" auszusuchen, der Spaß daran hat, Verfahren bis zum (für ihn allemal süßen) Ende durchzufechten und der mit Ihrem Fall womöglich bis zum Eu- **Kein „Pro-** ropäischen Gerichtshof für Menschenrechte ziehen würde. **zessanwalt"** Suchen Sie sich stattdessen einen „Verhandlungsanwalt", der Sie mit fachlicher Kompetenz und hohem Verhand- **„Verhand-** lungsgeschick dabei unterstützt, eine optimale außerge- **lungsanwalt"** richtliche Einigung zu erzielen! Denn während Rechts- **suchen** händel für Anwälte ihr Broterwerb sind, wäre ein Prozess für Sie ein unerwünschter Nebenkriegsschauplatz, der viel Zeit und Energie bindet und Sie von Ihren eigentlichen Zielen und Aufgaben nur ablenkt.

Um herauszufinden, in welche Richtung ein Anwalt tendiert, achten Sie in der Erstberatung darauf, wo er die Akzente setzt. Das Erstgespräch ist für den Anwalt bezahlte Akquisition – dort will er Sie als

Mandanten gewinnen und wird Ihnen deshalb seine Kompetenz und seine Stärken demonstrieren. Beobachten Sie also: Berät er Sie eher in Richtung einer außergerichtlichen Einigung oder schwärmt

**Sorgfältige Analyse der Erstberatung**

er kampfeslustig von seinen Heldentaten vor Gericht? Schlägt er Ihnen ein polemisches Schreiben an Ihren Arbeitgeber vor, das diesen zu einer harschen Gegenreaktion verlocken könnte, oder geht er trotz klarer Sachposition eher moderat und konsensbereit an die Sache heran? Scheuen Sie sich nicht, ein solches Erstgespräch auch noch mit ein oder zwei anderen Anwälten zu führen – insbesondere dann, wenn Sie ein ungutes Gefühl haben.

# So verhandeln Sie einen guten Aufhebungsvertrag

Der Aufhebungsvertrag heißt so, weil er einen anderen Vertrag – nämlich Ihren Arbeitsvertrag – aufhebt. Prinzipiell kann ein solcher Aufhebungsvertrag sehr kurz sein: „Der Arbeitsvertrag zwischen H. Müller-Meier und Fa. Schulze ist hiermit aufgehoben." Ein guter Vertrag wäre das allerdings nicht – erstens, weil er viele wesentliche Fragen offen lässt, zweitens, weil er keine Abfindung vorsieht, und damit im Umkehrschluss festlegt, dass Sie keine Abfindung erhalten.

**Aufhebungsvertrag hebt Arbeitsvertrag auf**

## Rechtliche Auswirkungen eines Aufhebungsvertrags

Die Abfindung ist nicht der einzige wichtige Aspekt an einem Aufhebungsvertrag, aber ein ganz wesentlicher Teil. Welche anderen Dinge in einem Aufhebungsvertrag geregelt sein sollten, können Sie der Checkliste auf S. 219 entnehmen.

Ein Aufhebungsvertrag hat gegenüber einer Kündigung nicht nur Vorteile. Das beginnt damit, dass er die meisten Ihrer Schutzrechte aus dem Kündigungsschutzgesetz und anderen Rechtsvorschriften aushebelt. Weiter begeben Sie sich aller Ihrer Ansprüche an den Arbeitgeber, die im Aufhebungsvertrag nicht zu Ihren Gunsten geregelt worden sind – zum Beispiel Ihrer Ansprüche aus der betrieblichen Altersversorgung, soweit sie nicht unverfallbar geworden sind. Das Gleiche gilt freilich auch in die andere Richtung: Ihr Arbeitgeber verzichtet mit seiner Unterschrift ebenfalls auf alle Ansprüche gegen Sie, die nicht in dem Vertrag festgehalten sind. Dies gilt insbesondere dann, wenn der Vertrag eine sogenannte Erledigungsklausel enthält, wie etwa: „Mit diesem Aufhebungsvertrag sind sämtliche Ansprüche aus dem Arbeitsverhältnis und seiner Beendigung erledigt und abgegolten, soweit sich nicht aus diesem Vertrag etwas anderes ergibt."

**Kündigungsschutz entfällt**

**Definitiver Schlussstrich**

**Beratung und Vorbereitung**  Allerdings hat die Arbeitgeber-Seite mit solchen Verträgen vermutlich mehr Erfahrung als Sie. Das Risiko, dass Sie etwas Wichtiges übersehen, dürfte daher größer sein als die Wahrscheinlichkeit, dass Ihrem Arbeitgeber ein Schnitzer unterläuft. Aus diesem Grund sollten Sie sich nicht nur gut vorbereiten, sondern sich auch von einem erfahrenen Rechtsanwalt – möglichst einem Fachanwalt für Arbeitsrecht – beraten lassen.

## Lassen Sie sich nicht unter Zugzwang setzen

In der Regel wird Ihnen die Personalabteilung beim ersten Gespräch über die Konditionen Ihres Ausscheidens einen Aufhebungsvertrag vorlegen. Unter Umständen ist er auf der Arbeitgeber-Seite schon unterschrieben, um ihm eine gewisse Verbindlichkeit und einen Anschein von Unabänderlichkeit zu geben. Nun können Sie natürlich sofort auf der Arbeitnehmer-Seite unterschreiben – dann wäre der Vertrag rechtskräftig, wenn auch alles andere als „perfekt". Denn optimal verhandelt und den vorhandenen Spielraum ausgeschöpft hätten Sie damit wohl kaum.

**Vorsicht mit sofortiger Unterschrift**

Angesichts der Tragweite eines solchen Vertrags sollten Sie sich ernstlich überlegen, ob sie ihn – auch zu verbesserten Konditionen – an Ort und Stelle unterschreiben. Wenn Sie den Wunsch äußern, den Entwurf mit nach Hause zu nehmen, um ihn in Ruhe zu prüfen und gegebenenfalls mit einem Anwalt zu beraten, wird man, wenn fair gespielt wird, zwar vielleicht die Augenbrauen heben, aber man wird Ihnen dies Möglichkeit einräumen.

Werden Sie misstrauisch, wenn man Sie zu einer sofortigen Unterschrift drängt. Fragen Sie in diesem Fall, ohne böse Absichten zu unterstellen, nach den Gründen für die Eile. Viel mehr als Arbeitsersparnis und eine Beschleunigung des Verfahrens wird man Ihnen in der Regel nicht nennen können. Scheuen Sie sich nicht, dann gegebenenfalls zu sagen: „Ich verstehe Ihr Interesse, die Verträge schnell unter Dach und Fach zu bringen. Ich habe daran auch Interesse, aber noch wichti-

**Auf sorgfältiger Prüfung bestehen**

# Checkliste Aufhebungsvertrag

Folgende Dinge sollten in einem Aufhebungsvertrag sinnvollerweise geregelt sein:

- Zeitpunkt des Ausscheidens
- Freistellung
- Resturlaub
- Möglichkeit zur Nutzung von Büro und Telekommunikationseinrichtungen für eine Übergangszeit
- Outplacement
- Zeugnis
- Abfindung (inkl. Fälligkeit und Zahlungsmodalitäten)
- Ausstehende Sonderzahlungen (Prämien, Tantiemen, Urlaubs- und Weihnachtsgeld, 13. Monatsgehalt usw.)
- Betriebliche Altersversorgung
- Übernahme von Versicherungen (z. B. Direktversicherung durch Gehaltsumwandlung)
- Darlehen und Vorschüsse
- Dienstwagen (Rückgabe/Übernahme)
- Handy (Rückgabe/ggf. Behalten der Rufnummer)
- Verschwiegenheit
- Nachvertragliches Wettbewerbsverbot und ggf. Karenzentschädigung
- ggf. Rücknahme Kündigungsschutzklage

Im Einzelfall kann es sinnvoll sein, noch weitere Aspekte in einem Aufhebungsvertrag zu regeln.
Prüfen Sie daher, ob es in Ihrem speziellen Fall weitere Punkte gibt, bei denen Sie einen Regelungsbedarf sehen!

ger ist mir, dass ich den Vertrag genau prüfen und einige Tage darüber nachdenken kann. Schließlich hängt für mich einiges davon ab!"

Ausgesprochen unsportlich wäre, Ihnen für den Fall des Zögerns mit einer Kündigung oder mit Unannehmlichkeiten (wie Kürzung der Abfindung) zu drohen. Aber in diesem Fall wüssten Sie zumindest, woran Sie sind. Machen Sie gegebenenfalls deutlich, dass **Alarm-** Sie in diesem Falle umgehend Kündigungsschutzklage erhe- **signale** ben würden. Haben Sie keine Sorge, damit etwas zu verderben – dafür gibt es an diesem Punkt kaum noch die Möglichkeit. Sprechen Sie in einem solchen Fall sofort mit einem Rechtsanwalt, denn wenn Sie nicht auf die Fairness der anderen Seite vertrauen können, brauchen Sie, um nicht über den Tisch gezogen zu werden, einen rechtskundigen Berater. Und spätestens im gerichtlichen Gütetermin, aber wahrscheinlich schon lange davor, wird der Arbeitgeber seinen ursprünglichen Vorschlag wieder hervorzaubern müssen, wenn er das Gericht nicht verärgern will.

## Wie Sie die Konditionen verhandeln

Doch mit so harten Bandagen wird bei fusions- und umstrukturierungsbedingten Trennungen selten gespielt. Meistens bedauern es das Unternehmen und die Personalleute selbst, dass sie sich **Bemühen** von langjährigen Führungskräften auf so unschöne Weise **um Fairness** trennen müssen, und sie geben sich daher größte Mühe, das Unvermeidliche wenigstens mit Anstand und einer gewissen Großzügigkeit über die Bühne zu bringen.

Trotz dieses beiderseitigen Interesses an einer anständigen und möglichst „geräuschlosen" Lösung besteht natürlich ein Interessengegensatz, insbesondere dort, wo es um die Verteilung von Geld geht. Im Zweifelsfall hat das Unternehmen bestimmte Vorstellungen, **Interessen-** wie viel es für die verschiedenen Positionen auszugeben **gegensatz** bereit ist. Innerhalb dieses Rahmens besteht in aller Regel eine gewisse Flexibilität, weil es dem Unternehmen zum Beispiel relativ gleichgültig sein kann, ob ein bestimmter Betrag direkt ausbezahlt oder für ein Outplacement ausgegeben wird. Sogar beim

„Dehnen" dieses Rahmens besteht oft eine gewisse zähneknirschende Flexibilität, weil angesichts der Arbeitsbelastung durch die Fusion in der Regel niemand Zeit und Lust hat, wegen ein paar Tausend Mark einen Prozess zu führen. Zum Streit kommt es da nur, wenn jemand den Bogen völlig überspannt.

Das heißt für Sie, dass Sie in erster Linie wissen müssen, was Sie wollen. Überlegen Sie vor dem entscheidenden Gespräch, ob Ihnen zum Beispiel eine umgehende Freistellung wichtig ist oder ob Sie Ihr Büro und die Infrastruktur lieber noch ein paar Wochen behalten möchten, ob Sie lieber eine möglichst hohe Abfindung wollen oder ob Sie lieber einen Teil davon in ein Outplacement **Sie müssen** investieren würden (siehe unten). Wichtig ist außerdem, **wissen, was** dass Sie ein klares und transparentes Bild Ihres heutigen **Sie wollen** Einkommens einschließlich Prämien, Sonderzahlungen, Rentenanwartschaften und geldwerter Leistungen haben – am besten in Form einer Tabelle, die Sie gegebenenfalls auf den Tisch legen können. Und dann heißt es verhandeln ... – lassen Sie Ihren Arbeitgeber ruhig merken, wie viel Verhandlungsgeschick er mit Ihnen verliert!

Falls Sie sich angesichts der zahlreichen rechtlichen Aspekte unsicher fühlen, können Sie sich zu dieser Verhandlung auch von Ihrem Rechtsanwalt begleiten lassen. Ihr Arbeitgeber wird davon zwar nicht begeistert sein, aber verübeln kann er es Ihnen **Begleitung** letzten Endes auch nicht. Und verbieten auch kaum, weil **durch** das im Ergebnis nur den Schauplatz der Verhandlung auf **Anwalt** einen späteren gerichtlichen oder außergerichtlichen Termin verlagern würde. Instruieren Sie dann aber Ihren Anwalt so, dass er auf einen Vergleich hinarbeitet und nicht auf einen Prozess!

## Auswirkungen auf das Arbeitslosengeld

Nach der seit dem 1. April 1999 geltenden Regelung **Bezugspunkt** (§ 143a SGB III) haben Abfindungen, die wegen der Beendi- **ordentliche** gung eines Arbeitsverhältnisses gezahlt werden, nur dann **Kündigung** Auswirkungen auf das Arbeitslosengeld, wenn das Arbeitsverhältnis ohne Einhaltung der für den Arbeitgeber maßgeblichen ordentlichen Kündigungsfrist beendet wurde. In diesem Fall ruht der Anspruch auf Arbeitslosengeld bis zu dem Tag, an dem das Arbeitsverhältnis bei Einhaltung dieser Frist geendet hätte. Sofern die ordentliche Kündigungsfrist hingegen eingehalten wurde, hat die Abfindung keinerlei Auswirkungen auf das Arbeitslosengeld, wird also nicht, wie es in früheren Jahren einmal galt, teilweise darauf angerechnet.

Zusätzlich kann das Arbeitsamt nach § 144 SGB III eine zwölfwöchige Sperrzeit beim Arbeitslosengeld verhängen, wenn es davon ausgeht, dass der Arbeitnehmer sich nicht genügend um **Vorsicht** den Erhalt seines Arbeitsplatzes bemüht hat und damit das **Sperrzeit!** Entstehen seiner Arbeitslosigkeit durch Zusammenwirken mit dem Arbeitgeber selbst mit verursacht hat. Im Unterschied zu früher riskieren Führungskräfte eine Sperrzeit auch dann, wenn der Aufhebungsvertrag explizit vor betriebsbedingtem Hintergrund zustande gekommen ist. Nur gezielte Informationen des Unternehmen und der Führungskraft gegenüber dem Arbeitsamt können helfen, diese Sperrzeit zu vermeiden.

Die Sperrzeit verschiebt das Arbeitslosengeld nicht einfach nach hinten, sondern sie reduziert die Anspruchsdauer nach § 128 (1) SGB III um „mindestens ein Viertel der Anspruchsdauer, die **Minderung** dem Arbeitslosen bei einer erstmaligen Erfüllung der Vor- **der** aussetzungen (...) zusteht". Bei Arbeitnehmern unter 42 **Anspruchs-** Jahren läuft das auf eine zwölfwöchige Sperre hinaus, bei **dauer** einem über 57-Jährigen kann es zu einer Kürzung von acht Monaten seines eigentlich 32-monatigen Anspruchs auf Arbeitslosengeld führen. Dies können ganz erhebliche Beträge sein. Da sich die Rechtslage auf diesem Gebiet in den letzten Jahren mehrfach geändert hat, ist es ratsam, hier im Falle des Falles frühzeitig Beratung durch das Arbeitsamt und ggf. durch einen fachkundigen Anwalt in Anspruch zu nehmen.

---

Für die sorgfältige juristische Durchsicht der Abschnitte 9.1 und 9.2 danke ich Frau Rechtsanwältin Antje Burmester, Fachanwältin für Arbeitsrecht in Köln

# Outplacement – eine interessante Option?

Wenn Sie unter 40 sind, gefragte Kompetenzen besitzen und regelmäßig Anrufe von Headhuntern erhalten, dann ist Ihnen möglicherweise mit einer höheren Abfindung mehr gedient als mit einem Outplacement-Programm. Umgekehrt ist ein solches Programm um so nützlicher, je schwieriger es für Sie ist, einen adäquaten neuen Job zu finden. Dabei spielt das Alter eine Rolle (ab Ende 40 wird es in den meisten Branchen kritisch), das Kompetenzfeld, aber auch die mangelnde Erfahrung mit Bewerbungssituationen und der gezielten Vermarktung der eigenen Fähigkeiten.

Ein professionelles Outplacement kann Ihnen zum Beispiel helfen,

■ mit der Situation, dass Sie nach langen und erfolgreichen Berufsjahren plötzlich auf der Straße stehen, besser umzugehen;

■ Ihre Stärken und Schwächen und vor allem Ihre Wettbewerbsvorteile gegenüber Ihren Konkurrenten präzise herauszuarbeiten und Ihre Marketingstrategie in eigener Sache zu definieren;

**Nutzen eines Outplacements**

■ Arbeitgeber, für die Ihr Kompetenzprofil von besonderem Interesse ist, systematisch zu bestimmen;

■ professionelle Bewerbungsstrategien für diese Ziel-Arbeitgeber zu entwickeln;

■ sich auf Vorstellungsgespräche und Auswahlverfahren optimal vorzubereiten;

■ eine erfolgreich gewonnene neue Position dann auch auf Dauer zu behalten.

Letztlich ist das sehr viel mehr wert als ein paar Tausend Mark an zusätzlicher Abfindung. Denn eine Abfindung sorgt nur für einen einmaligen Vermögenszuwachs, während Ihnen ein neuer Job ein regelmäßiges Einkommen sichert. Außerdem würde das Finanzamt von einer höheren Abfindung mehr profitieren als Sie. Verzichten Sie auf ein Outplacement daher nur dann, wenn Sie sehr sicher sind, auf eigene Faust schnell einen guten neuen Job zu finden.

Manche Unternehmen bieten Führungskräften ein Outplacement im Rahmen ihres „Trennungspaketes" von sich aus an. Wo dies nicht Bestandteil des vorgeschlagenen Aufhebungsvertrages ist, haben Sie in der Regel die Möglichkeit, es in den Vertrag „hineinzuverhandeln". Das ist deshalb sinnvoll, weil solche Outplacement-Programme relativ teuer sind – sie kosten in der Regel etwa 20 Prozent des letzten Jahresgehalts, mindestens aber 10–15.000 Euro (wobei Unternehmen oftmals Sonderkonditionen haben).

**Ins „Trennungspaket" hineinverhandeln**

Wenn Ihr Arbeitgeber nicht zur vollen Kostenübernahme bereit ist, könnte ein guter Deal zum Beispiel darin liegen, dass das Honorar zur Hälfte vom Unternehmen übernommen und zur anderen Hälfte von Ihrer Abfindung abgezogen wird. Doch selbst wenn Sie das Programm voll selbst bezahlen müssen, dürfte sich die Investition lohnen – vor allem dann, wenn Sie ahnen, dass Sie kein „Selbstgänger" sein werden. (Falls Ihnen das Gesamtprogramm dennoch zu teuer ist, könnten Sie mit den Beratern über ein komprimiertes Programm sprechen.)

Falls Ihr Noch-Arbeitgeber keinen festen Vertragspartner hat, müssen Sie sich um die Auswahl der Outplacement-Firma selbst kümmern. Die Adressen der meisten etablierten Firmen finden Sie wiederum beim Bund Deutscher Unternehmensberater, und zwar diesmal in der Fachgruppe Outplacement-Beratung, unter

**Auswahl eines Outplacement-Beraters**

*www.bdu.de/fachgliederungen/uebersicht/default.htm.*

Da das Outplacement eine ganze Reihe von Terminen in Anspruch nimmt, ist es vorteilhaft, wenn ein Büro der Outplacement-Firma in einer vernünftigen Entfernung zu Ihrem Wohnsitz liegt. Die größeren Firmen haben Büros in fast allen Ballungszentren. Eine größere Firma zu wählen, empfiehlt sich auch deshalb, weil für eine gute Beratung neben der persönlichen Kompetenz des Beraters auch eine ausgebaute Recherche-Infrastruktur mit Datenbanken, Archiv etc. sehr wertvoll ist.

Sprechen Sie am besten mit mehreren Firmen, und zwar jeweils mit dem Berater oder der Beraterin, die Sie danach auch betreuen würde. Wie ein Coach sollte er oder sie sowohl psychologische Kompetenz besitzen als auch mit dem Geschäftsleben vertraut sein, idealerweise aus eigener Industrieerfahrung. Denn nur dann kann er Ihre „Marktgängigkeit" richtig einschätzen und mit Ihnen gezielte und vor allem erfolgversprechende Marketing-Strategien entwickeln. Achten Sie neben der Qualität der persönlichen Beziehung vor allem darauf, ob es einen systematisch strukturierten Beratungsprozess gibt, der dennoch genügend Flexibilität für individuelle Schwerpunktsetzungen lässt. Und lassen Sie sich erklären, wie die Firma ihre Qualitätssicherung macht.

**Kriterien für die Auswahl**

# Wenn Sie von sich aus gehen wollen

Von sich aus sollten Sie, wie bereits erwähnt, wirklich erst dann kündigen, wenn Sie einen neuen Arbeitsvertrag unterschrieben haben. Lassen Sie sich durch die gelegentlichen Spötteleien über **Safety first** das Sicherheitsbedürfnis deutscher Manager nicht unter Druck setzen. Schließlich geht es hier nicht um ein Bagatellrisiko wie bei einer Reisegepäckversicherung, sondern um die durchaus ernstzunehmende Frage, wovon Sie die nächsten Jahre leben wollen.

Verglichen mit all dem, was wir zuvor besprochen haben, ist eine Kündigung durch den Arbeitnehmer rechtlich geradezu verdächtig unkompliziert: Sie schreiben Ihre Kündigung[19], und nach Ablauf der Kündigungsfrist (die sich aus Ihrem Arbeitsvertrag bzw. aus § 622 BGB ergibt) sind Sie frei zu neuen Taten. Oder Sie bitten Ihren Arbeitgeber, einer vorzeitigen Vertragsauflösung zuzustimmen. Der Arbeitgeber kann dem zustimmen, er muss es aber nicht, und er kann seine Zustimmung auch an Bedingungen knüpfen.

**Weder Schutzrechte noch Entschädigungsansprüche** Der große Unterschied zu den zuvor besprochenen Situationen ist, dass Ihnen in diesem Fall weder Schutzrechte noch Entschädigungsansprüche zustehen, also im Normalfall auch keine Abfindung. Denn die Abfindung ist ja eine Entschädigung für den Verlust des Arbeitsplatzes, und wer seinen Arbeitsplatz von sich aus aufgibt, der kann dafür natürlich keine Entschädigung verlangen.

**Überlappung mit Trennungswunsch des Arbeitgebers** Anders ist das nur, wenn Ihr Entschluss zu gehen mit einer entsprechenden Entscheidung Ihres Noch-Arbeitgebers zusammentrifft. Wenn er Ihnen einen Aufhebungsvertrag vorschlägt, während Sie gerade Ihre Kündigung ins Kuvert schieben, haben Sie doppelt Glück gehabt: Erstens, dass Sie schon einen neuen Job haben, sodass Sie der Verlust Ihres Arbeitsplatzes nicht ganz so hart trifft, und zweitens, dass wieder mal keine Briefmarken zuhause waren.

---

[19] Nach § 623 BGB ist für die Kündigung von Arbeitsverträgen die Schriftform vorgeschrieben.

Eine Abfindung als Entschädigung für den Verlust des Arbeitsplatzes steht Ihnen prinzipiell auch dann zu, wenn Sie bereits einen neuen Job haben. Oft sehen Sozialpläne und Aufhebungsverträge vor, dass die Entschädigung in diesem Fall niedriger aus- **Abfindung** fällt. Doch prinzipiell ist eine Abfindung in solchen Fällen völlig in Ordnung, weil Sie Ihren Arbeitsplatz ja tatsächlich verlieren und Ihnen damit auch Kosten entstehen und eventuell Ansprüche verloren gehen, wie zum Beispiel auf betriebliche Altersversorgung, soweit sie noch nicht unverfallbar geworden sind.

Ähnliches gilt, wenn der Arbeitgeber im Zuge eines erforderlichen Personalabbaus sogenannte „Fluktuationsanreize" ausgelobt hat, um Mitarbeiter und Führungskräfte zu einem Wechsel aus freien Stücken zu motivieren. Dann ist es naheliegend, dass Beschäftigte, die einen neuen Job gefunden haben, diese Wechselprämie „mitnehmen".

Das Ganze ist eine Mischung aus Glück und Timing. Timing ist, ein attraktives Angebot genau dann vorliegen zu haben, wenn der Entscheidungsprozess des Arbeitgebers reif ist – und Glück ist, wenn es tatsächlich klappt. Nachdrücklich zu warnen ist **Keine** aber vor dem Versuch, das Glück zu zwingen, zum Beispiel **„Spielchen"** indem man die Unterschrift unter einen neuen Vertrag hin- **riskieren!** auszögert oder mit der eigenen Kündigung trotz unterschriebenen neuen Vertrags so lange wartet, bis der alte Arbeitgeber einen Aufhebungsvertrag vorschlägt. Solches Taktieren kann äußerst unangenehme Folgen haben; man setzt damit nicht nur seinen neuen Job, sondern auch seinen Ruf aufs Spiel. So verlockend es auch sein mag, trotz neuen Jobs eine Abfindung mitzunehmen: Machen Sie sich nicht zum Sklaven der „Abfindungsgier".

Eine Möglichkeit bleibt Ihnen in diesem Fall trotzdem noch: Mit offenen Karten zu spielen. Gehen Sie zu Ihrem Vorgesetzten oder zum Personalchef und sagen Sie ihm, dass Sie ein **Mit offenen** Angebot vorliegen haben und darüber nachdenken, es an- **Karten** zunehmen, weil Sie mit einer Kündigung durch das Unter- **spielen** nehmen rechnen. Fragen Sie ihn ganz direkt um Rat, was er Ihnen in dieser Situation zu tun empfehlen würde. Wenn Ihr Job gefährdet ist, wird er Ihnen mit ziemlicher Sicherheit raten, das Angebot anzunehmen. Dann wissen Sie erstens, woran Sie sind, und können zweitens weiter danach fragen, ob Sie in diesem Fall Ihren Anspruch auf eine Abfindung verlieren. Oft zeigen sich Unternehmen in solchen Fällen kulant und gewähren Ihren Mitarbeitern wenigstens einen Teil der Abfindung, erstens weil das die Zahl der zu Entlassenden reduziert, zweitens weil sie vermeiden wollen, dass Mitarbeiter, bloß weil sie auf eine Abfindung warten, die Chance auf einen neuen Job verstreichen lassen.

# Einen guten Abgang machen

Es ist nicht einfach, nach der Entscheidung für eine Trennung seine gegenwärtigen Aufgaben noch so lange weiter zu führen, bis der letzte Arbeitstag erreicht ist. Doch gerade daran, ob jemand in einer Situation, wo er keine „Belohnung" mehr zu erwarten hat, trotzdem die volle Leistung bringt, zeigt sich wahre Professionalität. Dort, wo äußere Anreize wegfallen, offenbart sich die innere Einstellung: Wer dann noch Professionalität an den Tag legt, tut es aus Überzeugung – er engagiert sich nicht aus taktischem Kalkül, sondern aus seinem Selbstverständnis heraus; er schuldet es nicht anderen, sondern seiner eigenen Selbstachtung, bis zum letzten Tag gute Arbeit zu machen.

**Professiona- lität zeigen**

Es gibt Manager, die in diesen letzten Tagen bei Mitarbeitern, Kollegen und Vorgesetzten noch erheblich an Respekt hinzugewinnen – und es gibt andere, die auf den letzten Metern viel von dem Ruf zerstören, den sie sich in jahrelanger Arbeit erworben haben. Natürlich kann Ihnen das, vordergründig betrachtet, nicht mehr schaden. Trotzdem wäre es schon deshalb unklug, weil der letzte Eindruck bestimmt, wie Mitarbeiter, Kollegen und Vorgesetzte Sie in Erinnerung behalten. Das wirkt sich indirekt auch auf Ihren Ruf in der Branche aus – ganz abgesehen davon, dass es immer sein kann, dass man dem einen oder anderen seiner Ex-Kollegen Jahre später in neuen Rollen wieder begegnet.

Trotzdem sollte es nicht so sehr die Furcht vor entfernten negativen Konsequenzen sein, die Sie zu einem professionellen Abschluss motiviert, als die eigene Psycho-Hygiene. Wenn Sie Ihren alten Job mit dem Gefühl beenden, Ihren Werten treu geblieben zu sein und wirklich bis zum letzten Tag gute Arbeit gemacht zu haben, dann gibt Ihnen das auch einen ganz anderen Start in den neuen Job. Denn diese innere Zufriedenheit nehmen Sie mit, und das macht sich an Ihrer Ausstrahlung bemerkbar – vom ersten Tag an!

**Sich selbst treu bleiben**

# Literaturhinweise

## Worauf es bei Fusion und Integration ankommt

*Habeck, Max M.; Kröger, Fritz; Träm, Michael:*
**Wi(e)der das Fusionsfieber – Die sieben Schlüsselfaktoren
erfolgreicher Fusion**
Wiesbaden (Gabler) 1999; 175 S.; DM 58,00

Klar, Ihr Hauptziel ist nicht, die Fusion zum Erfolg zu führen, sondern sie zu „überleben". Dennoch ist es nützlich, wenn Sie wissen, mit welchen Problemen sich das Top Management Ihres Unternehmens herumzuschlagen hat, vor welchen Fragen es steht und wie sich einzelne Aktionen in den Kontext der Post-Merger-Integration einordnen. Außerdem hilft es Ihnen, abzuschätzen, ob Ihre „oberste Heeresleitung" die Fusion professionell managt oder ob sie keinen Fehler aus dem Lehrbuch auslässt. Denn, wie wir im 2. Kapitel gesehen haben, kann die Qualität des Fusions-Managements für Sie ein wesentliches Kriterium sein, ob es für Sie Sinn hat zu bleiben, oder ob es besser ist zu gehen.

Trotz des etwas wirren Titels ist dieses Buch aus dem Hause A. T. Kearney der derzeit beste deutschsprachige Leitfaden für das Management einer Post-Merger-Integration. Auf 175 Seiten liefert es keine Schritt-für-Schritt-Anleitung, sondern konzentriert sich auf sieben Schlüsselfaktoren, die sich weitestgehend mit der Erfahrung des Autors aus mittlerweile über 12 Fusionen und Integrationen decken. Eingeleitet werden diese sieben Spielregeln mit einer Einführung, die sich für akquisehungrige Berater erstaunlich gedämpft liest: „Fusionen – eine Sucht, die oft zu Katerstimmung führt". Darin machen sie darauf aufmerksam, dass die Integration der kritische Faktor für den Erfolg einer Fusion ist, und welche typischen Fehler in dieser entscheidenden Phase gemacht werden. Auch ihr Nachwort strotzt nicht eben von beratertypischer Euphorie, sondern tönt eher warnend: „Erwarten Sie das Unerwartete".

Die „sieben Spielregeln" lauten:

1. Vision: Schaffen Sie Klarheit über die Zukunft und den Weg dorthin!
2. Führung: Stellen Sie so schnell wie möglich eine Führungsmannschaft auf!
3. Wachstum: Behalten Sie das Thema Wertsteigerung im Auge!
4. Schnelle Gewinne: Handeln Sie konstruktiv, erzielen Sie Erfolge und kommunizieren Sie, was Sie erreicht haben!
5. Kulturelle Unterschiede: Kommen Sie „weichen" Themen mit „harten" Maßnahmen bei!
6. Kommunikation: Schaffen Sie Zustimmung und Orientierung und nehmen Sie Erwartungen auf!
7. Risikomanagement: Seien Sie proaktiv statt reaktiv!

## Schriftliche Unterlagen und Vorstellungsgespräch

*Püttjer, Christian; Schnierda, Uwe:*
**Professionelle Bewerbungsstrategien für Führungskräfte**
Frankfurt (Campus) 2001; 426 S.; DM

Bewerbungsratgeber gibt es wie Sand am Meer – allerdings nur wenige, die sich gezielt an Führungskräfte wenden. Dies ist einer der besten davon. Die Autoren sind zwei Berater, die sich auf „Bewerbungshilfe" spezialisiert haben; diese praktische Erfahrung merkt man dem Buch wohltuend an. Es umfasst fünf Themenblöcke: (1) Vorbereitung (80 Seiten); (2) Suche und erste Kontaktaufnahme (38 S.); (3) Ihre schriftlichen Bewerbungsunterlagen (95 S.); (4) Das Vorstellungsgespräch (127 S.) und (5) Sonderfälle (37 S.); dort sind unter anderem Assessment Center und „Bewerben mit 40-plus" abgehandelt. Damit ergänzt es sich sehr gut mit dem Buch, das Sie gerade in Händen halten.

Stellenweise liest sich das Buch wie eine Werbebroschüre für die beiden Autoren – aber zumindest ist es eine ausgesprochen nützliche, umfangreiche und angenehm zu lesende Werbebroschüre. Dies verdankt es insbesondere den zahlreichen anschaulichen Beispielen und den konkreten Tipps. Von den gleichen Autoren sind im gleichen Verlag noch zahlreiche weitere Werbetexte erschienen, die sich allerdings nicht speziell an Führungskräfte richten, sondern an ein breiteres Publikum (z. B. „Überzeugen mit Anschreiben und Lebenslauf" und „Souverän im Vorstellungsgespräch").

## Neue Bewerbungsstrategien zwischen Kreativität und Krampf

*Hesse, Jürgen; Schrader, Hans Christian:*
**Neue Bewerbungsstrategien für Führungskräfte – Den Karrieresprung wagen**
Frankfurt (Eichborn) 2001; 288 S.; DM 39,80

Ein eigenartiges Buch: Zwei Berliner Psychologen – der Geschäftsführer der Telefonseelsorge sowie ein Mitarbeiter einer Klinik für Psychotherapie und Psychosomatik – betreiben ein „Büro für Berufsstrategie" und schreiben massenhaft Karriere-Ratgeber. Sie sind von einer seltsamen Mischung von Distanz zu „der Wirtschaft" und Faszination geprägt. Obwohl sie diese Wirtschaft offenbar nicht von innen kennen, oder vielleicht deshalb, bietet ihr Buch neben Bewerbungsstandards und einzelnen befremdlichen Passagen auch eine ganze Reihe von originellen und kreativen Impulsen. Insofern ist der Titel „Neue Bewerbungsstrategien" durchaus treffend.

Als einführende Lektüre eignet sich dieses Buch wegen seiner Uneinheitlichkeit weniger. Wer aber auf der Suche nach Strategien und vor allem Taktiken ist, die ihn von der Masse der Bewerber abheben, und bereit ist dafür auch die eine oder andere ärgerliche und/oder schlecht recherchierte Passage zu ertragen (und kritisch genug, nicht alles für bare Münze zu nehmen), für den dürfte sich die Ausgabe lohnen.

## Eine gute Verhandlungsstrategie entwickeln

*Fisher, Roger; Ury, William:*
**Das Harvard Konzept; Sachgerecht verhandeln – erfolgreich verhandeln**
Frankfurt (Campus) 1984, 19. Aufl. 1998; 271 S.; DM 39,80

Spätestens dann, wenn der potenzielle neue Arbeitgeber (oder auch der alte) grundsätzlich „Ja" zu Ihnen gesagt hat und Sie das Gleiche zu ihm, ist das Gespräch keine Prüfungs- oder Verkaufssituation mehr, sondern eine Verhandlung. Dann geht es um Vergütung, Erfolgsbeteiligungen, Vertragsbedingungen, Entwicklungszusagen und so manches andere. Dieser Aspekt jedoch wird in kaum einem Bewerbungsratgeber abgedeckt.

Das „Harvard-Konzept" leitet seinen Namen aus dem „Program On Negotiation" der Harvard Law School ab (www.pon.harvard.edu), das sich seit rund 20 Jahren unter dem Leitsatz „all gain" der Theorie und Praxis des Verhandelns widmet. Ihre Konzepte und Methoden gehören zum Besten, was zum Thema Verhandeln derzeit verfügbar ist; man kann daran allenfalls kritisieren, dass es – typisch Harvard – die rationale Seite etwas überbetont und die emotionalen Anteile unterbelichtet. Dieses Buch – in den USA unter dem Titel *Getting to Yes* bekannt – ist der „Klassiker" aus diesem Programm. Einen seiner Kerngedanken, nämlich die Frage nach der „Besten Alternative zu einer Verhandlungsübereinkunft" haben wir in Kapitel 5 verwendet.

## Wenn Sie sich selbständig machen wollen

*Opoczynski, Michael; Fausten, Willi:*
**Existenzgründung – ein Ratgeber der ZDF-Wirtschaftsredaktion**
Frankfurt (Ueberreuter Wirtschaftsverlag) 1998; 299 S.; DM 29,80

Über 100 Ratgeber zu den Themen Existenzgründung und Selbständigkeit sind derzeit auf dem deutschsprachigen Buchmarkt. Und alle haben das gleiche Problem: Die unglaubliche Bandbreite möglicher Formen von Selbständigkeit – vom Pachten einer Kneipe oder dem Eröffnen einer Geschäfts oder eines Versandhandels über Franchise-Konzepte (vom Verkaufsfahrer über Tankstellenpächter bis hin zur System-Gastronomie oder dem Markenmöbelhandel) bis hin zum Kauf eines Unternehmens oder einer Beteiligung. Weiter Tätigkeiten als selbständige Handelsvertreter oder Vermögensberater bis hin zu freiberuflichen Tätigkeiten einschließlich der bei ehemaligen Managern so beliebten Niederlassung als Unternehmensberater. Diese Vielfalt macht es extrem schwierig, Empfehlungen zu geben, die auf alle potenziellen Gründer einigermaßen passen.

Der WISO-Ratgeber schafft diesen Spagat relativ gut. Auf knapp 300 Seiten befasst er sich schwerpunktmäßig mit den persönlichen Voraussetzungen für eine Selbständigkeit (55 S.), mit der Entwicklung einer Gründungsstrategie (54 S.), dem Geschäftsplan (56 S.), Finanzplan und Finanzierung (52 S.), der Nutzung von Beratern (15 S.), Rechtsformen (9 S.) sowie einigen weiteren Themen. Es ist kompakt geschrieben – stellenweise sogar so kompakt, dass die Verständlichkeit ohne Vorkenntnisse (z. B. über die EKS = engpasskonzentrierte Strategie) nicht mehr unbedingt gewährleistet ist. Die besondere Stärke dieses Buchs ist, dass es konsequent die strategischen Aspekte einer erfolgreichen Selbständigkeit in den Mittelpunkt stellt und sich nicht, wie viele andere Ratgeber, in Nebenaspekten verzettelt.

Dennoch bleibt das Problem des „one size fits all" bestehen. Gleich in welche Richtung Ihre Überlegungen gehen, immer wird nur ein Teil der abgehandelten Themen für Sie wirklich relevant sein, während Sie an anderen Stellen gerne mehr in die Tiefe gehen würden. Wenn Sie ernsthaft über eine Selbständigkeit nachdenken, sollten Sie deshalb in jedem Fall prüfen, ob es für Ihr anvisiertes Geschäftsfeld einen spezialisierten Ratgeber gibt. Solche branchenbezogenen Leitfäden für Existenzgründer gibt es mittlerweile unter anderem für Schreibbüros, Partyservice, Hebammen (!), Versandhandel, Unternehmensberater, Fotografen, Architekten, Werbeagenturen und manche andere, und ihre Zahl wird sicher in den nächsten Jahren weiter anwachsen.

## So schreiben Sie Ihren Geschäftsplan

*Kubr, Thomas; Ilar, Daniel; Marchesi, Heinz:*
**Planen, gründen, wachsen – mit dem professionellen Businessplan zum Erfolg**
Frankfurt (Ueberreuter Wirtschaftsverlag) 1997; 189 S.; DM 58,00

„Einer der größten Mythen über Unternehmer ist, dass sie risikofreudig wären. Alle vernünftigen Menschen suchen Risiken zu vermeiden." Dieses hübsche Zitat von Seite 110 könnte auch als Motto über jeder Unternehmensgründung stehen. Aber auch jenes von Seite 6: „Es erfordert einen gewaltigen Kraftakt, eine Firma mit 5 Millionen Umsatz aufzubauen – und nur unwesentlich mehr, 50 Millionen Umsatz zu erreichen." Diese Polarität zwischen Vorsicht und Mut ist das richtige Programm, wenn Sie sich selbständig machen wollen.

Dieses Buch beschreibt, wie Sie eine Geschäftsidee auf ihre Tragfähigkeit abklopfen und Ihr unternehmerisches Risiko durch einen guten Business Plan reduzieren können. Besonders verdienstvoll ist, dass die McKinsey-Autoren den Geschäftsplan nicht als technisch-formale Pflichtübung vermitteln, wodurch er den Charakter einer säkularisierten Teufelsaustreibung bekäme, sondern als Instrument zur gedanklichen Präzisierung der Geschäftsstrategie.

Das Buch hat drei Teile. Der erste beschreibt „Gründungsprozess und Lebensweg von Wachstumsfirmen" (Umfang 10 Seiten); der zweite „Geschäftsidee: Konzeption und Präsentation" (21 Seiten). Der dritte Teil ist mit rund 100 Seiten der eigentliche Schwerpunkt des Buchs; er befasst sich mit der „Ausarbeitung des Business Plans". Dabei werden folgende acht Schwerpunkte abgehandelt: (1) Executive Summary; (2) Produktidee; (3) Unternehmerteam; (4) Marketing; (5) Geschäftssystem und Organisation; (6) Realisierungsfahrplan; (7) Risiken, und (8) Finanzierung. Daran schließt sich ein beispielhafter Business Plan an; außerdem ein Anhang mit Glossar, Literaturhinweisen und Internetadressen.

## Gesammelte Arbeitsgesetze

**Arbeitsgesetze**
München (Beck-Texte im dtv); 703 S.; dtv 5006; DM 10,90

Die preisgünstige Sammlung enthält so ziemlich alle Gesetze, die rund um Arbeit und Beruf relevant sind. Dass dabei über 50 Gesetze und Verordnungen und über 700 Seiten zusammenkommen, ist einerseits erschreckend, spiegelt andererseits die Bandbreite des bestehenden Regelungsbedarfs wider. Sie reicht von grundlegenden Regelungen des Arbeitsvertrags im Bürgerlichen Gesetzbuch (BGB) über Arbeitszeitgesetz, Lohnfortzahlungsgesetz, Bundesurlaubsgesetz bis zu dem in unserem Zusammenhang einschlägigen Kündigungsschutzgesetz, dem Betriebsverfassungsgesetz und dem Arbeitsgerichtsgesetz.

Wer die Gesetzestexte im Original nachlesen möchte (so unverständlich sind die meisten Paragraphen im Arbeitsrecht gar nicht), hat in dieser kompakten Sammlung alles, was er braucht – und durch ein ausführliches Stichwortverzeichnis hat er auch die Chance, es zu finden. Allerdings erschließt sich die volle Bedeutung und vor allem die konkrete Auslegung der einzelnen Bestimmungen oft erst aus dem „Kommentaren" (das sind umfangreiche Erläuterungswerke). Achten Sie darauf, immer eine aktuelle Ausgabe zu verwenden. Denn mit den Arbeitsgesetzen ist es wie mit einem romanischen Dom: An irgend einer Ecke finden immer Renovierungsarbeiten statt.

## Darauf stützt sich Ihr Arbeitgeber

*Rumke, Hans-Georg; Galdia, Wolfgang u.a.:*
**Aufhebungsverträge und Abfindungen – Leitfaden mit Berechnungssoftware auf CD-ROM**
München (Jehle Rehm) 2001; 240 S.; DM 98,00

Ein sehr genaues und klares Buch, das sich an Nichtjuristen im Personalwesen wendet. Es ist explizit für Arbeitgeber geschrieben – und gerade deshalb auch für Arbeitnehmer interessant, die freiwillig oder unfreiwillig auf einen Aufhebungsvertrag zusteuern.

Es umfasst drei Teile: Arbeitsrecht (119 S.), Steuerrecht (60 Seiten) und Sozialversicherungsrecht (39 S.); ein ausführliches Stichwortverzeichnis hilft bei der schnellen Orientierung. Der steuerrechtliche Teil befasst sich mit Steuerbefreiung bzw. ermäßigter Besteuerung von Abfindungen und den entsprechenden Gestaltungsmöglichkeiten; im sozialversicherungsrechtlichen Teil geht es um die Prognose des Arbeitslosengelds (einschließlich der Auswirkungen auf Kranken- und Pflegeversicherung), um das Ruhen des Arbeitslosengeldanspruchs sowie um Erstattungspflichten des Arbeitgebers.

Schwerpunkt ist jedoch der arbeitsrechtliche Teil. Er befasst sich zunächst sorgfältig mit den Vor- und Nachteilen und Aufhebungsvertrag und Kündigung, kümmert sich dann um die zu beachtenden Formalien und geht weiter sehr detailliert auf den Inhalt des Aufhebungsvertrags ein (40 S.). Weiter beschäftigt es sich mit besonderen Personengruppen, von denen in unserem Zusammenhang eigentlich nur der GmbH-Geschäftsführer wichtig ist, sowie mit „Sonderfällen der Aufhebung" wie Betriebsübergang (§ 613a BGB), Insolvenz, Sozialplan, Massenentlassung, gerichtlicher Vergleich sowie gerichtliche Auflösung des Arbeitsverhältnisses. (Weiter einige Abschnitte, die in unserem Zusammenhang weniger von Interesse sind.)

Man kann das Studium solcher Werke als Overkill ansehen, wenn es „nur" um den eigenen Aufhebungsvertrag geht. Der Autor neigt persönlich eher zu der Auffassung, dass zwei oder drei Leseabende gut investierte Zeit sind, um sich auf den Abschluss eines Vertrags von solcher Tragweite vorzubereiten. Und der relativ hohe Preis des Buchs ist angesichts der Summen, um die es geht, ohnehin nicht der Rede wert.

## Juristische Grundlagen einer einvernehmlichen Trennung

*Bengelsdorf, Peter:*
**Aufhebungsvertrag und Abfindungsvereinbarungen**
München (C. H. Beck) 1999 (3. Aufl.); 175 S.; DM 39,00

Im Grunde ein juristisches Fachbuch – aber eines, das tapferen Nichtjuristen noch eine Chance lässt. In hoher Dichte werden alle wesentlichen Aspekte rund um Aufhebungsvertrag und Abfindung behandelt. Nach einer Einführung liefert Bengelsdorf drei in vielen Untervarianten ausgearbeitete Vertragsmuster, die zweifachen Nutzen haben: Erstens helfen sie zu klären, welche Dinge im eigenen Fall eigentlich klärungsbedürftig sind, zweitens liefern sie dazu meist mehrere Optionen, sodass man überlegen kann, was im eigenen Fall die sinnvollste bzw. vorteilhafteste Formulierung ist.

Durch ein gutes Inhaltsverzeichnis und Stichwortregister kann man sich gezielt auf das Gespräch mit seinem Anwalt vorbereiten oder die Aspekte durcharbeiten, die einem bei der eigenen Verhandlung Kopfschmerzen bereiten. Selbst wenn man auf diese Art nur einige wenige Seiten des Buches nutzt, kann die Investition einen ROI bringen, der beim Mehrhundertfachen des eingesetzten Kapitals liegt.

## Worauf kommt es im Aufhebungsvertrag an?

*Bährle, Ralph Jürgen:*
**Vorteilhafte Aufhebungsverträge für Manager.**
**Leise Trennung – hohe Abfindung**
Regensburg (Metropolitan) 1998; 141 S.; DM 58,00

Das ist sozusagen die Bild-Zeitungs-Variante des obigen juristischen Fachbuchs. Auf 141 eher großzügig bedruckten Seiten erläutert der Mannheimer Rechtsanwalt in acht Kapiteln, worauf es bei Aufhebungsverträgen ankommt und welche wirtschaftlichen Folgen, Risiken und Nebenwirkungen sie haben. Das Buch ist in seinen Erläuterungen und Begründungen zum Teil sehr kurz angebunden. Sein Herzstück ist ein ausführlicher Aufhebungsvertrag, der dann auf rund 30 Seiten erläutert wird. Stichwortverzeichnis.

## Der neue Anstellungsvertrag und seine Tücken

*Weber, Ulrich; Burmester, Antje:*
**Der Anstellungsvertrag des Managers**
Frankfurt (Ueberreuter Wirtschaftsverlag) 1996, 3. Aufl. 2001; 198 S.; DM 98,00

Dass ein Anstellungsvertrag mehr enthalten sollte als einige möglichst große Zahlen, leuchtet irgendwie ein. Aber was? Wer unterschreibt schon so viele Anstellungsverträge, dass er ausreichend Erfahrung auf diesem Gebiet hat – außer Personalchefs und Aufsichtsratsvorsitzenden?

Zu diesem Erfahrungsungleichgewicht kommt der Druck der Vertragsverhandlung: Man möchte gegenüber dem neuen Arbeitgeber nicht als Paragraphenreiter erscheinen, der noch vor Arbeitsantritt über die Konditionen seines Ausscheidens feilscht – und sich damit möglicherweise dem Verdacht aussetzt, ein Abfindungsritter zu sein. Und noch weniger möchte man riskieren, dass der attraktive neue Job an Vertragskonditionen scheitert.

Damit sind alle Weichen für die Unterschrift unter einen beliebig ungünstigen Vertrag gestellt. Wer einen Blick in dieses Buch wirft, stellt mit Grausen fest, in welchem Ausmaß er sich durch eine voreilige Unterschrift in eine nachteilige Position begibt. Und dass die Rechtslage noch komplizierter ist als befürchtet; weil unterschiedliche hierarchische Positionen – Vorstand, Geschäftsführer, leitende Angestellte, nachgeordnete Führungsebenen – unterschiedlich zu betrachten sind. Angesichts der verzwickten Rechtslage kann und will das Buch eine anwaltliche Beratung nicht ersetzen. Da Sie die Vertragsverhandlungen aber vermutlich ohne Anwalt führen wollen, müssen Sie selbst verstehen, worauf es ankommt.

Das Buch gliedert sich in drei Teile: „Erläuterungen zum Managervertrag" (99 S.), wo in 15 Abschnitten rechtliche Rahmenbedingungen und einzelne regelungsbedürftige Inhalte erläutert sind – von Tätigkeitsinhalten über Vergütung, Haftung und Altersversorgung bis hin zu den Folgen bei Umwandlung oder Veräußerung des Unternehmens. Es folgen „Ratschläge für Manager" (26 Seiten), die sich zum einen um das „Abfindungspoker", zum anderen um Auslandsverträge drehen, und schließlich neun „Musterverträge für Führungskräfte" (64 S.), die je einen arbeitgeberfreundlichen, einen arbeitnehmerfreundlichen und einen ausgewogenen Anstellungsvertrag für leitende Angestellte enthält, außerdem je einen Geschäftsführer- und einen Vorstandsvertrag, einen Auslandsvertrag sowie mehrere Aufhebungsverträge. Die Unterschiede und Besonderheiten der Verträge muss der Leser mangels Erläuterung allerdings selbst analysieren.

# Stichwortverzeichnis

## Zu diesem Buch gibt es auch eine Website:
## www.bleiben-oder-gehen.de

Dort finden Sie unter anderem

- ein Diskussionsforum, in dem Sie Fragen an den Autor stellen, über Ihre eigenen Erfahrungen berichten und Diskussionsbeiträge schreiben können,

- Ergänzungen, Aktualisierungen und neue Hinweise vom Autor dieses Buchs.

Neue Leser finden dort außerdem das Inhaltsverzeichnis des Buchs sowie das erste Kapitel, damit Sie sich, ohne vom Schreibtisch aufzustehen, informieren können, ob sich der Kauf für sie lohnt.

Zusätzliche Informationen über den Autor und seinen Arbeitsschwerpunkt Change Management (unter anderem auch zum Management von Fusionen, Übernahmen und Post-Merger-Integration) finden Sie unter:

## www.umsetzungsberatung.de

Diese Website bietet die umfassendste Know-How-Basis zum Thema Change Management/Veränderung,
die im deutschsprachigen Teil des weltweiten Netzes verfügbar ist.
Ihre beiden Kernstücke sind

(a) der Change Guide, der das Themenfeld nach Art eines interaktiven Handbuchs strukturiert und Ihnen einen umfassenden Leitfaden für die Planung und Steuerung von Veränderungsprozessen bietet, sowie

(b) das Lexikon der Veränderung, das Ihnen alle Aspekte des Change Management in Stichworten anbietet – von Ablaufoptimierung bis Zwischenziele.

# Gehalt und Pflichten

216 Seiten
Format 17 x 24 cm
Hardcover
ISBN 3-7064-0824-4

Dieses Buch behandelt die typischen Regelungsschwerpunkte in Verträgen von Führungskräften: beispielsweise die Vergütung in allen Spielarten – vom Festgehalt über die verschiedenen Formen der Gewinnbeteiligung einschließlich der vielgefragten Aktienoptionspläne bis hin zu Fragen der betrieblichen Altersversorgung und Nebenleistungen.

Weiter gibt es für das Tagesgeschäft Hinweise, inwieweit der Manager sich dem Weisungsrecht des Arbeitgebers oder der Gesellschaft unterzuordnen hat und welche Haftungsfolgen schlimmstenfalls drohen. Für den Krisenfall klären die Autoren nicht nur über die vertragliche und rechtliche Situation auf, sondern geben auch konkrete Handlungsanweisungen, wie der Manager mit der Trennungssituation umzugehen hat. Die Modalitäten einer Aufhebungsvereinbarung sowie deren steuer- und sozialrechtliche Konsequenzen werden ebenfalls ausführlich behandelt.

*Rechtsanwalt **Ulrich Weber** aus Köln, Fachanwalt für Arbeitsrecht, befasst sich seit Jahren mit der anwaltlichen Beratung und Vertretung von Unternehmen, Managern und anderen Arbeitnehmern.*
*Rechtsanwältin **Antje Burmester**, Fachanwältin für Arbeitsrecht, widmet sich ausschließlich arbeits- und gesellschaftsrechtlichen Mandaten.*

http://www.ueberreuter.at
http://www.ueberreuter.de